Heide Fuhljahn | Kalt erwischt

Heide Fuhljahn

Kalt erwischt
Wie ich mit Depressionen lebe und was mir hilft

Abdruck des Gedichtes auf S. 275 mit freundlicher Genehmigung des Suhrkamp Verlags: Hesse, Hermann. Sämtliche Werke in 20 Bänden. Herausgegeben von Volker Michels. Band 10: Die Gedichte. © Suhrkamp Verlag Frankfurt am Main 2002

Verlagsgruppe Random House FSC® N001967
Das für dieses Buch verwendete FSC®-zertifizierte Papier
Super Snowbright liefert Hellefoss AS, Hokksund, Norwegen.

3. Auflage
BRIGITTE-Buch im Diana Verlag
Copyright © 2013 by Diana Verlag, München,
in der Verlagsgruppe Random House GmbH
Redaktion: Regina Carstensen
Umschlaggestaltung: Eisele Grafik·Design, München
Autorenfoto: © Dirk Eisermann
Satz: Greiner & Reichel, Köln
Druck und Bindung: GGP Media GmbH, Pößneck
Printed in Germany 2014

ISBN 978-3-453-29115-7

www.diana-verlag.de

Für
Dr. Theo Piegler

Inhalt

Einleitung

1 Die Tür zum Inferno – mein Zusammenbruch in Norwegen 2006   13

2 Ein Mantel aus Blei – wie sich eine Depression anfühlt   24

3 Planet Psycho – mein erster Tag in der Klinik   35

4 Der Anfang vom Ende, Kiel 1983   46

5 Schwierige Kindheit? Stress? Depressionen und ihre vielfältigen
Ursachen   52
Biologische Faktoren – Psychosoziale Faktoren – Unfähigkeit zur Stressbewältigung –
Interview mit Dr. Reinhard Lindner: Bedeutet Stress gleich Depression? –
Psychodynamische Faktoren

6 Der Teufel trägt Prada – meine Jahre im Internat   65
Interview mit Dr. Carola Bindt: Depressionen im Mädchenalter

7 Wer nicht kämpft, hat schon verloren – vom Abitur bis zum Volontariat   81

8 Harmoniesüchtig und perfektionistisch – Depressionen und der
Faktor Frau   93
Psychologische Einflüsse – Soziale Hintergründe – Weibliche Persönlichkeit –
Biologische Aspekte

9 Bitte, liebe mich – das letzte halbe Jahr vor dem stationären Aufenthalt   108

10 Kein Prozac ist auch keine Lösung – Depressionen und Medikamente   116
Antidepressiva – *Interview mit Prof. Heinz Böker: Antidepressiva – Chancen und Grenzen* – Beruhigungsmittel – Schlafmittel – Neuroleptika – Stimmungsstabilisierer Lithium

11 »Und wie fühlen Sie sich dabei?« – Hilfe durch Psychotherapie   137

12 Es gibt nicht nur Freud und mich – verschiedene Therapieverfahren   161
Selbstpsychologische Psychotherapie – Meine goldenen Regeln für eine Erfolg versprechende Therapie – Kognitive Verhaltenstherapie (KVT) – Tiefenpsychologisch fundierte Psychotherapie (TP) – Analytische Psychotherapie (PA) – Musiktherapie: Nicht jede Frau kann gut über ihre Gefühle reden – Von geheimen Gefühlen: meine eigene Musiktherapie – *Interview mit Prof. Susanne Metzner: Kontakt und Nähe durch Musik*

13 Reine Nervensache – Pendlerin zwischen drinnen und draußen   187

14 Wie es sich anfühlt, wenn man nur noch sterben will   209
Wer bringt sich um und warum? – Suizidale Signale verstehen und rechtzeitig handeln – *Interview mit Dr. Reinhard Lindner: Hilfe, wenn man mit dem Leben hadert*

15 Von schmerzhaften Abschieden und treuen Seelen – Freundschaften in der Krankheit   223
Wibke Hein: Meine depressive Freundin Heide
Tessa Randau: Gemeinsam aushalten

16 Willkommen in Absurdistan – auf der Geschlossenen, März 2011   240

17 Verrückt nach mir – psychiatrische Stationen   256
Psychosomatische Stationen – Tageskliniken – Psychiatrische Ambulanzen – *Interview mit Dr. Michael Dümpelmann: »Sie brauchen jemanden, der die Depression aushält«*

18 Es ist so komplex – Depressionen und verwandte Krankheiten   270

Essstörungen – Persönlichkeitsstörungen – Zwänge – Ängste – Süchte –
Posttraumatische Belastungsstörung (PTBS)

Von schwertraurig zu federleicht – ein Blick in die weitere Zukunft   289

Serviceteil   292

Checkliste: Gut vorbereitet für das erste Gespräch – Hilfe zur Selbsthilfe –
Entspannungstechniken – Sport – Yoga, Meditation, Tai Chi, Qigong,
Achtsamkeitstraining – Alternative Heilmethoden – Johanniskraut – Selbsthilfe-
gruppen – Unterstützung vom Staat – Online-Beratung – Weiterführende Links

Anmerkungen   301

Literatur, Filme und TV-Serien   304

Register   309

Dank   315

Einleitung

Liebe allein genügt nicht.
Bruno Bettelheim

Am schlimmsten ist die Überzeugung, dass es nie wieder aufhört. Man fühlt sich entsetzlich und kann einfach nicht glauben, dass es je wieder besser wird. Das empfinden die allermeisten Menschen so, die unter einer Depression leiden. Ihre sonstigen Symptome aber unterscheiden sich sehr. Depression, das klingt nach einer klar umrissenen Krankheit. Doch sie hat viele Gesichter, ihre Ursachen sind ebenso komplex und unterschiedlich wie ihr Verlauf und die Behandlung. Klassischerweise sind Depressive traurig, erschöpft, überfordert, können sich nicht konzentrieren und schlafen schlecht. Es gibt aber auch Menschen, die sehr aktiv sind und hauptsächlich unter Rückenschmerzen und dem diffusen Eindruck leiden, dass irgendetwas nicht in Ordnung ist. Andere fühlen sich vollkommen leer, empfinden gar nichts mehr. Manche trifft die Depression aus heiterem Himmel, andere als Folge eines Herzinfarkts. Bei einigen schleicht sie sich über Jahre ein, weil die Belastungen des Lebens immer größer geworden sind.

Die Depression ist eine Volkskrankheit. Die Zahl der Betroffenen nimmt rasant zu, momentan sind es etwa vier Millionen Deutsche. Und davon sind weit über die Hälfte Frauen! Warum das so ist, dafür gibt es vielfältige Gründe: Hormone, Armut oder typisch weibliche Eigenschaften wie ein übersteigertes Streben nach Harmonie. Doch erstaunlicherweise werden die Geschlechterunterschiede in den meisten populärwissenschaftlichen Publikationen kaum oder gar nicht erwähnt. Dabei ist ganz wichtig: Je besser

Patientinnen und Behandler die Zusammenhänge verstehen, desto schneller und erfolgreicher können Frauen gesunden.

Ich selbst bin eine unter Depressionen leidende Patientin. Aus eigener Erfahrung weiß ich, wie es ist, wenn man an seiner Trauer fast erstickt und der Alltag sich anfühlt wie ein Marathonlauf. Mehrere Psychotherapien, verschiedenste Medikamente, unzählige Aufenthalte in der Psychiatrie und eine schier übermenschliche Geduld waren nötig, bis ich meine Depressionen einigermaßen überwinden konnte.

Am 30. März 2011 war ich noch so verzweifelt, dass ich eine Überdosis Tabletten nahm. Als ich wieder aufwachte, war ich enttäuscht, aber auch schockiert. Ich beschloss: Einen Anlauf nehme ich noch. Und zu meinem Erstaunen fand ich endlich den Weg hinaus aus dieser Krise und der Depression.

Das Buch habe ich geschrieben, weil ich dazu beitragen möchte, dass andere Frauen leichter und schneller Hilfe finden als ich. Denn zu oft wird eine Depression nicht als solche erkannt. Da ich es als Betroffene und Journalistin verfasste, hat es zwei Ebenen. Der rote Faden ist die Erzählung meines Lebens mit der Depression, wie sie sich anfühlt, wie sie entstanden ist, wie ich sie mehr und mehr überwand, und was ich heute mache, klopft sie wieder bei mir an. Manchmal mag für den Leser einiges widersprüchlich erscheinen, aber auch das gehört mit zum Krankheitsbild. Dazwischen finden sich Sachkapitel zur Krankheit, Kästen und Interviews mit Experten, die besonders für Frauen wichtig sind. So beschreibe ich beispielsweise meine Kindheit, wie ich sie subjektiv erlebt habe, danach folgt ein Interview, in dem es um die objektiven Kriterien von Depressionen bei Kindern und Jugendlichen geht. Weiterhin werden entscheidende Fragen beantwortet – zum Beispiel, ob Antidepressiva süchtig machen, wie eine Psychotherapie funktioniert oder ob jemand verrückt ist, wenn er in eine psychiatrische Klinik muss. Meine Tipps sollen aus dem Psychodschungel und der Krankheit weisen, sie sind eine Kombination aus eigenen Erfahrungen und umfassender Recherche: Ab wann ist man nicht nur schlecht drauf, sondern erkrankt? Wie lässt es sich vermeiden, dass man monatelang auf einen Therapieplatz warten muss? Wie wird man belastende Beziehungsmuster los? Mit einem Serviceteil zur Selbsthilfe schließt das Buch.

Damit will ich nicht sagen, dass es bei Depressionen eine einfache Patentlösung gibt. Dafür ist die Krankheit eben in ihren Ursachen und ihrem Erscheinungsbild viel zu differenziert. Aber für die Betroffenen gilt: Eine Depression bedeutet meist, dass das Leben knüppelhart wird. Daher sollte man sich selbst grundsätzlich so behandeln, wie man sich gegenüber seiner besten Freundin oder seinem besten Freund verhalten würde: fürsorglich, Anteil nehmend, liebevoll, unterstützend, wertschätzend. Die weitverbreitete Strategie, gegenüber anderen noch netter zu sein, noch mehr Aufgaben zu übernehmen und sich noch mehr zusammenreißen zu wollen, sorgt in der Regel nur dafür, dass die Depression schlimmer, wenn nicht sogar chronisch wird. Die »preußische Härte« ist eine Sackgasse!

Selbstfürsorge statt Disziplin: Niemand muss sich mit der Depression als einem nicht behandelbaren Lebensschicksal abfinden. Gerade Frauen neigen dazu, sich und ihr Leid klein zu machen. Was deshalb gar nicht oft genug gesagt werden kann in unserer nach Leistung strebenden Gesellschaft: Depressionen sind kein Zeichen von Schwäche oder Faulheit. Nie!

1 Die Tür zum Inferno – mein Zusammenbruch in Norwegen 2006

Ich habe Todesangst. Ich fühle mich wie eine Hülle kurz vor dem Zerbersten. Es ist der 3. August 2006, ein später Donnerstagnachmittag, ich bin auf dem Weg zum Hamburger Flughafen, um einen Flieger nach Norwegen zu besteigen. Mit einer Gruppe von Journalisten aus England, Dänemark, Portugal und Russland werde ich in den nächsten Tagen auf einem Forschungsschiff von Bergen aus, der Hafenstadt am Inneren Byfjord, Richtung Norden fahren, genauer gesagt nach Trondheim. Man möchte uns über den hiesigen Fischfang informieren. Unterwegs rufe ich vom Handy meine Freundin Birgit an. Wir kennen uns seit dem gemeinsamen Skandinavistik-Studium, also seit fast zehn Jahren. Birgit stammt aus Franken, ist dreißig, hat eine makellose Haut und auch sonst alles, was ich nicht habe: eine heile Familie, einen loyalen Freund, eine Größe-36-Figur und viel Charme. Erst rauscht es in der Leitung, dann höre ich sie.

»Jesses, wieso bist du denn noch im Bus g'sessen, dein Flieger geht doch gleich?«, fragt sie.

»Ich weiß«, antworte ich, »es ging nicht schneller. Ich pack diesen Trip nicht. Aber ich kann doch jetzt nicht umdrehen?«

Sie spricht mir Mut zu: »Du schaffst das, Heide, ganz bestimmt.«

Wir beenden das Gespräch, weil ich am Flughafen Fuhlsbüttel angekommen bin. Wie in Trance bewege ich mich zum Check-in-Schalter, gehe mit meinem Rucksack durch die Pass- und Sicherheitskontrollen. Durch den vorgegebenen Ablauf komme ich nicht dazu, weiter darüber nachzudenken, ob ich umkehren soll oder nicht. Als ich dann endlich angeschnallt im Flugzeug sitze, bin ich vollkommen erschöpft, obwohl die Reise gerade erst begonnen hat. Doch das hat Gründe. Hinter mir liegt das schlimmste halbe Jahr meines Lebens. Mein Freund Philipp hat sich im Februar von mir getrennt, und seitdem gehe ich durch die Hölle. Das Schreckliche ist, dass es jetzt, gut sechs Monate später, jeden Tag noch genauso schmerzt wie am ersten Tag. Es fühlt sich an, als hätte man einen Teil von mir herausgerissen. Ich heule permanent: nach dem Aufwachen, auf der Toilette im Büro, beim Einkaufen im Supermarkt, auf dem Weg zum Sport und vor dem Einschlafen. Jeden Morgen schreibe ich in mein Tagebuch: »Ich kann nicht mehr«, und jeden Abend: »Ich will nicht mehr.« Philipp liebt mich nicht mehr, ich kann das einfach nicht begreifen, und ich vermisse ihn so sehr, dass es mich körperlich zerreißt.

Seit April gehe ich einmal in der Woche zur Psychotherapie bei Dr. Levi, einem ausgewiesenen Experten für Depressionen, der gleichzeitig Psychiater ist. Ich nehme Beruhigungs- und Schlafmittel sowie Antidepressiva – doch der Trennungsschmerz quält mich weiterhin. Ständig. Nie wieder werde ich mit Philipp schlafen, nie wieder werden wir spazieren gehen, nie wieder werden wir zusammen essen. Das »Nie mehr« kann ich nicht ertragen. Immer noch bin ich davon überzeugt, dass er der Mann meines Lebens ist und ich ohne ihn nicht leben kann.

In den ersten Wochen lag ich nur zu Hause im Schlafzimmer und weinte. In dem Versuch, etwas an meiner Situation zu ändern, besorgte ich mir ein neues Bett, ein schmales – ich hielt »unser« breites Bett nicht mehr aus. Es nützte nichts. Ich starrte weiterhin durch die Türöffnung auf den hellblau gestrichenen Flur mit dem dunklen Holzfußboden. Stundenlang. In den letzten Wochen habe ich alles versucht, was Trennungsratgeber empfehlen und Antidepressiva möglich machen: Ich stürzte mich in die Arbeit, verabredete mich mit Freunden, ging viel zum Sport und kaufte mir neue Stiefel. Auch all das hat nicht geholfen. Im Gegenteil: Es wurde immer schlimmer. So schlimm, dass ich inzwischen jeden Tag über-

lege, wie ich mich umbringen kann. Ich fing an, im Internet zu
recherchieren, wie ein Selbstmord am schmerzfreiesten zu realisie-
ren ist. Für mich ist klar: Selbst wenn die Qualen in drei Monaten
weniger werden sollten, bis dahin würde ich es nicht überleben.
Wir landen. Ich fühle mich gefangen wie in einem düsteren Albtraum, dabei ist draußen strahlendes Wetter. Das ist nicht selbstverständlich. Bergen gilt mit rund 250 Tagen Niederschlag im Jahr
als die regenreichste Stadt Europas. Jetzt, am frühen Abend, sind
es immer noch dreißig Grad Celsius. Ich steige in ein Taxi, und
wir kommen am Hafen vorbei, die alten Holzkontore der Hanse-
zeit am Bryggen leuchten in der Sonne in Rot, Gelb und Weiß.
Ich registriere es, kann mich aber nicht an diesem schönen Bild
erfreuen.

Im Hotel angelangt, checke ich ein, nehme meinen Zimmer-
schlüssel in Empfang und will nur noch meine Ruhe. Meinen
Rucksack packe ich nicht aus, sondern werfe mich sofort weinend
aufs Bett. Es tut so weh, dass ich Philipp nicht mehr anrufen kann,
um ihm zu sagen, dass ich gut an Norwegens Westküste gelandet
bin.

Wie üblich schlafe ich schlecht, und am nächsten Morgen wa-
che ich ganz zerschlagen auf. Da wir uns erst mittags an dem Forschungsschiff treffen, reicht die Zeit noch, um über den Markt im
Zentrum der Stadt zu laufen. Dort höre ich sehr viel Deutsch und
beobachte einen Hund meiner Lieblingsrasse, einen schwarz-wei-
ßen Landseer. Ich versuche mich abzulenken, doch es gelingt mir
nicht. Auch wie immer.

Nach dem kurzen Stadtrundgang mache ich mich mit meinem
Gepäck auf den Weg zum Boot. Der Horror trifft mich mit voller
Wucht, als wir uns um zwölf Uhr vor der *Johan Hjort* treffen, die
Pressefrau vom Institut für Meeresforschung, der leitende Wissen-
schaftler dieser Einrichtung, der Leiter des staatlichen Direktorats
für Fischerei, die Journalisten aus den anderen Ländern und ich.
Gedanken wie: Keiner darf merken, dass ich total neben mir stehe

und auf der Stelle in Tränen ausbrechen könnte, hämmern auf mich ein. O Gott, ich bin hier, um zu arbeiten. Wie soll ich das nur bewältigen? Um meiner Hilflosigkeit zu entkommen, leihe ich mir einen Stift und einen Zettel und notiere einiges, etwa dass der russische Kollege aussieht wie der Böse in einem James-Bond-Film. Natürlich soll ich nicht über die anderen Journalisten, sondern über den Fischfang vor Norwegen schreiben. Aber wer weiß, so ermutige ich mich selbst, nebensächlichste Eindrücke können beim Verfassen eines Artikels auf einmal wichtig werden.

Danach gebe ich reihum allen die Hand und stelle mich etwas verspätet vor, auf Englisch und auf Schwedisch: »*Hello, my name is Heide Fuhljahn, I'm coming from Germany – hej, jag heter Heide, jag kommer från Tyskland.*« Die Norweger antworten sehr herzlich: »*Hei Heide, velkommen.*« Dass ich sie auf Schwedisch begrüße, wird von ihnen begeistert registriert. Die skandinavischen Sprachen ähneln sich, und jeder Ausländer, der eine der Sprachen kann, wird interessiert aufgenommen. Daher komme ich schnell mit allen in Kontakt. Scheinbar ein guter Start. Doch nur nach außen hin ist alles in Ordnung – innerlich plagt mich weiterhin das Gefühl, gleich sterben zu müssen. Das verstärkt sich sogar noch, als wir nach der Begrüßung an Bord gehen, unsere Kajüten beziehen, das Schiff den Hafen von Bergen verlässt und der erste Vortrag auf unserem Zeitplan steht. Denn da wird alles auf Englisch erklärt. Ich verstehe kaum ein Wort, obwohl mein Englisch ganz gut ist. Aber nicht, wenn es um Fischfang geht, um seine wissenschaftlichen, sozialen und politischen Dimensionen. Noch heute weiß ich, dass immer wieder drei Buchstaben genannt wurden: IUU. Damals war mir diese Abkürzung fremd, sie steht für »*illegal, unreported and unregulated fishing*«, was so viel heißt wie »illegales, nicht reguliertes, nicht gemeldetes Fischen«.

Mit steigender Panik höre ich zu. Da ich nach meiner Ausbildung erst seit einem Jahr als Journalistin arbeite, bin ich längst nicht so routiniert wie die anderen. Ich will alles richtig machen und schreibe deshalb hektisch in einem lautschriftlichen Englisch mit. Zum Glück habe ich in einer Pause in einem kleinen Nebenraum einen Computer mit Internetzugang entdeckt, den wir benutzen dürfen. Meine Rettung. Unter www.leo.org suche ich die passenden Übersetzungen für die Lautschriften. *Cod* ist also Kabeljau (auf meinem Block steht »kodd«), und der ist, so erfahre ich, dramatisch überfischt.

Trotz dieser Hilfe habe ich jede Sekunde Angst, das Entscheidende zu verpassen. Ich versuche interessiert auszuschauen, fühle mich in meinem Innern aber wie eine Blenderin. Ich kann nicht sehen, dass ich mit meinen zweiunddreißig Jahren deutlich die Jüngste in der Gruppe bin. Das hätte mich beruhigen können, auch dass ich keine Expertin bin, was das Thema Fischfang betrifft. Doch in meinem Kopf trommelt wie eine Pauke nur die eine Erkenntnis: Zweifellos bist du die Falsche für einen fundierten Artikel über die Fangsituation vor Norwegen! Doch genau den soll ich liefern, und zwar schon in der nächsten Woche.

Endlich sind die Vorträge beendet, wir haben frei. Die Gruppe zerstreut sich, einige gehen zurück in ihre Kajüte, andere schauen sich die Brücke an oder rauchen draußen an der Reling eine Zigarette. Ich stehe ebenfalls dort, rauche aber nicht, sondern weine um meine verlorene Beziehung. Von einem Elend gerate ich ins nächste. Auch wenn ich es abstellen möchte, es gelingt mir nicht. Die zerstörerischen Bilder tauchen unweigerlich in meinem Kopf auf und lassen sich nicht verdrängen: Philipp hat eine neue Freundin. Es fühlt sich an, als würde mir jemand ein Messer im Bauch umdrehen. Trotzdem funktioniere ich noch irgendwie. Ich ermahne mich: Reiß dich zusammen! Dann wische ich meine Tränen weg und erkunde das Schiff. Es ist fünfundsechzig Meter lang, recht neu, von 1990, und hat mehrere Decks, die alle weiß gestrichen sind. Viele Räume, an deren Türen ich rüttle, sind abgesperrt, dahinter befinden sich die Forschungseinrichtungen: Kühlkammern, Labore, Messbereiche. Hinten am Heck ragen mehrere orangefar-

17

bene und gelbe Kräne in den Himmel, mit ihnen werden in den nächsten Tagen Netze ins Wasser gelassen und Fische und Meerestiere gefangen.

Kurz danach essen wir an Bord zu Abend, es gibt Lachs, wie passend. In meiner Verzweiflung lasse ich mich auf einen Flirt mit einem witzigen englischen Journalisten ein. Doch eigentlich denke ich nur an Philipp und bin noch trauriger als zuvor.

Am nächsten Morgen läuft die *Johan Hjort* in den Hafen von Ålesund ein, und ich nehme das als Möglichkeit, um einkaufen zu gehen. Nein, nicht shoppen, es ist kein Spaß damit verbunden, sondern eine Notwendigkeit, denn ich habe nahezu alles zu Hause vergessen. Das ist mir allerdings erst am zweiten Abend aufgefallen, weil ich im Hotel in Bergen nur die Zahnbürste ausgepackt habe. Sogar einen Block und einen Stift muss ich mir besorgen. Ich schäme mich dafür, dass ich offenbar nichts mehr richtig auf die Reihe kriege. Außerdem fehlen mir Haarbänder, Shampoo und ein Deo. Erst jetzt und damit viel zu spät habe ich auch begriffen, dass es am Ende der Reise eine große Pressekonferenz geben wird. Ich habe jedoch ausschließlich Shorts im Marinelook in meinem Rucksack verstaut. Also kaufe ich mir bei H&M ein schwarzes Hemdblusenkleid – und heule in der Umkleidekabine, weil mir nur Größe vierundvierzig passt.

Während ich mit meinen Einkäufen durch die Gassen von Ålesund gehe, denke ich daran, dass ich im letzten halben Jahr so gut wie gar nicht mehr geschlafen habe – an Bord ist es nicht anders. Das Bett in meiner Kabine ist schmal, das Schiff schaukelt auf den Wellen, und ich komme einfach nicht zur Ruhe. Zu sehr stehe ich unter Druck. Und auch hier, so weit weg von meiner Heimatstadt, denke ich jeden Tag an Selbstmord. Ich stelle mir vor, wie ich eine Überdosis Tabletten nehme. Meine Kräfte sind restlos erschöpft, das spüre ich. Jeden einzelnen Tag durchlebe ich wie in Watte. So gern würde ich Philipp meine Scham über diese Reise anvertrauen, mich von ihm trösten lassen. Doch ich darf ihm nicht einmal eine SMS schicken. Wir sind nicht mehr zusammen, und er will keinen Kontakt mehr.

Am vierten Tag der Reise bin ich derart am Ende, dass ein weiterer Faden meiner Vernunft reißt. Ich pfeife auf die Absprache, die ich mit Dr. Levi getroffen habe, und nehme das Beruhigungsmittel jetzt so, wie ich es brauche, und nicht, wie ich es nehmen darf. Achtzig Milligramm Oxazepam statt der verordneten fünfundzwanzig Milligramm. Mehr als die dreifache Dosis. Mir doch egal, ob das süchtig macht – jetzt geht es ums nackte Überleben! Oxazepam ähnelt in seiner Wirkung dem Beruhigungsmittel Valium (Diazepam), ein gesunder Mensch würde bei der Menge auf der Stelle einschlafen. Ich jedoch bleibe trotz der hohen Dosis in einer nicht enden wollenden Panikattacke stecken, bin so außer mir, dass ich die ganze Zeit heulen und schreien könnte. Mein Herz rast, ich zittere und fühle mich, als ob ich in einem Auto sitze, welches auf einen Baum zurast. Das Beruhigungsmittel beruhigt mich längst nicht mehr, es sorgt nur dafür, dass ich den Tag durchstehe: Nach außen komme ich mir mehr und mehr wie ein Roboter vor, kein Wunder, denn ich funktioniere wie eine Maschine. Stehe auf, ziehe mich an, frühstücke, gehe, spreche, arbeite. Innerlich bin ich vollkommen aufgelöst.

Es ist der letzte Tag, wir sind in Trondheim angekommen. An Land findet vormittags die abschließende Konferenz statt. Vertreter von Behörden und wissenschaftlichen Instituten aus verschiedenen europäischen Ländern geben ihre Statements zum Thema IUU ab, zum illegalen Fischen. Inzwischen habe ich das Gefühl, nicht mehr Teil meines Körpers zu sein. Je länger ich die Vortragenden sprechen höre, desto ängstlicher werde ich. Nach der Veranstaltung interviewe ich die Pressesprecherin vom Deutschen Bundesministerium für Ernährung, Landwirtschaft und Verbraucherschutz. Die ganze Zeit bin ich schweißgebadet, weil ich nicht weiß, ob meine Fragen mich als völlig unwissend entlarven.

Am Abend gehe ich mit der Truppe von der *Johan Hjort* zum letzten Mal gemeinsam essen. Wir sitzen draußen in der Sonne vor einem kleinen italienischen Lokal, auf schönen Korbstühlen. Eine ausgelassene Runde, die das Ende der Reise feiert. Wenn ich mir heute die Fotos von diesem Kreis ansehe, erschrecke ich – denn man sieht mir nichts an. Ich sehe mich strahlend lächeln, weiß aber genau, wie elend ich mich in diesem Moment gefühlt habe. Heute bin ich erstaunt, wie schlank ich war, damals fühlte ich mich fett und hässlich. Auf den Bildern entdecke ich nicht den geringsten Hinweis von dem Martyrium, in dem ich mich befand. Gar nichts.

Am nächsten Tag, es ist ein Mittwoch, verpasse ich fast meinen Rückflug. Es scheint, als ob ich inzwischen nur noch in Zeitlupe funktioniere. Außerdem fällt es mir schwer zu rechnen. Wenn um vierzehn Uhr mein Flieger geht, wann muss ich dann das Hotel verlassen, um rechtzeitig am Flughafen anzukommen? Irgendwie sitze ich dann doch im Bus zum Airport von Trondheim. Benommen sehe ich aus dem Fenster: Bewaldete Hügel, im Tal kleine Häuser mit spitzen Dächern, und immer wieder fahren wir über Brücken, über Ausläufer des Fjords. Die Farben leuchten, da ist das Hellblau des Himmels, das Dunkelblau des Meeres, das Grün der Wälder, das Rot der Häuser. Doch diese Schönheit erscheint mir fern, wie ein Gemälde. Ich fühle mich wie abgespalten von der Welt.

Als der Bus hält, merke ich, dass ich viel zu spät dran bin. In letzter Minute erreiche ich die Maschine. Als ich auf meinem Platz sitze, schlucke ich erneut mein Oxazepam. Ich nehme es jetzt, als würde ich zu Bonbons greifen. Doch es hilft mir nur so weit, dass ich mich noch aufrecht halten kann. Alles, was ich will, ist nach Hause zu kommen, zu Philipp. Doch er ist nicht mehr mein Zuhause. Wenn ich wenigstens zu meiner Familie fahren könnte, aber meine Mutter ist tot. Ein Zuhause, in dem ich das Kind bin, habe ich schon ewig nicht mehr.

Am Hamburger Flughafen nehme ich ein Taxi zu meiner Wohnung. Ich kann nicht mehr in einen Bus einsteigen. Nachdem ich die Haustür hinter mir geschlossen habe, wanke ich ins Bett. Am nächsten Morgen rufe ich – zum ersten Mal in dem halben Jahr der Behandlung – meinen Therapeuten an. Ich schluchze und weine, sage:»Ich kann nicht mehr, ich kann nicht mehr.« Er klingt ruhig und abgeklärt wie stets, aber ich nehme wahr, dass er meine Not sehr ernst nimmt. Er antwortet:»Frau Fuhljahn, wenn es gar nicht mehr geht, können Sie jederzeit über die Notaufnahme in eine Klinik gehen. Jederzeit! Ansonsten kommen Sie bitte morgen früh um neun zu mir. Dann besprechen wir, wie es weitergeht.«

In meinem Kopf existiert nur noch dieser Termin. Die Stunden bis dahin verbringe ich unter einer Medikamentenglocke. Nur zu einem Telefonat mit meinem Redaktionsleiter kann ich mich noch zwingen. Gott sei Dank ist es kein Problem, dass wir den Artikel über IUU erst mal nicht bringen. Als ich endlich vor Dr. Levi sitze und meine Probleme während der Norwegenreise schildere, sagt er:»Gehen Sie ins Krankenhaus, bitte!« Ich nicke, erkläre mich damit einverstanden, doch ich weiß nicht, welche Klinik ich wählen soll, welche für Fälle wie mich gut ist. Mein Therapeut nimmt mir die Entscheidung ab:»Das Universitätskrankenhaus in Hamburg ist zwar am nächsten, doch ich würde Ihnen empfehlen, sich für eine Klinik in Schleswig-Holstein zu entscheiden. Ich kenne die Therapeuten dort sehr gut, und ich glaube, dass die Ihnen am besten helfen können.«

Noch während der Sitzung meldet er mich telefonisch zu einem Vorgespräch für die psychiatrische Station an. In den letzten sechs Monaten hatte ich mich strikt geweigert, ein Krankenhaus aufzusuchen, obwohl es mir der Therapeut mehrfach geraten und auch meine Freundin Birgit immer wieder diesen Vorschlag gemacht hat. Doch ich hatte Angst, dass es in der Psychiatrie so sein könnte wie in dem Horrorfilm *Rosemary's Baby*: Die New Yorker Ehefrau Rosemary sucht während ihrer Schwangerschaft Hilfe bei einem Gynäkologen, aber der gehört, genau wie ihr Mann und die Nachbarn, zu einer Gruppe von Satanisten, und am Ende gebiert sie einen Säugling, der vom Teufel gezeugt wurde. Nur ist meine Todesangst jetzt so groß, größer als alles andere, dass diese Furcht an Bedeutung verliert.

Während Dr. Levi weiter in das Telefongespräch verwickelt ist, denke ich nur eines: Hoffentlich nehmen sie mich dort auf.

Zugleich toben in mir die widersprüchlichsten Gefühle: Auf der einen Seite will ich nichts lieber als sterben, auf der anderen Seite fürchte ich mich davor. Dass diese Zerrissenheit typisch ist für Menschen, die sich umbringen wollen, erfahre ich erst viel später. Jetzt will ich allein, dass dieser Ausnahmezustand, in dem ich seit Monaten stecke, einfach aufhört. Und wäre ich gesund, ich hätte erst einmal gründlich recherchiert, welche Klinik mein Therapeut da überhaupt empfiehlt. Genau hätte ich mich informiert, mit dem zuständigen Arzt diskutiert, wäre skeptisch gewesen. Diese Motivation ist nicht mehr vorhanden. In meinem Kopf gibt es nur Platz für einen einzigen Gedanken: Hilfe!

Am nächsten Tag hole ich mir einen Überweisungsschein fürs Krankenhaus. Meine Hausärztin fällt fast vom Stuhl, als ich ihr sage, dass ich achtzig Milligramm Oxazepam nehme – und Antidepressiva und Schlaftabletten. Sie sagt: »Na, Ihr Psychiater weiß hoffentlich, was er tut! Gut, dass Sie in die Klinik gehen, das erscheint mir dringend angebracht.« Nachdem ich die Praxis verlassen habe, fahre ich mit Bus und Bahn anderthalb Stunden in den Norden, verlasse die Stadtgrenze von Hamburg; es kommt mir so vor, als wäre ich auf einem psychedelischen Trip. Ich weine ununterbrochen, aber niemand reagiert.

Beim Vorgespräch in der psychiatrischen Klinik sitze ich einem Oberarzt gegenüber. Dr. Steinhausen sieht aus wie Sigmund Freud: hohe Geheimratsecken, markante Nase, Spitzbart. Doch statt eines weißen Kittels oder eines dreiteiligen Anzugs trägt er tatsächlich einen bunten Pullover, Jeans und Turnschuhe. In seinem Büro steht eine Couch, ansonsten ist das Zimmer eingerichtet wie eine Studentenbude. Überall Bücher, Poster an den Wänden, der Schreibtisch ist unter Papierbergen begraben. Als Erstes gebe ich ihm meinen Überweisungsschein.

Der Arzt schaut mich verblüfft an und fragt:»Wieso haben Sie den noch geholt? Sie hätten auch ohne ihn kommen können.«

»Ich wollte einen guten Eindruck machen«, antworte ich ehrlich. Meine Angst, dass man mich nicht aufnimmt, ist so groß, ich hätte alles Mögliche gemacht, wenn es nötig gewesen wäre.

»Dr. Levi hat mir schon einen Überblick über Ihre Situation gegeben«, sagt Dr. Steinhausen, »aber ich würde gern von Ihnen selbst hören, wie Sie die einschätzen und empfinden.«

Wieder erzähle ich von meinem Inferno und von meiner Hoffnung, zwei Wochen in der Klinik sein zu können. Nachdem ich meine Ausführungen beendet habe, meint der Mediziner, dass man mich für zwei Wochen nicht aufnehmen würde. Ich müsste mindestens sechs bis acht Wochen bleiben, da eine stationäre Therapie Zeit brauche, um zu wirken. Mit zwei Wochen würde ich nur die Spitze des Eisbergs angehen.

Mir bleibt fast das Herz stehen, als ich das vernehme. Doch ich kann die Verzweiflung nicht mehr aushalten, nicht den Druck, die Schlaflosigkeit, die Anspannung, die Trauer. Ich weiß: Wenn der Arzt mich in dieser Klinik nicht aufnimmt, bringe ich mich um. Also streiche ich in Gedanken meinen Job, an dem ich so sehr hänge und den ich im letzten halben Jahr krampfhaft versucht habe zu halten. Im Geiste streiche ich auch meinen geplanten Türkei-Urlaub. Dort wollte ich segeln, seit Jahren habe ich von dieser Reise geträumt. Schließlich willige ich ein, mindestens sechs Wochen in der Klinik zu bleiben. Es ist meine letzte Chance.

Fünf Tage später ist ein Platz frei. Ich packe meine Sachen für die psychiatrische Station. Hätte ich diesen Schritt nicht getan, ich wäre heute tot.

2 Ein Mantel aus Blei – wie sich eine Depression anfühlt

Meistens wachte ich früh um sechs Uhr auf – und schon war der Tag gelaufen. Allein das Aufstehen erschien mir unendlich schwer. Denn vor mir lag eine ermüdende Kette voller Anstrengungen. Schon der Gedanke an das, was ich alles tun musste, erschöpfte mich. Zwei Stunden lang drehte ich mich immer wieder im Bett um, denn ich wünschte mir so sehr, nur fünf Minuten tief und fest zu schlafen. Mich erholen zu können. Doch es nützte nichts – ich konnte mich nicht entspannen, um Schlaf zu finden. Wenn ich arbeiten musste, rief Birgit mich meist um acht Uhr an: »Guten Morgen, Heide, komm, wir starten jetzt zusammen in den Tag.« Trotz ihrer freundlichen Begrüßung wäre ich am liebsten liegen geblieben. Aber ich riss mich zusammen. »Okay, ich stehe jetzt auf.« Also angelte ich auf dem Nachttisch nach meiner Brille, schlug die Decke zurück und setzte mich auf die Bettkante – und weinte. Die fünf Meter zu meinem Badezimmer kamen mir vor, als sollte ich einen Berg hochklettern. Doch ich musste mich fertig machen.

Mit der Zeit entwickelte ich ein Notprogramm. Duschen? Höchstens jeden dritten Tag. Gesicht waschen und eincremen? Nur morgens. Und nur einmal die Woche. Haare waschen? Mit Trockenshampoo, das musste reichen. Schminken? Dann, wenn ich einen wirklich wichtigen Termin hatte. Ich lackierte mir nicht mehr die Nägel, benutzte weder ein Peeling noch eine Beauty-Maske, ließ den Rasierer für die Beinrasur stehen. Die damit einhergehende Verlotterung störte mich sehr, doch die Mühe war einfach zu groß, um es zu ändern.

Blickte ich auf das vergangene halbe Jahr zurück, wusste ich nicht mehr, wann ich mich das letzte Mal gefreut hatte. Mich leicht fühlte und unbeschwert. Oder normal. Oder war dieser Zustand vielleicht sogar normal? Ich hatte einfach keinen sicheren inneren Maßstab mehr. Ich wusste nur, dass mir nichts mehr Spaß machte. Alles, was ich tat, wurde nur noch danach bewertet, wie sehr es mich erschöpfte. Es war, als hätte ich – nacheinander – eine Grippe, eine Erkältung, eine Magen-Darm-Infektion, schweres Fieber. Und danach ging es wieder von vorn los. Der Kopf schmerzte, ich fühlte mich schwach und niedergeschlagen. War der Kühlschrank leer, ging ich notgedrungen zum Supermarkt bei mir um die Ecke. Der Hinweg durch die drei kleinen Straßen kam mir ewig vor, auf dem Rückweg schnitt mir das Plastikband von dem Sechserpack Mineralwasser schmerzhaft in die Hand. Wieder zu Hause, war ich so ausgelaugt, dass ich mich ins Bett legen musste. Von meinen normalen Verpflichtungen erledigte ich außer dem Einkaufen nur noch das absolut Notwendigste. Im Schneckentempo. Manchmal stand ich minutenlang vor meinem aufklappbaren Wäscheständer. Dort hingen Jeans, meine schwarzen Hosen, Tops und Unterwäsche. Auch wenn ich die schwarze Hose gern getragen hätte, ich konnte sie nicht abhängen. Ich fühlte mich, als würde ich einen Mantel aus Blei tragen. Genauso wenig konnte ich putzen. Oder Musik hören. Nicht im Internet surfen.

Alles kostete so viel Kraft, und zwar immer. Ich schrieb damals für eine Segelzeitschrift. Wenn ich nicht arbeiten musste, lag ich im Bett. Gemacht habe ich so gut wie nichts, aber mich auch nicht erholt. Manchmal sah ich nur fern, doch selbst das war keine Regeneration, sondern nur Anstrengung. Noch nie habe ich so viel ferngesehen wie in dieser Zeit. Irgendwann fiel mir auf, dass ich jeden Abend in die Glotze guckte. Was aber zu keiner Veränderung des Zustands führte. Im Gegenteil: Ich fing an, schon nachmittags DVDs anzusehen. Zusammengerollt lag ich im Jogginganzug auf meinem Klippan-Sofa unter einer grünen Decke, auf dem Tisch vor mir drei Tafeln Kinder-Schokolade. Oft schaute ich mir eine Staffel *Emergency Room* an. Danach war ich aber nicht aufgemuntert, sondern nur deprimierter – denn in der Notaufnahme, um die es in dieser amerikanischen Fernsehserie ging, war so viel Elend. Das erreichte mich noch. Schmerz, Trauer, Leid – das konnte ich noch fühlen. Doch das machte es letztlich nur schlimmer. Am Anfang hatte ich sogar ein klitzekleines bisschen Spaß dabei, mir eine ganze Staffelbox meiner Lieblingsserie reinzuziehen. Es erinnerte an einen entspannten Sonntagnachmittag, den man auf dem Sofa herumlümmelnd verbringt. Doch schnell war auch das öde. Danach streifte ich traurig durch die Wohnung: Ich stand planlos vor meinem Bücherregal und las die Buchtitel, dann ging ich in mein Schlafzimmer, stellte mich ans Fenster und blickte in den Hof. Auf dem Regal, dem Fensterbrett, überall lag eine dicke Staubschicht. Sollte ich nicht sauber machen? Oder mich verabreden? In meiner Traurigkeit rief ich Birgit an und klagte ihr mein Leid:

»Ich hab schon wieder so wenig Energie. Mir tut alles weh. Immer bin ich traurig.«

»Es wird vorbeigehen, Heide, ganz bestimmt«, sagte sie.

»Aber es fühlt sich nicht so an«, erwiderte ich, den Tränen nah.

»Ich weiß. Aber du musst durchhalten!«

Nachdem wir uns verabschiedet hatten, legte ich mich erneut aufs Sofa. Für mehr fehlte mir die Kraft.

Lesen mochte ich nicht mehr. Aber irgendwie musste ich die Zeit totschlagen. Und zu viel Freizeit kann eine Katastrophe sein. Über diesen Satz würde meine Freundin Maren nur lachen. Maren ist vierzig, sie hat schöne grünbraune Augen, eine zierliche Nase und einen großen Mund mit strahlend weißen Zähnen. Ihre blonden Haare trägt sie meistens zum Pferdeschwanz gebunden. Sie ist klein und schlank und arbeitet als Anwältin. Wir kennen uns von der Uni, ich hatte Strafrecht als zweites Hauptfach. Maren war meine Tutorin. Heute arbeitet sie Vollzeit und hat zwei Kinder. Ihr Leben ist von sechs Uhr morgens bis zehn Uhr abends straff durchorganisiert. Sie sagt oft: »Ich muss noch so viel erledigen: einkaufen, aufräumen, bügeln, die Waschmaschine anschmeißen, den

Geschirrspüler ausräumen, ein Geschenk einpacken, kochen, eine Akte durcharbeiten, einen Vortrag schreiben – ich weiß gar nicht, wo mir der Kopf steht.« Dann fragt sie mich:»Und was machst du am Wochenende?« »Gar nichts.« Wie die meisten meiner Freunde hat Maren chronisch zu wenig Zeit. Früher hatte ich auch so ein pralles, vollgestopftes Leben wie sie. Bei vielen wurde es durch die Kinder noch kompakter. Bei mir wurde es wegen der Depressionen so leer, dass ich mich mit Erschrecken fragte, ob es sich so wohl anfühlt, wenn man im Altersheim ist. Die Langeweile wird einzig durch die Mahlzeiten unterbrochen. Denn nicht nur hatte ich keine Lust mehr zum Lesen, ich konnte es auch kaum noch. Doch es fiel mir extrem schwer, das zu akzeptieren. An einem Sonntag versuchte ich mich an *Plädoyer eines Irren* von August Strindberg. Ich setzte mich an den Küchentisch, machte das Radio aus und zwang mich zur Konzentration. Es musste doch möglich sein, ein anspruchsvolles Werk zu lesen. Doch nach den ersten zwanzig Seiten gab ich auf. Das Buch des schwedischen Autors, eine Autobiografie über seine erste Ehe, war geistreich und originell geschrieben, aber zu schwer für mich. Kaum hatte ich die Sätze gelesen, wusste ich nicht mehr, worum es ging. Es blieb mir nichts anderes übrig, als einzusehen:»richtige« Romane, die Sonntagszeitung, Fachzeitschriften – das war vorbei. Birgit wollte mir einmal *Adler und Engel* leihen, gleichzeitig eine Liebesgeschichte und ein Politthriller von Juli Zeh. Es war mir peinlich, ihr sagen zu müssen:»Tut mir leid, aber das ist im Moment einfach zu anspruchsvoll für mich.«

Mein Nicht-lesen-Können empfand ich als persönliches Versagen, es war mir nicht klar, dass es eine Nebenwirkung der Depression war. Ich konnte mich höchstens noch auf Jugendbücher konzentrieren. In diesen Monaten las ich alle Bände von *Dolly, Hanni und Nanni, Bille und Zottel* sowie *Britta. Ronja Räubertochter* überforderte mich schon; die Geschichte war komplex, sie verlangte eine Aufmerksamkeit, die ich nicht hatte. Die Krankheit hatte meine Lesefähigkeit einfach aufgefressen. Konzentrationsmangel ist eine der schlimmsten und eine der am meisten unterschätzten Beeinträchtigungen der Depression. Neben den Jugendbüchern reichte es bei mir nur noch dazu, Zeitschriften wie *Gala* und *Bunte* durchzublättern. Ging es mir besser, merkte ich das zuerst daran, dass ich wieder einen *Zeit*-Artikel durchlesen konnte.

Was hatte ich eigentlich in der Zeit nach der Trennung von Philipp gemacht? Bei den meisten Menschen strukturiert der Job den Tag. Das war bei mir auch so gewesen. Doch weil ich in Teilzeit arbeitete, mich nur drei Tage in einem Büro aufhielt, war ich vier Tage in der Woche zu Hause. Eigentlich wollte ich währenddessen frei für andere Zeitschriften schreiben. Doch es ging nicht. Und wenn man nicht arbeiten kann, sind da auf einmal täglich acht, neun Stunden, die gefüllt werden wollen. Für die meisten meiner Freunde, nicht nur für Maren, wäre die Aussicht auf einen freien Tag sicher himmlisch. Aber wenn es jede Woche vier Tage sind, an denen man sich mies fühlt und nichts mit sich anzufangen weiß, ist das grauenhaft.

Die Last der freien Zeit wurde in der Krise schleichend schlimmer. Auf meinem kleinen Schreibtisch im Wohnzimmer stapelten sich neben meinem Computer die Briefe. Ich musste meine Steuererklärung machen, eine Reisekostenabrechnung, der Krankenkasse zurückschreiben. Müde hob ich jedes einzelne Blatt Papier hoch, las zerstreut, was der Absender von mir wollte, merkte, dass ich es nicht begriff, und legte das Schriftstück wieder auf den wachsenden Stapel neben meiner PC-Tastatur. Dumpf, wie unter einer Käseglocke, starrte ich auf meinen Bildschirm. Siebzehn E-Mails im Posteingang. Eine von einer Freundin aus England, ich hatte mich lange nicht bei ihr gemeldet. Doch die E-Mail zu beantworten kam mir vor, als sollte ich eine Hausarbeit schreiben. So beendete ich das Programm, schaltete den Computer aus und legte mich wieder ins Bett.

Meine Schlafstörungen hatte ich lange Zeit als gottgegeben akzeptiert, auch weil ich wusste, dass Schlafmittel süchtig machen können; aber irgendwann war eine Grenze erreicht. Im Juni konnte ich meinen Therapeuten endlich überzeugen. »Es geht so nicht weiter«, beschwor ich ihn. »Seit vier Monaten habe ich keine Nacht mehr durchgeschlafen. Jeden Tag fühle ich mich, als hätte ich Fieber. Alles erscheint mir merkwürdig verzerrt. Ich kann nicht mehr.« Dr. Levi verschrieb mir Zolpidem, drei Tage die Woche durfte ich abends zehn Milligramm nehmen. Zu arbeiten, zu funktionieren, wurde damit leichter. Doch nicht, wenn man den Tag mit irgendwas füllen musste. Wenn ich genügend Geld gehabt hätte, hätte ich mir das Elend angenehmer gestalten können. Ich hätte zum Beispiel zur Massage gehen können, in eine Wellnessoase, und in dem Spa bequemer herumdümpeln können als auf dem Sofa. Doch an meiner inneren Verfassung hätte das wohl auch nicht viel geändert.

Früher machte ich viel Sport, fünf Stunden die Woche. Der Clou dabei war: Wer regelmäßig trainiert, wer sich über einen gewissen Zeitraum kontinuierlich anstrengt, kann irgendwann fünf Kilometer laufen. Oder zehn Liegestütze absolvieren. Und wenn man noch ein bisschen länger durchhält, fallen einem die Aktivitäten sogar leicht und bringen Spaß. Diese Rechnung geht – zumindest bei moderaten Zielen – zu hundert Prozent auf. Man fliegt dahin und kann sich kaum noch vorstellen, dass es einmal mühselig war. Bei der Depression bleibt eine derartige Belohnung aus. Niemand bekommt für sein langes Leid, für Schweiß, Tränen und Durchhalten einen Orden. Und ganz paradox: Durch noch mehr Anstrengung wird es nicht besser, sondern schlimmer. Eine gewisse Struktur zu behalten, ist wichtig. Doch wer depressiv ist, kann einfach nicht so viel leisten wie ein gesunder Mensch. Es ist sehr schwer, die eigenen Ansprüche aufzugeben und sich einzugestehen, dass man krank und eingeschränkt ist. Ich musste lernen, mit meinen Kräften hauszuhalten. Lernen, dass ich nicht mehr so belastbar, so fit und so gesund war wie einst.

Doch warum hatte ich mich die ganze Zeit so unter Druck gesetzt, warum wollte ich so tadellos funktionieren? »Reiß dich einfach mal zusammen«, das hören Depressive oft. Wenn nicht von anderen, dann von sich selbst. Wenn das denn nur ginge. Wenn man sich einfach nur in den Hintern treten könnte. Wenn es doch nur daran läge, dass man einzig ein bisschen in die Pötte kommen muss. Aber weit davon entfernt. Bei einer Depression tut alles weh, der Körper und auch die Seele. War der Schmerz der Anstrengung zuerst da oder die Depression? Irgendwann wird diese Frage egal. War man zuerst traurig, oder macht einen das ständige Nichtkönnen traurig? Auch das ist irgendwann egal. Birgit wurde bei unseren täglichen Telefonaten nicht müde, mich zu fragen: »Geht es denn heute ein kleines bisschen besser?« Und jeden Tag erwiderte ich: »Nein. Es wird immer schlimmer. Ich kann nicht mehr, es soll bitte nur noch aufhören. Egal wie.« Ich hatte ihr sehr viel zugemutet in dieser Zeit, meinen Frust, meine Hoffnungslosigkeit. Sie hatte mir immer wieder geraten, ins Krankenhaus zu gehen. Doch das konnte ich damals nicht. Also vegetierte ich weiter zu Hause vor mich hin und quälte mich zur Arbeit.

Was hatte mir geholfen, diese Phase zu überstehen? Vor allem waren es zwei Worte, die ich mit Leben zu füllen versuchte. Aushalten. Und: durchhalten. Ich musste aushalten, ertragen, dass es mir Tag und Nacht hundeelend ging. Das war schwer. Sehr, sehr schwer. Und ich musste, oft gegen mein Gefühl, daran glauben, dass es besser werden würde. Eben durchhalten. Glauben, dass es »nur« eine Periode war, die auch wieder vorbeigehen würde, selbst wenn das im schlimmsten Fall Monate dauern sollte. Genau das ist in jeder Depression so schwierig, da man das sichere Gefühl hat, es hört nie wieder auf. Doch das tut es, und je mehr Hilfe man sich dafür holt, desto besser. Es ist wichtig, möglichst früh gegen die Depression anzugehen, damit sie nicht wieder und wieder kommt oder gar chronisch wird, und auch wegen der drohenden Folgeschäden, zum Beispiel Herz-Kreislauf-Erkrankungen oder Demenz.[1] Wenn ich das doch nur früher gewusst hätte. Ich hatte mich in dieser Zeit total überfordert, und so dauerte meine Depression weiter an.

Und was hatte mir aber neben den beiden Worten »Aushalten« und »Durchhalten« am meisten geholfen? Dass ich nicht mutterseelenallein mit meiner Krankheit geblieben war. Dass ich in der Therapie jammern und klagen und heulen und hoffnungslos sein durfte. Denn das Aushalten, das tägliche, quälende, einschränkende Leid war sehr hart. Deswegen todtraurig, auch mal wütend oder zum Sterben verzweifelt sein zu dürfen, half mir sehr. Die depressive Episode wurde bei mir eben nicht nur durch die Trennung von Philipp ausgelöst. Es kam noch viel mehr dazu. Es sei wichtig, die Gründe für die Depression zu entschlüsseln, das hatte mein Therapeut wiederholt gesagt. Diese zu kennen, würde es leichter machen, aus der Krankheit wieder herauszufinden.

Ganz enorm half mir das Verständnis meiner Freunde. Von mir hörten sie immer wieder: »Es tut so weh, ich kann nicht mehr.« Doch sie wurden nicht müde, mir zu antworten: »Bitte, halt durch. Du schaffst es. Wir schaffen es.« Sie waren mir nicht böse, wenn ich kurzfristig eine Verabredung absagte – und das passierte häufig, wenn ich mal wieder irgendwo nicht mitkommen konnte. Im Gegenteil: Sie ermutigten mich, gut für mich zu sorgen – auch wenn das hieß, dass ich zu Hause blieb. Sie verstanden, dass für mich jede Form von Reizüberflutung zu viel sein konnte, selbst so etwas Schönes wie ein Konzert oder eine Geburtstagsparty. Meine Freunde teilten die Last, die ich für sie war, unter sich auf. Bei Birgit konnte ich regelmäßig übernachten, wenn ich völlig verzweifelt war und dachte, es hört nie mehr auf. Oft rief meine Freundin Maren an: »Willst du nicht heute Abend zum Essen kommen? Es gibt Apfelpfannkuchen.«

»Ja, sehr gern. Um halb sieben bin ich da, okay?«

»Prima, bis dann. Die Kinder freuen sich schon auf dich!«

Zu solchen Einladungen fuhr ich immer nach der Arbeit, wenn

ich eh unterwegs war. Ich war sehr dankbar, dass Maren für mich kochte, Birgit mir das Gästebett bezog: dass ich den Abend nicht mit mir allein bleiben musste. Das war ganz wichtig für mich, dass ich nicht ausgeschlossen wurde aus dem normalen Leben. Dass ich weiter gemocht wurde, obwohl ich krank war. Auch wenn ich aus Krankheitsgründen traurig, unzuverlässig, nicht belastbar und anstrengend geworden war: Meine Freunde ließen mich nicht allein. Gott sei Dank.

Doch was ist eine Depression? Der Begriff taucht in den Medien immer häufiger auf, so auch nach dem Selbstmord des ehemaligen Nationaltorwarts Robert Enke, der britischen Sängerin Amy Winehouse oder der Schauspielerin Silvia Seidel. Ist man schon depressiv, wenn man tagsüber nicht den sonstigen Elan aufbringt? *Deprimere* heißt im Lateinischen »herunterdrücken«, und eine Depression ist eine psychische Krankheit, bei der sich die meisten Patienten ständig »heruntergedrückt«, niedergeschlagen, leer und erschöpft fühlen. Viele Patienten klagen darüber, dass sie nichts mehr empfinden können, weder Trauer noch Freude. Sie fühlen sich stumpf und versteinert, man spricht dann von einem »Gefühl der Gefühllosigkeit«. Sehr viele haben auch körperliche Beschwerden wie zum Beispiel Schlafstörungen.

Depressive leiden unter ihrer Erkrankung oft deutlich mehr als andere Menschen mit schweren Krankheiten. Das hat damit zu tun, dass eine Depression die ganze Persönlichkeit, das ganze Ich infrage stellt. Das kann so weit gehen, dass man glaubt, es wäre für alle am besten, wenn man nicht mehr leben würde. Rückenschmerzen oder Tumorschmerzen lassen sich meist vom eigenen Selbst trennen. Wir sagen: »Ich habe Rückenschmerzen. Ich habe Tumorschmerzen.« Niemand würde sagen: »Ich bin Rückenschmerzen.« Aber es heißt: »Ich bin depressiv.« Eine Depression ist daher eine schwere, alles umfassende, also seelische *und* körperliche Krankheit.

Depressive haben normalerweise mehrere der folgenden Symptome, und zwar länger als zwei Wochen:

- Sie sind ständig »schlecht drauf«, fühlen sich traurig oder vollkommen leer.
- Sie fühlen sich grundsätzlich ausgelaugt und erschöpft.
- Sie haben wenig Energie und Kraft, und sei es nur zum Zähneputzen.
- Sie zweifeln an sich selbst und an ihren Gefühlen.
- Sie haben Schlafprobleme, sowohl beim Ein- wie auch beim Durchschlafen.
- Es fällt ihnen schwer, sich zu konzentrieren.
- Sie grübeln in einer Endlosschleife.
- Sie sind nahezu hoffnungslos und fürchten, dass es nie wieder besser wird.
- Alles fühlt sich anstrengend an.
- Sie können sich nicht mehr freuen.
- Sie haben Schuldgefühle, oft aus dem Grund, weil sie ihrer Meinung nach so viel weniger leisten können als andere.
- Manche haben andauernd Angst.
- Sie fühlen sich unruhig und gehetzt.
- Sie verlieren den Appetit und nehmen mehrere Kilo ab.
- Sie haben Kopf-, Bauch- oder Rückenschmerzen.

Das Krankheitsbild Depression ist bei jedem Betroffenen dennoch anders – das zu wissen, ist sehr wichtig. Depressionen können sich daher auch durch andere Symptome wie beispielsweise Vergesslichkeit, Ekzeme auf der Haut oder Denkstörungen bemerkbar machen.

Die oben genannten Diagnosekriterien wurden von der Weltgesundheitsorganisation (WHO) festgelegt und sind für alle Ärzte verbindlich. Je nachdem, wie viele Depressionssymptome jemand hat und wie schwerwiegend diese sind, spricht man von einer leichten, mittelgradigen oder schweren Episode. Bei einer leichten Episode müssen beispielsweise mindestens zwei Wochen nach der Diagnose die folgenden Symptome auftreten: niedergedrückte

Stimmung, Verlust von Freude und Interesse, Verminderung des Antriebs und ein schnelleres Ermüden. Es gibt auch Depressionen, die mit einer Psychose, also mit einem Realitätsverlust, einhergehen, mit Angst, mit untypischen Symptomen wie Gewichtszunahme und einem vermehrten Bedürfnis nach Schlaf (atypische Depression) oder mit massiven körperlichen Beschwerden (lavierte Depression). Eine Depression kann auch durch Lichtmangel ausgelöst werden (Winterdepression). Liegt eine leichte Depression vor, die aber mindestens zwei Jahre lang anhält, spricht man von Dysthymie. Genau definiert werden die unterschiedlichen Formen von Depressionen nach ICD-10-GM-2010 – ICD steht für: »International Statistical Classification of Diseases and Related Health Problems« (Internationale statistische Klassifikation der Krankheiten und dazugehörender Gesundheitsprobleme), 10 kennzeichnet die zehnte Ausgabe der ICD, GM (**G**erman **M**odification) die Version für Deutschland, 2010 das Jahr der Definitionszuschreibung.

Jedes Kürzel, welches bei Patienten auf ihrer Krankschreibung steht, dem »Gelben Schein«, ist eine Kennziffer dieses Systems, die beschreibt, woran der Patient leidet. So steht das Kürzel »F41.2« für die Diagnose »Angst und depressive Störung, gemischt«. Depressionen gehören zu den sogenannten affektiven Störungen, das heißt, durch die Kennzeichnung wird die psychische Grundstimmung festgehalten, in der sich ein Mensch befindet. Dabei unterscheidet man wiederum mehrere verschiedene affektive Störungen. Außer der Depression gibt es zum Beispiel die Manie (das Wort *mania* stammt aus dem Griechischen und bedeutet »Raserei«). Diese Krankheit ist sozusagen das Gegenteil einer Depression, denn die Stimmung der Betroffenen ist extrem euphorisch, sie sind getrieben, leichtsinnig und voller Ideen. Bei sogenannten bipolaren Erkrankungen wechseln sich wiederum manische und depressive Phasen ab. Depressionen sind so vielschichtig und komplex, wie der Mensch selbst ist.

3 Planet Psycho – mein erster Tag in der Klinik

Herzlich willkommen«, sagte die junge Frau mit dem sympathischen Lächeln. »Ich bin Frau Wulf, Krankenschwester auf dieser Station.«

Meine Freundin Birgit und ich wechselten einen überraschten Blick, so freundlich hatten wir uns die Aufnahme in die Psychiatrie nicht vorgestellt. Es war Mittwoch, der 16. August 2006. Nie hätte ich gedacht, dass ich diesen Tag einmal herbeisehnen würde. Doch nach meinem Zusammenbruch nach meiner Rückkehr aus Norwegen hatte ich mich zu Hause nur noch mit Tabletten betäubt, um die Zeit bis zur Aufnahme zu überbrücken.

»Kommen Sie, ich zeige Ihnen Ihr Zimmer«, fuhr Frau Wulf fort.

Noch leicht verdattert folgten Birgit und ich ihr mit meinem Gepäck durch einen breiten Flur im zweiten Stock der Klinik. Die Wände waren in einem hellen Gelb gestrichen, durch große Fenster flutete die Sonne. Ich war unendlich erleichtert, dass nun etwas passieren würde, dass ich mehr Therapie bekommen würde, nicht nur eine Sitzung in der Woche wie bisher. Aber natürlich fürchtete ich mich auch vor dem, was mich da erwartete. Wie würde es in der Psychiatrie sein? So wie in dem Drama *Zeit des Erwachens* mit Robert De Niro und Robin Williams? Also mehr wie in einem Gefängnis? Das jedenfalls war mein Bild von psychiatrischen Krankenhäusern. In den letzten fünfzehn Jahren hatte ich zwar immer mal wieder eine ambulante Therapie gemacht, trotzdem hatte ich mich bis zu diesem Sommer strikt geweigert, in eine Klinik zu gehen. Wie so viele Menschen fürchtete ich mich davor, man würde mich mit Medikamenten zudröhnen, sodass ich nur noch sabbernd in der Ecke herumsitzen würde. Meine größte Angst aber war, dass mich jemand für »nicht ganz dicht« erklären und jahrelang einsperren könnte. Oder Schlimmeres. Während der Zeit des Nationalsozialismus galten psychisch Kranke als »unwertes Leben«, als »Ballastexistenzen«. Sie wurden systematisch weggeschlossen, der Staat zwang sie aus »rassenhygienischen« Gründen zur Sterilisation, sodass sie keine Kinder mehr bekommen konnten. Viele Zehntausende wurden ermordet (Euthanasie) beziehungsweise man ließ sie verhungern. Meine Befürchtungen waren also nicht einmal aus der Luft gegriffen.[2] Nur haben sich die Behandlungsmethoden in den letzten dreißig Jahren stark verändert, was ich damals allerdings nicht wusste. Mein erster Aufenthalt war ein Sprung ins Ungewisse.

Frau Wulf, die Krankenschwester, war am Ende des Flurs angelangt. Ich musterte sie unauffällig. Sie schien zwischen zwanzig und dreißig zu sein, hatte mittellanges blondes Haar und trug einen Rock sowie kniehohe braune Stiefel. Mit Schwung öffnete sie die Tür mit der Nummer 24 und sagte: »So, das ist Ihr Zimmer. Sie teilen es sich mit einer anderen Patientin. Packen Sie erst einmal aus, ich komme dann später wieder zu Ihnen und zeige Ihnen den Rest der Station.« Und weg war sie.

Rechts an der Wand standen hintereinander zwei Betten, getrennt durch ein quer stehendes Regal in Schulterhöhe. Links war das Bad, und dahinter, in einer Ecke vor dem Fenster, befand sich ein Schreibtisch mit einem Stuhl. Die Wände waren sonnengelb gestrichen, die Bettwäsche hatte bunte Streifen. Birgit und ich waren kaum durch die Tür, da kam meine Zimmergenossin schon auf uns zugeschossen. Sie war ungefähr siebzig, sehr schlank, hatte hochgesteckte graubraune Haare und trug ein beigefarbenes langes Kleid. Sie nahm mir die Taschen aus der Hand und redete ohne Punkt und Komma auf mich ein, wobei sie mich ungefragt duzte: »Na, du bist ja eine ganz Liebe, eine ganz, ganz Liebe, das sehe ich doch gleich. Wir werden uns sicher wunderbar verstehen. Ich bin die Burgunde.«

»Hallo, ich heiße Heide«, erwiderte ich und gab der Frau, deren Ohren schimmernde Perlen zierten, die Hand. Birgit stellte meine Taschen neben das leere Bett – es war das direkt hinter der Tür – und drängte mich hinaus auf den Flur. Sie deutete mit dem Kopf auf das Zimmer, zog die Augenbrauen hoch und nahm mich fest in den Arm.

»Mach es gut, ja?«

Ich nickte.

»Komm, das wird schon«, sagte sie und lächelte unsicher.

»Ja, das wird schon«, wiederholte ich zögernd.

Birgit drehte sich jetzt um, und ich sah ihr nach, wie sie den Flur hinunter zum Ausgang ging. Mit einem tiefen Atemzug öffnete ich die Tür zum Zimmer 24. Burgunde sprang sofort von ihrem Bett am Fenster auf und stellte sich vor mich hin. Ungebremst wie ein Wasserfall erzählte sie mir, wie lange sie schon da sei, worunter sie litt und wie es dazu gekommen war. In einer halben Stunde erfuhr ich ihre komplette Lebensgeschichte. Ich fühlte mich überfordert, mochte ich doch diesen Verlust an Privatsphäre überhaupt nicht. Das mangelnde Gefühl dafür, Grenzen einzuhalten, störte mich. Die Nähe, die dadurch hergestellt wurde, war nur vorgetäuscht. Ich wurde mit Details überflutet, aber es entstand keine Beziehung. Burgunde hätte jeden anderen genauso zugelabert wie mich.

»Du, ich sehe mal nach, wo Frau Wulf steckt.« Schnell floh ich mit dieser fadenscheinigen Begründung aus dem Zimmer. Ich wagte es nicht, eine ehrlichere Antwort zu geben, zum einen, weil ich nicht wusste, wie krank meine Mitbewohnerin war. Worte konnten eine Menge auslösen. Zum anderen, weil ich nicht unhöflich sein wollte – selbst wenn sie mit ihrem Redeschwall unhöflich zu mir war. Ich sollte noch viele Frauen wie Burgunde kennenlernen. Heute würde ich einer solchen Patientin zu verstehen geben: »Ich möchte mich im Moment nicht unterhalten.« Oder: »Ich möchte gern lesen.« Aber damals hatte ich mich noch nicht getraut, etwas Ähnliches zu sagen.

Auf dem Flur kam mir zum Glück Frau Wulf entgegen, sie war gerade auf dem Weg zu mir gewesen. Die Krankenschwester zeigte mir die Räumlichkeiten der Station, erklärte, wann die Mahlzeiten im Speisesaal eingenommen wurden. Alles war durchgetaktet, Pünktlichkeit und ein strukturierter Tagesablauf waren auf dieser Station offenbar wichtig. Das wird mir schwerfallen, dachte ich. Ich hasste es, wenn ich auf die Minute genau irgendwo sein musste.

»Die Räume für die Musik- und Ergotherapie sind ein Stockwerk tiefer, da nimmt Sie einer von den Patienten mit«, bemerkte jetzt Frau Wulf. Von beiden Therapieformen hatte ich schon gehört, kannte die Behandlungen aber nicht aus eigener Erfahrung. Außerdem erfuhr ich von ihr, dass es eine ärztliche Sprechstunde für die Medikamente gab, eine Entspannungsgruppe, Morgen- und Abendrunden und noch einiges mehr. »Die Patienten müssen auch kleinere Aufgaben übernehmen«, fuhr sie fort, »etwa die Tische im Speisesaal auf- und abdecken oder die Blumen gießen.«

»Und woher weiß ich, ob und wann ich das machen muss?«, fragte ich.

»Das wird jeden Freitag in der Morgenrunde besprochen«, erwiderte Frau Wulf.

Der Plan, den sie mir am Ende des Rundgangs in die Hand drückte, wirkte ziemlich voll, was mich trotz der straffen Zeiteinteilung erleichterte. Für mich bedeutete das: Hier würde ich endlich Raum für meine Not bekommen. Dennoch war ich froh, als die Krankenschwester mir mitteilte, dass ich jedes Wochenende nach Hause fahren dürfte. Und abends könnte ich die Station ebenfalls verlassen, wenn auch nur bis einundzwanzig Uhr. Obwohl die Türen offen waren, hatte ich mich eingeschlossen gefühlt – seit dem Moment, in dem ich die psychiatrische Station betreten hatte. Immer wieder musste ich mich daran erinnern, dass ich freiwillig hier war und jederzeit gehen konnte.

Danach verabschiedete sich Frau Wulf von mir, und es war Zeit, zum Mittagessen den Speisesaal aufzusuchen. Dort erfuhr ich, dass nach mir gesucht worden war. Ein erstes Gespräch mit einem Psychologen war für mich vorgesehen, weiterhin eine ärztliche Untersuchung, eine Musiktherapiestunde und später die Abendrunde, in der der ganze Tag abschließend besprochen werden sollte. Wieder war ich dankbar dafür, dass man mich nicht alleinließ.

Der Termin mit dem Psychologen war gleich nach dem Mittagessen, sein Zimmer lag direkt neben dem Speisesaal. »Hallo, ich bin Dr. Müller«, sagte er, als er die Tür öffnete und mit ausgestreckter Hand auf mich zukam. Ich hatte auf einem Stuhl vor dem Raum gewartet und lächelte unsicher. Der Mann sah aus wie ein Baum: Bestimmt zwei Meter groß, stattliche breite Schultern, trainierte Armmuskeln zeichneten sich unter dem engen Shirt deutlich ab. Sein Händedruck war kräftig und der Blick aus seinen dunkelbraunen Augen fest. Wir setzten uns in seinem kleinen Zimmer an einen winzigen Tisch, und ich erzählte, warum ich da war. Er machte einen kompetenten Eindruck, fragte gezielt nach.

»Im Moment komme ich mit der Trennung von meinem Freund nicht zurecht, aber das eigentliche Drama meines Lebens ist der Tod meiner Mutter«, sagte ich. So viel hatte ich im letzten halben Jahr ambulanter Therapie schon gelernt – die Ursachen meines Problems lagen tiefer.

»Wann ist sie gestorben?«

»Als ich neun war.«

Seitdem, so schilderte ich weiter, hätte ich mich wie ein Spiegel gefühlt. In mir wäre ich eigentlich leer. Einzig würde ich die Menschen, die mich umgeben, spiegeln, denn ich würde versuchen, stets so zu sein, wie sie mich haben wollen. Dr. Müller deutete das als einen möglichen Mechanismus, um sich nicht mit sich selbst intensiv auseinandersetzen zu müssen. Während ich über seine Worte nachdachte, schlug er ein Bein über das andere und lehnte sich dann nach vorn. Schließlich antwortete ich: »Was Sie sagen, kann natürlich sein, allerdings dachte ich immer, dass ich mich sehr mit meinem Seelenleben beschäftigen würde.« Statt etwas zu erwidern, sah Dr. Müller auf die kleine eckige Uhr, die an der gegenüberliegenden Wand im Regal stand. Der Blick war eindeutig: Die Sitzung war zu Ende. Sie kam mir sehr kurz vor, ambulant hatte man fünfzig Minuten, hier waren es also nur dreißig Minuten. Beim Abschied meinte er, dass es im Moment nur eine Einzeltherapie pro Woche gäbe, sein Kollege sei im Urlaub, sonst wären es zweimal dreißig Minuten.

»Wie lange wird er denn noch in den Ferien sein?«, fragte ich.

»Zwei Wochen.«

»Haben Sie dann anschließend Urlaub?«

Er lächelte. »Nein, keine Angst.«

Erwischt!

Kurz danach, um 13.30 Uhr, ging ich zum Untersuchungsraum am hinteren Ende des Flurs, den Frau Wulf mir vor dem Mittagessen gezeigt hatte. In der Tür stand schon die Ärztin. Sie sah aus wie eine Linksautonome aus dem Hamburger Schanzenviertel: rote, kurze Haare, einen ihrer Daumen schmückte ein breiter silberner Ring, die rechte Augenbraue ein Piercing. Aber sie trug einen weißen Kittel. Alle anderen Mitarbeiter der psychiatrischen Abteilung, die ich bis jetzt getroffen hatte, waren in »Zivil«, was ich sehr angenehm fand.

Im Untersuchungsraum musste ich mich erst oben, dann unten herum ausziehen, was mir sehr unangenehm war. Ich fühlte mich zu dick, und es war mir peinlich, dass die Ärztin mich ansah und anfasste. Nachdem ich mich auf eine Untersuchungsliege gesetzt hatte, haute sie mir mit einem Hämmerchen aufs Knie, das zu ihrer Zufriedenheit reflexhaft zuckte. Danach strich sie mir über Arme und Beine und fragte: »Fühlen Sie das?« Ich bejahte. Dann sollte ich auf einem Bein stehen, die Augen schließen und mit den Fingern meine Nasenspitze berühren.

Wie so oft versteckte ich meine Verlegenheit hinter Fragen. Ich wollte wissen, wozu diese Untersuchungen dienten. Die Medizi-nerin erklärte, sie wolle dadurch herausfinden, ob irgendwelche schwerwiegenden neurologischen Schäden vorliegen, ob es Pro-bleme mit dem Herz oder dem Gehirn gibt. »Aber bei Ihnen ist alles in Ordnung«, bemerkte sie abschließend. »Und jetzt werde ich Ihnen noch Blut abnehmen. Die Ergebnisse dieser Unter-suchung erfahren Sie am Donnerstag in der ärztlichen Sprech-stunde.« Damit war ich entlassen – und ich war erleichtert, dass es vorbei war.

Um 14.30 Uhr hatte ich meine erste Musiktherapie. Sie fand im ersten Stock des Klinikgebäudes in einem großen Raum voller In-strumente statt. Dort standen ein Klavier, ein Kontrabass und viele Trommeln, auch Flöten lagen herum und noch eine Reihe anderer Musikinstrumente, die ich nicht kannte. In dieser Therapiestunde lernte ich die weiteren Patienten aus meiner Gruppe kennen, alles Frauen verschiedensten Alters. Burgunde war nicht darunter. Zu-sammen mit der Therapeutin, die in ein leuchtend orangefarbenes weites Gewand gekleidet war, saßen wir in einem Kreis. Da ich ein »Neuzugang« war, sollte ich mich zuerst vorstellen. Was sagte man da? Ich entschied mich für klare Worte: »Hallo, ich bin Heide Fuhljahn. Heute Vormittag bin ich angekommen. Ich bin zwei-unddreißig, arbeite als Journalistin und leide an Depressionen.« Es war mir unbehaglich, dass mich alle wie auf Kommando ansahen. Reihum sagten die Gruppenmitglieder ihren Namen, dann began-nen sie ein Gespräch, wenn man das, was da gerade ablief, über-haupt als ein solches bezeichnen konnte. Nach ein paar Minuten dachte ich: Wo bin ich hier nur gelandet? Alle hackten aufeinander herum oder redeten wild durcheinander. Worum die Patientinnen eigentlich stritten, verstand ich nicht, wohl aber war der Tonfall, in dem gesprochen wurde, ziemlich heftig.

»Das ist doch kein Wunder, dass dein Mann dich rausgeworfen hat, du bist ja auch unerträglich.«

»Wie willst du ein Teil der Gruppe sein, wenn du nie da bist?«

»Natürlich bist du eine schlechte Mutter, dir sollte man das Kind wegnehmen.«

Mir taten die Worte schon beim Zuhören weh, obwohl ich gar nicht gemeint war. Ich begriff nicht, warum sie sich gegenseitig so sehr verletzten. Man sollte doch meinen, jeder hätte mit seinen eigenen Problemen genug an der Backe und müsste sich nicht noch in die der anderen einmischen. Die Schärfe des Tons nahm sogar während des »Gesprächs« noch zu. Sämtliche Regeln einer wohlmeinenden Kommunikation wurden vehement gebrochen.

»Lass mich doch in Ruhe mit deinem Scheiß, du laberst doch eh immer das Gleiche!«

»Nie kann man sich auf dich verlassen.«

»Ach, das ist doch total lächerlich, was du sagst.«

Ich war schließlich nur noch sprachlos und entschied: Bei solch offenen Streits will ich auf keinen Fall mitmachen. Und was hatte das eigentlich mit Musiktherapie zu tun? Mir war klar, dass ich mich integrieren musste, aber höchstens so weit, dass ich nicht die Aggressionen der anderen auf mich zog. Keinesfalls sollte irgendjemand aus der Gruppe mehr über mich wissen als unbedingt notwendig. Würde dies der Fall sein und jemand hätte Informationen über mich, ich würde mich verletzbar und angreifbar machen. Und während ich das überlegte, hörte ich weiterhin fassungslos zu. Die drei, die sich am meisten in den Haaren lagen, schienen keine Grenzen zu kennen mit dem, was sie den Mitpatienten an den Kopf warfen. Es war eine fürchterliche halbe Stunde.

Endlich brach die Therapeutin die Auseinandersetzung ab und forderte uns zum Musizieren auf. Jeder nahm sich ein Musikinstrument. Die Impression, die dann folgte, war schrill und chaotisch. Schließlich verstummten alle auf ein Zeichen der Therapeutin, und in dem kurzen Abschlussgespräch, das noch folgte, ließen sich die Spannungen in der Gruppe nicht auflösen. Schockiert und verstört ging ich zurück in mein Zimmer. Burgunde, die Plaudertasche, war wenigstens freundlich.

Nach dem Abendessen war die Abendrunde angesagt, sie fand im Gruppenraum statt. Jede Patientin aus meiner Gruppe berichtete, wie der Tag für sie verlaufen war. Erneut saßen alle im Kreis, auf Stühlen in einem schrägen Pink, ein Krankenpfleger in der Mitte. Eine dunkelhaarige jüngere Frau sagte: »Die Musiktherapie war voll scheiße, ich hab da echt keinen Bock drauf.« Gedanklich stimmte ich ihr zu, doch äußerlich blieb meine Miene unbewegt. Ansonsten fiel mir auf: Alle waren anders als ich. Es waren andere Frauen, aus anderen Schichten, anderen Welten. Sie sahen anders aus, kleideten sich anders, sprachen anders. Ich fand das beklemmend. Viel lieber wäre ich als Reporterin und nicht als Patientin in dieser Runde anwesend gewesen. Bedürftig sein, das mochte ich gar nicht. Keinesfalls wollte ich mich so gehen lassen, wie ich es bei den Frauen beobachten konnte – sowohl im Aussehen, im körperlichen wie auch im verbalen Verhalten.

Plötzlich ängstigten mich die Probleme meiner Mitpatientinnen. Sie teilten ihr Leid ohne Rücksicht auf Nähe und Distanz mit. Aber durch ihren Blick oder indem sie, genau wie Burgunde, in einem ununterbrochenen Strom ihre Intimitäten erzählten, war zu spüren: Sie hatten Furcht, fühlten sich depressiv, dachten an Selbstmord, konnten nicht essen, nicht schlafen. An diesem ersten Tag fühlte ich mich in ihrer Mitte gesünder, ahnte aber tief in meinem Innern, dass das eine Illusion sein könnte.

Nachdem ich als Letzte von meinem ersten Tag berichtet hatte, von den vielen Eindrücken, bemerkte der Pfleger: »Sie halten offenbar gern das Zepter in der Hand.«

»Wie meinen Sie das?« Ich verstand nicht, was er damit zum Ausdruck bringen wollte.

»Nun, Sie wissen offenbar sehr genau, was Sie wollen und was nicht.«

Überrascht schaute ich ihn an. Einen ähnlichen Kommentar hatte ich bereits von der orangefarben gewandeten Frau in der Musiktherapie bekommen. Natürlich hatte ich gern die Kontrolle über mein Leben. Wer hatte das nicht? Trotzdem war ich irritiert – die kannten mich hier doch gar nicht, und doch kommentierten sie schon das, was ich gesagt hatte. Sicher, das ist ihre Aufgabe – aber gleich am ersten Tag?

Nach der Abendrunde holte ich meine Medikamente im Dienstzimmer ab, eine Box mit den Tabletten für den nächsten Tag. Ich wusste nicht, dass das in Kliniken üblich ist. Ich war davon genervt, dass ich mir meine Arzneimittel nicht selbst zuteilen durfte. Für das Personal wäre das wohl wieder ein Hinweis dafür gewesen, dass ich die Kontrolle über alles haben wollte. Um halb acht ging ich ins Bett. Burgunde war zum Glück nicht da, wahrscheinlich hielt sie sich im Aufenthaltsraum auf, saß vor dem Fernseher. Endlich Ruhe. Ich schickte Birgit noch eine SMS: »Die Leute hier sind echt krass!« Kurz darauf piepte mein Handy, eine Antwort-SMS von meiner treuen Freundin: »Liebe Heide, die Leute können dir doch wurscht sein, Hauptsache, die Therapie taugt etwas. Halt die Ohren steif, ich denk an dich!«

Nach diesem ersten Tag war ich todmüde. Trotzdem konnte ich lange nicht einschlafen. Ich knipste das Licht an und trank einen Schluck Mineralwasser. Burgunde war immer noch nicht zurück, ihr Bett war leer. Während ich die Wasserflasche wegstellte und mich seufzend wieder hinlegte, konnte ich nur noch eines denken: Die Depression hatte mich in den vergangenen Monaten fest im Griff gehabt. Jeder Tag war eine einzige Tortur gewesen.

Langsam wurde ich müde. Gab es ein Schlüsselerlebnis, warum ich jetzt hier in der Psychiatrie war? Der wichtigste Schritt aus der Antriebslosigkeit heraus war nicht gewesen, dass ich mir diese Form der Hilfe gesucht hatte. Am wichtigsten war es gewesen, mir zugestehen zu können, dass etwas nicht stimmte. Das erlaubte mir erst, Unterstützung anzunehmen. Mir kam ein Gedanke. Schon oft hatte ich darüber gelesen: Gerade Frauen denken oft als Letztes an sich selbst. Erst kommen die Kinder, der Partner, die Freunde, die Nachbarn, die Kollegen, der Job. Dazu ein manchmal geradezu irrsinniger Perfektionismus, alles selbst machen zu wollen. Frauen haben es geradezu kultiviert, sich nur ja nicht helfen zu lassen. Doch wichtig war für mich, ein Sich-helfen-Lassen zu lernen. Zu lernen, sich selbst wichtig zu nehmen. Sich selbst an erste Stelle zu setzen. Oder wenigstens sich selbst gleich wichtig zu nehmen wie die Kinder oder den Partner. Sich so gut zu behandeln wie die beste Freundin. Geduldig, nachsichtig und mitfühlend. Nicht normal ist es, sich selbst nicht für wichtig, nicht wertvoll zu erachten. Wer sich nicht wertschätzt oder sich sogar verabscheut, hat eine verzerrte Wahrnehmung. Ich fand mich früher nie liebenswert, ich fand mich unerträglich, anstrengend und hassenswert. Sich selbst zu mögen, gar zu lieben, kann sehr schwer sein. Und das fängt in der Kindheit an. Meine Depression begann in der Kindheit. Mit diesem Gedanken schlief ich endlich ein.

4 Der Anfang vom Ende, Kiel 1983

Dreh- und Angelpunkt meines Lebens ist der Tod meiner Mutter. Sie starb, als ich neun Jahre alt war. Es ist nur ein Satz, ganz leicht aufzuschreiben. Es sind auch nur acht Worte, ich habe sie schon hundertmal ausgesprochen, es ist ein Standardsatz meiner Biografie. Doch eigentlich ist es ein Drama.

Meine Mutter starb bei einem Unfall. Meine Eltern befanden sich da mitten in ihrem Trennungskrieg. Wir wohnten in einer Straße mit lauter Einfamilienhäusern am Stadtrand von Kiel. Meinen Vater erlebte ich vor dem Tod meiner Mutter vor allem als Bedrohung. Ich wusste nicht, was außer Streit und Wutanfällen noch passieren könnte, aber die Atmosphäre bei uns zu Hause erschien mir immer äußerst gefährlich. Ich zog in dieser Zeit grundsätzlich den Kopf ein. Kaum trat ich durch die Wohnungstür, hörte ich meinen Vater schon brüllen: »Du blöde Kuh! Das ist ja wohl das Allerletzte!«

»Lass mich in Ruhe«, erwiderte meine Mutter. Was sie noch sagte, bekam ich nicht mit, es ging in ihrem Weinen unter.

Dann hörte ich wieder meinen Vater: »Ja, heul doch. Los, heul ganz doll. Dein Heulen ist mir scheißegal!«

Die Luft, die ich einatmete, schien ständig geladen zu sein. Ich lernte, meine Antennen auszufahren und vorzufühlen, wie die Gemütsverfassung bei jedem Einzelnen war. Ich lernte auch, mich möglichst unsichtbar zu machen und meine Mutter zu trösten. Schließlich zogen sie und ich aus und wohnten in den letzten Monaten vor ihrem Tod bei ihrem neuen Freund.

In seinem Beisein erfuhr ich, dass meine Mutter gestorben war, die Polizei informierte ihn – und mich nahmen die Beamten gleich mit. Ich weiß nicht, ob mir jemand die Zusammenhänge erklärte, jedenfalls waren es Sorgerechtsfragen, die dazu führten, dass ich wenige Stunden später in ein Kinderheim kam. Für mich war es eine Katastrophe. Von einem Tag auf den anderen wurde ich aus vertrauten Zusammenhängen gerissen, innerhalb von drei Monaten das zweite Mal.

Es war schon spätabends, als ein Polizist mich in dieses Heim brachte. Eine grau gekleidete Nonne begrüßte mich und führte mich in den ersten Stock. Dort war der Schlafsaal. Das Licht war schon aus. Wir gingen in eine kleine Kammer, und die ältere Frau gab mir ein Nachthemd. Ich war fassungslos – ich trug doch immer einen Schlafanzug! Aber ich konnte nichts sagen. Es war mir nur schmerzlich bewusst, dass ich kein Zuhause mehr hatte und mich hier niemand kannte.

Als ich im Bett lag, mitten in dem großen Schlafraum, hörte ich die anderen Mädchen ruhig atmen. Leise weinte ich in mein Kissen. In mir war nur der eine Gedanke: Ich will zu meiner Mama! Ich fühlte mich nackt in dem Nachthemd, es war ja unten offen, und im wahrsten Sinn des Wortes mutterseelenallein. Nie wieder in meinem Leben habe ich mich so verlassen gefühlt wie in diesem Moment.

Sechs Wochen war ich in dem Heim, mein Vater besuchte mich nur ein einziges Mal. Er kam, um mit mir die passende Kleidung für die Beerdigung meiner Mutter auszusuchen. Wir fuhren zu Meislahn, das war damals das feinste Geschäft in Kiel. Er sprach nur das Nötigste mit mir.

»Was hast du für eine Kleidergröße?«

»Das weiß ich nicht«, sagte ich.

Mein Vater verzog das Gesicht. Ich biss mir auf die Lippen, um nicht laut loszuheulen. Solche Sachen wie meine Kleidergröße hätte meine Mutter gewusst. Mein Vater entschied, dass ich einen dunkelblauen langen Rock zu diesem Anlass tragen sollte. Hatte ich ihn eigentlich in den vergangenen Tagen vermisst? Als ich ihn jetzt sah, war er beides für mich, fremd, aber auch vertraut. Doch außer diesem einen Mal, als mein Vater mit mir einkaufen ging, erschien niemand, um mich zu besuchen. Aus jetziger Perspektive ist das unverständlich. Hatte meine Mutter denn keine Freunde? Meine Verwandten mütterlicherseits lebten in der DDR, aber auch väterlicherseits weiß ich von Onkeln und Tanten. Was war mit denen? Was war mit meinen Freundinnen aus der Siedlung, in der wir gewohnt hatten? Was mit deren Eltern? Und überhaupt: Wieso musste ich nicht zur Schule? Auf diese Fragen erhielt ich nie Antworten.

Im Heim schien es mir, als lebte ich in einem Nichts. Dort verhielt ich mich genau wie in den letzten Monaten: pflegeleicht, angepasst – und ich fühlte mich jeden Tag einsamer. Meine Mutter war weg, mein Vater war weg, ich selbst war wie ausgelöscht. Als wäre auch ich gestorben. Ich gehörte zu niemandem mehr – und niemand gehörte zu mir. Heute weiß ich, dass ich in dieser katholischen Einrichtung für Kinder und Jugendliche zum ersten Mal in einen sogenannten dissoziativen Zustand geriet. Der zeigt sich zum Beispiel dadurch, dass man sich außerhalb seines Körpers fühlt.

Wie im Nebel begleitete ich meinen Vater zur Beerdigung. In der Kapelle saß ich neben ihm, und ich war völlig erstaunt darüber, dass er weinte. Bei dem Krieg, der zuletzt bei uns zu Hause getobt hatte, wäre ich nie auf die Idee gekommen, dass mein Vater traurig darüber sein könnte, dass meine Mutter nicht mehr lebte. Auf den Holzbänken saßen auch einige meiner alten Schulfreundinnen mit ihren Müttern. Nachdem niemand im Heim erschienen war, überraschte es mich ebenfalls, sie an diesem Ort zu sehen.

Nach der Andacht ging die Trauergemeinde zum Grab. Stiegen Tränen in mir auf? Nein. Stumm lief ich neben meinem Vater her. Männer, die ich nicht kannte, ließen den braunen Sarg in das rechteckige Erdloch in einigen Metern Tiefe herab. Blumen wurden daraufgeworfen. In mir war einzig eine große Leere. Traurig betrachtete ich im Grab die vier Wände aus dunkler Erde. Den

Sarg mit den Kränzen. Ich wollte zu meiner Mutter klettern und mich dazulegen. Mein Leben war ohnehin vorbei. Doch ich dachte, die Leute, die um das Loch herumstanden, würden mich eh nur wieder hochholen und mich nicht mit ihr begraben, so wie ich es mir wünschte. Auf die Idee, jemand könnte mir helfen, wenn ich ein derart deutliches Signal geben würde, kam ich nicht.

Vor ihrem Tod zeigte mir meine Mutter, dass Weiblichkeit Schwäche bedeutet. Selten erlebte ich sie als stark, durchsetzungsfähig und belastbar. Zwar war sie sehr streng – wie so viele Kinder in den Siebzigerjahren wurde auch ich noch mit dem Holzlöffel auf den nackten Hintern geschlagen –, aber für mich schien sie kaum Macht zu haben. Höchstens über mich. Mein Vater war derjenige, der grundsätzlich das Sagen hatte. Immer, wenn ich meine Mutter traurig, unglücklich oder angetrunken erlebte, erschien sie mir schwach. Oder auch verantwortungslos. Wie in der folgenden Situation, an die ich mich gut erinnere: Sie fuhr mit mir und zwei Mädchen aus der Nachbarschaft in unserem grünen VW Käfer in die Stadt. Sie war so betrunken, dass sie die Kontrolle über das Auto verlor und wir ungewollt über eine Verkehrsinsel rumpelten. »Festhalten, Kinder«, rief sie und lachte leicht hysterisch. »Mama, was machst du denn?«, fragte ich nervös, während sich meine beiden Freundinnen, die mit mir auf der Rückbank saßen, kreischend aneinanderklammerten. Von allen Seiten hupte es, doch meine Mutter hupte nur zurück und fuhr unverdrossen weiter. Dieses Verhalten finde ich heute unverzeihlich.

Als wir bei ihrem neuen Freund lebten, besserte sich die Situation nur wenig, denn der Rosenkrieg mit meinem Vater ging trotzdem weiter. Er lauerte uns abends im Garten vor der Wohnung auf oder beobachtete uns heimlich. Bekamen wir das mit, machten wir das Licht aus und versteckten uns alle drei unter dem Esstisch. Tagsüber saß meine Mutter meist auf dem Sofa, wie schon in dem Haus bei meinem Vater, und weinte. Heute glaube ich, dass sie depressiv war. Als Kind konnte ich das noch nicht in

Worte fassen, doch ich war oft verzweifelt, weil meine Mutter so wirkte, als bräuchte sie selbst Hilfe, und nicht wie jemand, der mir Halt geben konnte.

Nach den sechs Wochen im Heim zog ich zu meinem Vater. Da ich zuvor ein auf die Mutter bezogenes Kind war – mein Vater hatte immer sehr viel gearbeitet und war wenig zu Hause –, erschien er mir fern. Was aber auch nicht stimmen konnte, denn ich hatte ein genaues Bild von ihm, und das war nicht unbedingt positiv: Meine Mutter hatte sich ja von ihm getrennt.

Sechs Monate nach der Beerdigung präsentierte er mir seine neue Freundin. Ich wachte eines Morgens auf, und eine mir unbekannte Frau saß in seinem karierten Bademantel an meinem Bett. Sie schien Anfang dreißig zu sein, sah aber der Popsängerin Nena verblüffend ähnlich. Kennengelernt hatte er sie auf dem Weihnachtsmarkt. Das war eine der wenigen Situationen, in denen ich rebellierte. Ich war eifersüchtig auf sie und verletzt, und das zeigte ich auch: Ich gab patzige Antworten, wenn sie mit mir sprach. Wenn ich nicht mit ihr reden wollte, schwieg ich einfach. Mein Vater schien mein Benehmen sogar nachvollziehen zu können, denn es gab nicht so viel Ärger, wie ich befürchtet hatte. Er war früher immer streng mit mir gewesen und hatte sehr empfindlich darauf reagiert, wenn ich mich »aufmüpfig« verhielt oder unfreundlich war. Ebenso protestierte ich, wenn mein Vater meine Mutter schlechtmachte – das passierte jedes Mal, wenn er über sie sprach. So konnte ich nie liebevoll von ihr Abschied nehmen.

Die Trauer um meine Mutter, diese nie verheilte Wunde, trug ich mein Leben lang mit mir herum. War mein Vater wütend auf mich – und er war es oft –, sagte er: »Du bist genau wie deine Mutter.« Das hieß in anderen Worten: Durch und durch »verdorben.« Wenn ich es wagte, ihm zu widersprechen, indem ich sagte, er solle nicht respektlos über sie reden, schrie er mich an. Da ich Angst vor ihm hatte, erstickte mein Aufstand schnell. Das Schlimmste war, dass ich irgendwann seine Sichtweise über meine Mutter übernahm, bis sie in mir ausgelöscht war. Nur noch eine Handvoll Erinnerungen habe ich an sie. An uns als Familie erinnere ich mich überhaupt nicht – ich trage keine Bilder von ihr, meinem Vater und mir herum. Meine Mutter hatte einen Sohn aus erster Ehe (mit meinem Vater war sie zum zweiten Mal verheiratet), er ist zehn Jahre älter als ich. Bis er auszog, wohnte er bei uns, auch ihn beziehungsweise Erlebnisse mit ihm kann ich mir kaum ins Gedächtnis rufen. So eine kindliche Amnesie ist immer ein Zeichen für ein Trauma, erklärte mir Jahre später mein Therapeut. Und er bestätigte, dass auch Kinder Depressionen haben können. Im Grunde war ich schon immer depressiv. Immer heißt: bereits in der Zeit vor dem Tod meiner Mutter. Doch letztlich weiß ich nur wenig von meinen ersten neun Lebensjahren, kann nur einzelne, klar umrissene Situationen wiedergeben, wie zum Beispiel meine Einschulung. An diesem Tag saß ich in der verwinkelten Aula der städtischen Waldorfschule auf dem Schoß meiner Mutter. Das Mädchen neben mir, das sich ebenfalls auf dem Schoß seiner Mutter befand, hatte die gleiche Schultüte wie ich, nur die Farben unterschieden sich. Dieses Mädchen wurde meine beste Freundin in der Grundschulzeit. Ich erinnere mich daran, wie aufgeregt ich war und wie toll ich es fand, dass wir später im Klassenzimmer erste Buchstaben lernten. Doch ob mein Vater und mein Bruder bei der Einschulung waren, kann ich nicht sagen.

5 Schwierige Kindheit? Stress? –
Depressionen und ihre vielfältigen Ursachen

Die Auslöser für meine Depression sind eindeutig. Sie sind so offensichtlich, dass ich mich in Absätzen von Fachbüchern wiederfinde. Noch heute verwundert und berührt es mich zugleich, dass das, was ich erfahren habe und weiterhin erfahre, so häufig vorkommt. Grafiken zeigen, welche Erlebnisse und Gefühle in der Depression miteinander zusammenhängen – doch es muss längst nicht bei jedem eine schwierige Kindheit oder ein hartes Leben gegeben sein, um krank zu werden. Es werden auch Menschen depressiv, die verheiratet sind, Kinder haben, einen Job – die nur alltägliche Sorgen haben. Und niemand, dessen äußere Lebensumstände nicht extrem schwierig, ja, sogar gut sind, muss sich schämen, depressiv zu sein.

Diese Krankheit ist in Wirklichkeit gar nicht klar umrissen – das Wort »Depression« ist nur ein Überbegriff für die unterschiedlichsten Krankheitsformen. Menschen aus sämtlichen sozialen Schichten können depressiv werden, zwar verstärkt aus gesellschaftlichen Randgruppen, aber eben nicht nur. Und Menschen in allen Altersklassen können eine Depression bekommen. Mit anderen Worten: Jeder kann depressiv werden, und bei jedem ist diese Krankheit sehr ernst zu nehmen, unabhängig von den Hintergründen.

Ganz wichtig: Es gibt nie nur den einen Grund für eine Depression. Es ist eine komplexe Krankheit, bei der stets mehrere Ursachen zusammenspielen. Bei vier von ihnen ist jedoch wissenschaftlich genau bekannt, dass sie bei jedem Erkrankten eine entscheidende Rolle spielen. Diese vier Aspekte sind:

1. Biologische Faktoren
2. Psychosoziale Faktoren
3. Unfähigkeit zur Stressbewältigung
4. Psychodynamische Faktoren

Wie groß allerdings der jeweilige Einfluss dieser vier Faktoren im Einzelnen ist, das kann bei jedem depressiven Menschen ganz unterschiedlich ausfallen.

1. Biologische Faktoren

Die biologischen Faktoren selbst sind, wie man inzwischen weiß, vielfältig. Eine große Rolle spielen auf jeden Fall die Gene. Neben ihnen haben die Botenstoffe im Gehirn eine wichtige Bedeutung, chemische Substanzen, die für die Übertragung einer elektrischen Erregung von einer Nervenzelle zur anderen sorgen. Weiterhin können bestimmte körperliche Krankheiten Depressionen auslösen.

Genetik: Wer genetisch vorbelastet ist, ist anfälliger für eine Depression. Das heißt: Ist oder war die Mutter oder der Vater depressiv, erhöht sich die Wahrscheinlichkeit, selbst an einer Depression zu erkranken, um 50 Prozent gegenüber Menschen, bei denen keine familiären Krankheitsfälle vorkommen.[3] Es gibt dabei kein einzelnes Depressionsgen, sondern die Krankheit wird durch verschiedene Gene in individueller Kombination vererbt. Bekannt ist, dass eine Depression bei Männern und Frauen zum Beispiel durch Missbrauch in der Kindheit, den frühen Verlust eines Elternteils, bestimmte Persönlichkeitsmerkmale (»Neurotizismus«) oder eine Scheidung viel eher ausgelöst wird, wenn sie genetisch bereits vorbelastet sind.[4]

Gehirn: Jeder Gedanke, jedes Gefühl wird über die Nervenfasern unseres Gehirns gesteuert. Bei einer Depression ist in ihm der Spiegel von Serotonin und/oder Noradrenalin zu hoch oder zu niedrig. Diese beiden biochemischen Botenstoffe, die sogenannten Neurotransmitter, übermitteln Informationen zu den einzelnen Nervenzellen, und zwar über Synapsen, ihre Kontaktstellen. Dieser Informationsfluss kann bei einer Erkrankung gestört sein, somit also Fehlschaltungen verursachen. Möglich ist auch, dass die Reizbarkeit der Synapsen verändert ist und dadurch Störungen des Gleichgewichts bei den einzelnen Gehirnsystemen auftreten. Grundsätzlich weiß man bislang nicht, ob die Veränderung des Serotoninspiegels eine Ursache oder eine Folge der Depression ist. Sicher ist: Es sind mehrere Prozesse im Gehirn und im Körper, die auf die Depressionen entscheidend Einfluss nehmen. Außer den oben genannten Botenstoffen spielen noch weitere Neurotransmitter, Hormone und Eiweißstoffe eine sehr komplexe Rolle. Gerade weibliche Hormone können, wenn Änderungen eintreten, etwa durch eine Geburt oder die Wechseljahre, ein auslösender Faktor sein. Nicht von ungefähr haben Frauen zweimal so häufig Depressionen wie Männer (siehe auch Seite 93 ff.).

Körperliche Krankheiten: Neben den Genen und neurobiologischen Prozessen im Gehirn können als dritte biologische Ursache auch Krankheiten eine Depression auslösen. Zum Beispiel ein Herzinfarkt (mit einer geschätzten Wahrscheinlichkeit von 20 Prozent), Krebs (25 bis 40 Prozent), Diabetes (10 Prozent), Epilepsie (20 bis 30 Prozent), Parkinson (35 bis 40 Prozent), ein Schlaganfall (25 bis 35 Prozent), Schizophrenie (20 bis 75 Prozent) und eine Erkrankung der Schilddrüse (25 Prozent).[5] Und wer früher schon einmal eine Depression hatte, besitzt ebenfalls ein höheres Risiko, wieder daran zu erkranken – es liegt bei bis zu 80 Prozent.[6]

2. Psychosoziale Faktoren

Eine alleinerziehende Mutter bekommt ein schwerbehindertes Baby. Die Großmutter wurde im Zweiten Weltkrieg als Kind vergewaltigt und vertrieben. Mit nur einundvierzig Jahren stirbt ein Ehemann und mehrfacher Vater am Herzinfarkt. Nach dreißig Jahren Firmenzugehörigkeit verliert eine Frau um die fünfzig ihren Arbeitsplatz. Schwere Schicksalsschläge, also psychische und soziale Belastungen, können eine Depression auslösen. Denn Körper und Seele sind untrennbar miteinander verflochten – im Positiven wie im Negativen. Wohl jeder kennt die Schmetterlinge im Bauch, wenn man verliebt ist, aber auch Schlafstörungen, wenn es einem schlecht geht, weil man zum Beispiel eine Scheidung durchmacht, finanzielle Verluste hat, von einer Sucht nicht loskommt oder chronisch überbelastet ist. Alles, woran die Seele leidet, begünstigt eine Erkrankung. Am schlimmsten aber sind Trennungen, sie lösen am ehesten eine Depression aus.[7] Das ist nachvollziehbar, denn Menschen sind soziale Wesen, die Beziehungen für ein seelisch gesundes Leben brauchen. Je »alleinstehender« also jemand ist, desto höher ist auch die Gefahr für eine Depression. So ist sie für alleinerziehende Mütter doppelt so hoch wie für Paare, die ein Kind gemeinsam großziehen.[8] Dass eine schwerwiegende Trennung verletzlicher macht und letztlich anfälliger für eine Depression, spiegelt sich bei den Selbstmordraten wider (siehe auch Seite 213). Je »getrennter« ein Mensch ist, desto höher ist das Risiko, dass er oder sie sich umbringt. Das betrifft besonders geschiedene Männer, ihnen folgen die verwitweten, danach die ledigen Männer. Verheiratete Männer weisen eine niedrige Suizidrate auf, am geringsten ist sie bei Frauen mit Kindern.[9]

Überhaupt: Die erste wichtige Beziehung für Kinder ist normalerweise die zur Mutter. Ist diese stabil, schützt sie in einem hohen Maße vor seelischen Krankheiten. Eine frühe Trennung von ihr ist deshalb auch extrem einschneidend, kann sie doch dazu führen, dass sich das Kind emotional vernachlässigt fühlt. Im Vergleich zu gesunden Menschen haben Depressive zwei- bis dreimal so häufig den sehr frühen Verlust einer engen Bezugsperson erlebt – dabei muss diese Person nicht die Mutter sein, es kann auch der Vater oder die Großmutter sein.[10]

Besonders einschneidend sind auch noch andere Belastungen, die man als Kind erlebt. Das kann ein pflegebedürftiges Geschwisterkind sein, das die ganze Aufmerksamkeit auf sich zieht. Ein Vater, der Alkoholiker ist. Eine Mutter, die ihre Beziehungsprobleme der Tochter auflädt. Kinder, denen Gewalt angetan wird, nehmen daran Schaden. Migration, also der Wechsel von einem gesellschaftlichen Umfeld in ein ganz anderes, belastet so sehr, dass eine Depression entstehen kann. Es muss aber gar nicht immer das schlimmste vorstellbare Trauma sein, wie Vergewaltigung, Folter, Kriegserlebnisse oder Flucht – obwohl diese häufig zu chronischen Depressionen führen, die also länger als zwei Jahre andauern. Es kann schon reichen, wenn die Eltern alles dem Leistungsprinzip unterordnen und das Kind so das Gefühl bekommt, dass es nur geliebt wird, wenn es super in der Schule ist – und außerdem immer brav und unkompliziert erscheint.

Bei über 75 Prozent der Depressiven findet sich zumindest ein belastendes Lebensereignis in den zwölf Monaten vor Beginn der Krankheit.[11] Außer den genannten Schicksalsschlägen kann das sogar »nur« ein Umzug in eine andere Stadt sein, aber auch anhaltendes Mobbing im Job oder permanente Erniedrigungen durch einen Partner. Auch dauerhafte Belastungen wie etwa die Pflege eines an Demenz erkrankten Familienmitglieds sind mit einem erhöhten Depressionsrisiko verbunden. Oft treten Depressionen in sogenannten »Schwellensituationen« auf, also wenn sich die Lebensumstände deutlich verändern: zum Beispiel, wenn man von zu Hause auszieht, bei einem Jobwechsel oder zu Beginn des Rentenalters.[12]

3. Unfähigkeit zur Stressbewältigung

Niemand wird depressiv, nur weil er oder sie sechzig Stunden pro Woche arbeitet. So einfach funktioniert die Krankheit nicht. Denn umgekehrt würde ja auch sonst niemand krank, der eine intakte Familie, einen guten Job und ein sicheres Einkommen hat. Kurz: ein angenehmes Leben. Auch die rasche Veränderung von Arbeitsbedingungen zum Beispiel durch das Internet oder Smartphones können, aber müssen nicht zwangsläufig Auslöser für Depressionen sein. Früher gab es auch eine hohe Arbeitsbelastung zum Beispiel durch Lärm oder Chemikalien. Allerdings belastet eine bestimmte Form von chronischem Stress im Job so sehr, dass eine Depression absehbar wird.[13] Voraussetzung ist eine unglückselige Kombination: extrem viel Arbeit und das Gefühl, selbst nur sehr wenig Kontrolle über das zu haben, was man zu tun hat. Hinzu kommt ein deutliches Gefälle, was Leistung und Belohnung betrifft: Für die enormen Anstrengungen erhält man viel zu wenig Lob oder Geld.

Lang anhaltender Stress führte nach Angaben der Techniker Krankenkasse (TK) bereits 2006 bei jedem fünften Erwerbstätigen zu psychischen Erkrankungen. Stress gilt mittlerweile sogar als Hauptursache von Depressionen – dies trifft allerdings nur zu, wenn man den Begriff »Stress« differenziert definiert.

Denn was einen wie sehr stresst, empfindet jeder Mensch anders. Manche gehen jubelnd für ein Jahr nach New York, andere sind schon mit dem Umzug von der Stadtmitte an den Stadtrand überfordert – jeder Mensch braucht das Gefühl von Heimat. Wichtiger ist allerdings die Frage, ob und wie man es gelernt hat, sich selbst einzuschätzen: Wie groß sind die eigenen Möglichkeiten, komplexere Situationen zu bewältigen? Und kann man diese Strategien in der Not auch anwenden? Bei der Bewältigung von Stress kommt es maßgeblich darauf an, wie jemand darauf reagiert und ob man den damit verbundenen Druck aushalten kann. Ein wichtiges Stichwort ist in diesem Zusammenhang die sogenannte »erlernte Hilflosigkeit«: Wer von frühster Kindheit an immer wieder die Erfahrung macht, dass eine Situation unlösbar und vollkommen überfordernd ist, also »lernt«, die eigene Lage als hilflos einzuschätzen, kann irgendwann hoffnungslos werden. Zieht sich dieses Muster der Ohnmacht bis ins Erwachsenenleben hinein, kann es zu einem Aufgeben kommen.

Im Blut und im Urin von Depressiven findet man vielfach höhere Mengen des Stresshormons Kortisol. Subjektiv negativer Stress führt zu einem Anstieg von Kortisol, welches wiederum dafür sorgt, dass der Herzschlag schneller wird und die Muskeln sich anspannen. Auch der Atem geht rascher, damit der Körper erhöht Sauerstoff bekommt. Die Leber stellt Zucker zur Verfügung, sodass das Gehirn und die Muskeln mehr Energie verbrauchen können. In die Skelettmuskulatur strömt verstärkt Blut, und die Schweißdrüsen werden angeregt, um den Körper vor Überhitzung zu schützen.

Normalerweise senkt sich der Spiegel wieder, wenn der Stress vorbei ist. Bei einer chronischen Überlastung jedoch bleibt der Kortisolwert erhöht – was zu sehr langen und schweren Depressionen führen kann und zudem die Gefahr von Folgekrankheiten birgt, etwa schwere Herzerkrankungen. Wird die Depression geheilt, sinkt auch der Kortisolspiegel.

➤ Bedeutet Stress gleich Depression?

Dr. Reinhard Lindner arbeitete lange Jahre als Psychotherapeut und Psychiater am ambulanten Therapie-Zentrum für Suizidgefährdete, das zum Universitätsklinikum Eppendorf in Hamburg gehört. Heute ist er Oberarzt für Gerontopsychosomatik und Alterspsychotherapie am Hamburger Albertinen-Haus. Dr. Lindner ist klein und schmal und sieht mit seinen zerzausten braunen Haaren und der Nickelbrille aus wie ein Student. Wenn man mit ihm spricht, ist er offen und freundlich. Er ist ein hoch angesehener Experte für Depressionen, und ich kenne ihn seit vielen Jahren. Von ihm will ich einiges über den Zusammenhang von Depression und Stress erfahren:

Wodurch, Dr. Lindner, unterscheidet sich Stress von einer Depression?
Wenn es anfängt, am Selbstwertgefühl zu nagen, wenn man sich selbst dauerhaft kleiner, schlechter oder wertloser fühlt, dann ist das nicht nur der übliche Ärger mit dem Chef oder die immer mal wieder auftretende Ehekrise zu Hause.

Aber führt viel Stress nicht unweigerlich dazu, dass man depressiv wird?
Das wäre zu einfach. Selbst wenn die häufigsten Gründe, wodurch Depressionen entstehen, berufliche Überlastung und private Probleme sind – warum wird dann der eine krank und der andere nicht? Die Entstehung einer Depression ist immer ein komplexes Ineinandergreifen der äußeren Situation mit der inneren Verfassung eines Menschen.

Können Sie dafür ein Beispiel nennen?
Nehmen wir eine Frau, die sehr unter der Trennung von ihrem Partner leidet, also unter einer äußeren Situation. Wahrscheinlich hat sie früher im Leben schmerzhafte Erfahrungen mit Trennungen gemacht, möglicherweise die Scheidung der Eltern nie überwunden oder den Todesfall einer geliebten Person. Nun wird aber nicht jeder, der etwas so Belastendes erfahren hat, später depressiv. Es spielt eine große Rolle, ob jemand den Verlust gut verarbeiten konnte (innere Struktur), zum Beispiel durch Unterstützung der Familie oder Freunde oder durch professionelle Hilfe. Wem diese Verarbeitung des Verlusts fehlt, der hat es schwerer, eine stabile innere seelische Struktur zu entwickeln. Wer diese aber hat, wird besser mit Belastungen und Schicksalsschlägen fertig.

ABBILDUNG: Vereinfachtes psychodynamisches Modell möglicher Depressionsentwicklung (Wolfersdorf 1992). Unser eigenes Modell als Grundlage von Therapieüberlegungen

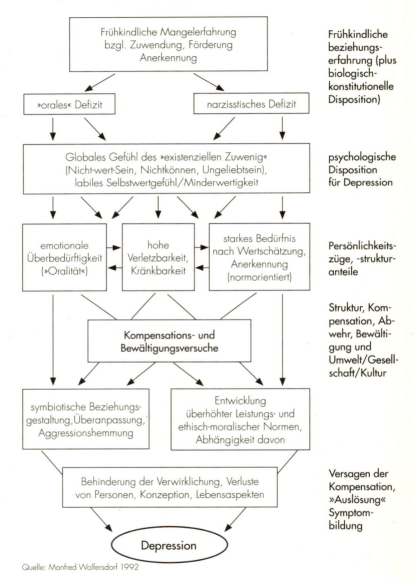

Quelle: Manfred Wolfersdorf 1992

Burnout: Eine unmittelbare Folge von zu viel negativem Stress wird oft mit einem sogenannten Burnout gleichgesetzt. Ein Burnout ist aber weder eine Diagnose noch eine Krankheit! Es ist wichtig, sich dessen bewusst zu sein und genau zu trennen, was seelisch krank und was seelisch gesund bedeutet. Denn sonst besteht das Risiko, dass seelisch Kranke nicht oder falsch behandelt werden und Gesunde eine überflüssige oder gar schädliche Therapie erhalten. Und gerade bei dem Modebegriff »Burnout-Syndrom« besteht diese Gefahr. Es gibt zwar etliche Artikel zu diesem Ausdruck, Ratgeber- und Selbsterfahrungsliteratur und sogar Experten, die sich darauf spezialisiert haben. Genau genommen ist ein Burnout lediglich die Beschreibung dessen, dass man sich für den Job abgearbeitet hat und darüber krank geworden ist. Der Psychiater Götz Mundle bezeichnet ihn deshalb als »Orden der Leistungswilligen«.[14] Manche tragen dieses populäre Wort sogar mit Stolz vor sich her, ist es schließlich der Beweis, dass man bei der Arbeit alles gegeben hat. Doch tatsächlich verbirgt sich dahinter meist eine Depression. Das wesentliche Symptom, die Erschöpfung, bleibt bei einem Burnout oder einer Depression gleich. Aber Burnout klingt wegen seiner Assoziation – von zu viel Arbeit überlastet – besser als das, was mit einer Depression verbunden wird: schwach und krank. Daher wird das Wort »Burnout« lieber verwendet, der Begriff ist einfach gesellschaftsfähiger.

Andreas Biermann, ehemaliger Profifußballer vom FC St. Pauli, outete sich als depressiv – und war mit diesem Stempel seine Karriere los. Ralf Rangnick dagegen, ehemaliger Cheftrainer des Schalke 04, bekannte sich zum Burnout-Syndrom – und bekam den Respekt seiner Branche. Doch auch wenn Depressionen und andere psychische Erkrankungen immer noch stark stigmatisiert sind, plädieren die meisten Mediziner dafür, eine Depression auch Depression zu nennen

Das Burnout-Syndrom wurde für die Wissenschaft durch Erfahrungsberichte von Betroffenen in Helferberufen interessant. Der deutsch-amerikanische Psychiater Herbert Freudenberger und die US-Sozialpsychologin Christina Maslach schrieben Mitte der Siebzigerjahre grundlegende Arbeiten zum Burnout-Syndrom als Reaktion auf chronischen Stress im Beruf.[15] Dabei hoben sie jene Berufe hervor, in denen man es mit Menschen zu tun hat, die sich in emotional belastenden Situationen befinden – dazu zählen Ärzte, Altenpfleger, Krankenschwestern und Lehrer. Heute nehmen in Deutschland Menschen aus allen Berufen den Begriff »Burnout« für sich in Anspruch – das wesentliche Kriterium ist nicht mehr der spezifische Beruf, sondern dass man sich, meist durch die Arbeit, erschöpft und ausgebrannt fühlt. Dabei ist Arbeit in Bezug auf Depressionen grundsätzlich ein eher stabilisierender Faktor – Arbeitslose sind doppelt bis viermal so häufig depressiv wie Menschen, die eine Tätigkeit ausüben.[16] Trotzdem sehen Ärzte, Psychologen und Therapeuten es eher positiv, dass so viele dieses Syndrom bei sich feststellen – denn dann begeben sie sich eher in Behandlung, als wenn sie womöglich an einer Depression leiden. Der Ausdruck »Burnout« senkt die Hemmschwelle, wegen psychischer Probleme zum Arzt zu gehen, und das wird als ein deutlicher Fortschritt gesehen.

Das Risiko bei diesem Modebegriff ist, dass jemand seine Belastungen verharmlost und sich eher Hilfe auf dem Wellness- und Esoterikmarkt holt, anstatt diese bei Medizinern und Therapeuten zu suchen. Oder man nimmt an, dass auch massiver Stress und Erschöpfung zu einem normalen Leben gehören. Wie auch immer: Die Burnout-Welle sagt in jedem Fall viel über unsere Gesellschaft aus. Leistung ist das oberste Prinzip. Statt Erholung, Müßiggang und Nichtstun gibt es Freizeitstress. Wir akzeptieren die Folgen eines modernen Berufslebens bereitwillig, weil wir mobil, flexibel und immer erreichbar sein wollen. Wir ignorieren dadurch, dass das Wichtigste für ein psychisch gesundes Leben Beziehungen sind. Und zwar nicht dreiundachtzig Freunde bei Facebook, sondern etwas so Spießiges wie die Kumpels im Sportverein.

4. Psychodynamische Faktoren

»Niemand ist eine Insel« – eine wichtige Rolle spielt bei Depressionen das Zusammensein mit anderen Menschen, in der Fachsprache Psychodynamik genannt. Vor allem das emotionale Verhältnis zu den Eltern prägt uns grundlegend. Schon direkt nach der Geburt versucht nicht nur die Mutter, zu ihrem Baby eine Beziehung herzustellen, sondern auch der Säugling will mit ihr in Kontakt kommen. Bei Depressiven sind diese ersten wichtigen Bindungen oft gestört – weil die Mutter oder der Vater krank ist oder die Familie verlassen hat. Eltern und kleine Kinder verständigen sich zu 90 Prozent nonverbal, das heißt durch Mimik, Gestik, Körperspannung, Berührungen und Tonlage. Gerade Stimmungen teilen sich überwiegend nicht-sprachlich mit. Ist ein Elternteil depressiv oder der große Bruder, vermitteln sie ihre Ängste, ihre Niedergeschlagenheit vor allem indirekt und atmosphärisch, sodass ein jüngeres Kind diese Gefühle besonders stark verinnerlicht.

Noch belastender ist es, wenn eine der Bezugspersonen eines kleinen Kindes früh stirbt. Führt das zu einer Depression, können verschiedene Symptome auftreten, darunter Autoaggression (Selbstverletzungen wie das Ritzen) oder ein verzerrtes Idealbild von sich selbst. Durch die erste (zu) frühe Trennung haben die Betroffenen auch vielfach Schwierigkeiten, selbstständig zu werden, deshalb machen sie sich später oft von Bezugspersonen wie dem Partner abhängig und bleiben überempfindlich für Abschiedssituationen. Weil sie unbewusst Schuldgefühle haben, zugleich wütend sind auf den Menschen, der sie verlassen oder vernachlässigt hat, richten sie ihre Aggressionen gegen sich selbst, zum Beispiel durch einen Suizidversuch. Sie entwickeln nur ein geringes Selbstbewusstsein, stellen aber enorme Ansprüche an ihre eigenen Leistungen. In ihrem Verhalten zeigen sie sich häufig überangepasst, sie opfern sich für andere auf und gehen sehr streng mit sich ins Gericht. Depressive fühlen sich schnell einsam, hilflos, frustriert

63

und enttäuscht und sind sehr bedürftig nach Zuneigung, Liebe und Sicherheit. In der Depression leben die alten Gefühle und Erfahrungen des frühkindlichen Traumas, das nicht angemessen verarbeitet werden konnte, wieder auf.

Zahllose Studien haben bestätigt, wie wichtig die Verbundenheit und der Austausch mit anderen sind, besonders eindrucksvoll die des britischen Kinderpsychiaters John Bowlby (1907–1990).[17] Er begründete mit seiner Analyse der emotionalen Mutter-Kind-Beziehungen die Bindungstheorie, die er als biologisches System verstand. Er wies in ihr nach, was uns heute ganz selbstverständlich vorkommt: nämlich dass alle Menschen ein angeborenes Bedürfnis danach haben, enge Bindungen zu anderen aufzubauen. Wie wichtig dabei die erste Beziehung ist – vielfach ist es die zur Mutter –, demonstrierte ein Experiment der amerikanischen Entwicklungspsychologin Mary Ainsworth, die 1969 die theoretischen Gedanken von Bowlby in wissenschaftlichen Tests umsetzte.[18] In dem von ihr gestalteten Setting »Fremde Situation« untersuchte sie, wie einjährige Kinder in einer unbekannten Umgebung auf die An- und Abwesenheit der Mutter reagieren, um so mehr über kindliche Bindungsmuster zu erfahren. Deutlich zeigte sich, dass es einem Kind mit einer sicheren Bindung, mit einem stabilen und gesunden Verhältnis an seine wesentliche Bezugsperson, gut gelingt, mit der Trennung fertigzuwerden – und damit eine entscheidende seelische Kompetenz fürs Leben zu erwerben. Wurde die Mutter nie als »sichere Basis« erfahren, litten die Kinder unter der Trennung von ihrer wichtigsten Bezugsperson und reagierten mit Weinen, Wut, Klammern oder Ignoranz, kehrte diese zurück.

6 Der Teufel trägt Prada – meine Jahre im Internat

Mein Vater und ich verstanden uns nicht. Er drohte mir oft: »Wenn du nicht artig bist, kommst du wieder ins Heim!« Artig hieß: unauffällig. Ich galt als anstrengendes Kind, mein Vater sagte: »Du bist wirklich eine Zumutung.« Wenn ich heute sehe, wie meine Freundin Maren mit ihren beiden Söhnen umgeht, fällt mir immer wieder auf, wie anders es bei uns zu Hause war. Mit meinem Vater habe ich nicht gekuschelt. Er hat niemals mit mir gespielt. Ich war viel allein und habe gelesen. Auch gab es nie einen Kuchen und Kerzen zum Geburtstag, wie ich es von meiner Mutter kannte. Mein Vater vergaß meinen Geburtstag auch mal. Jahrelang war ich nicht beim Zahnarzt, und er ließ mich oft stundenlang allein im Auto, wo ich auf ihn warten sollte. Mein Vater besaß damals mehrere Spielhallen in ganz Schleswig-Holstein. Wir fuhren von Kiel aus nach Itzehoe oder Rendsburg, nach Eutin, Plön oder Preetz. Die Situation war immer die gleiche: Über Landstraßen ging es durch Dörfer und Städtchen, mein Vater hörte Nachrichten im Radio oder telefonierte mit seinem Autotelefon, doch mit mir sprach er nicht. Irgendwann hielt er vor einer der Spielhallen. Er nahm dann seine Papiere und seinen Mantel vom Rücksitz, sagte kurz: »Du wartest hier« und ging. Ich blieb im Wagen sitzen. Manchmal dauerte sein Termin eine Stunde, manchmal drei, ich wusste es vorher nicht, denn er teilte es mir nie mit. Diese Situationen haben mich so geprägt, dass ich heute immer, wirklich immer, in meiner Handtasche etwas zum Lesen dabeihabe – damit ich gerüstet bin, wenn ich unverhofft irgendwo warten muss.

Vor allem war ich ihm im Weg. Deshalb schickte er mich mit zwölf ins Internat. Erst versuchte er, mich in der berühmten Internatsschule Schloss Salem in Baden-Württemberg unterzubringen. Dort über den Hof zu gehen, fühlte sich an, wie Teil der Fernsehserie *Das Erbe der Guldenburgs* zu sein, die auf Schloss Wotersen und Gut Hasselburg gedreht wurde. Doch nach unserem Besuch erfuhren wir, dass sie mich nicht aufnehmen wollten, den Grund weiß ich nicht mehr. Mein Vater war sehr enttäuscht, und es fühlte sich an, als wäre ich schuld, dass wir eine Absage bekommen hatten. Seine zweite Wahl war Carlsburg in Schleswig-Holstein, in der Nähe von Kappeln, ebenfalls eine sehr teure Schule mit einem elitären Ruf. Und auch hier war das Hauptgebäude ein Schloss. Denn meinem Vater war vor allem das Prestige wichtig. Doch ich wollte dort keinesfalls hin, genauso wenig wie nach Salem. Ich wollte überhaupt nicht in ein Internat und versuchte, mich gegen seine Entscheidung zu wehren.

An einem Wochenende saßen mein Vater, seine Freundin und ich auf den grünen Sesseln im Wohnzimmer, ich kam mir vor wie in einem Gerichtssaal. Im Nachhinein bin ich erstaunt, dass sie überhaupt mit mir über dieses Thema diskutierten – beziehungsweise, dass ich wenigstens angehört wurde. Genützt hat es mir allerdings nichts. Weinend brachte ich ein Argument nach dem anderen vor, warum ich zu Hause bleiben wollte: »Der Garten, um den muss ich mich doch kümmern.« Das hatte früher meine Mutter gemeinsam mit mir gemacht: ihn umgegraben, Stiefmütterchen gepflanzt, den Rasen gemäht.

Mein Vater hielt dagegen: »Aber Heide, du sollst eine gute Schulbildung bekommen. Sieh doch ein, wie wichtig das ist.«

Am Ende sagte ich nur: »Ich möchte aber nicht, bitte, Papa.«

Bei meinem Vater zu leben war zwar nicht schön, aber die Vorstellung, in einem Internat zu sein, war noch viel schlimmer. Es erinnerte mich an meine Wochen im Heim nach dem Tod meiner Mutter. Nicht schon wieder wollte ich mich so allein fühlen. Nicht schon wieder an einem Ort sein, wo ich niemanden kannte. Auch wenn ich überall nur das fünfte Rad am Wagen war: Mein Vater war mir wenigstens vertraut, genauso wie meine Klassenkameraden und die Nachbarskinder. Die Angst, allein zu sein, konnte ich damals noch nicht in Worte fassen, aber ich fühlte mich total abgeschoben. Mein Vater behauptete dagegen, es wäre nur zu meinem Besten. Wegen der Ausbildung und weil er wegen seines Berufs sowieso keine Zeit für mich hätte.

Als ich dann mit zwölf ins Internat Carlsburg zog, nahm ich das Gefühl mit, furchtbar undankbar zu sein. Heute bin ich meinem Vater sogar dankbar dafür, dass ich nicht nonstop mit ihm zusammen sein musste.

Vor einiger Zeit fand ich ein altes Tagebuch auf dem Dachboden meiner Hamburger Wohnung. Da las ich, was ich mit dreizehn festgehalten hatte: »Ich hasse mich! Mein Gesicht, meine Figur, meine Unbeliebtheit. Bin ich an allem selbst schuld? Ich kann nicht mehr! Ich fühle mich leer, so als hätte man mir einen Bestandteil meines Lebens genommen. Ich brauche Hilfe!«

Kinder wittern wie Spürhunde, wer sich als Opfer eignet. Bei mir begann das Mobbing im Internat schon am ersten Tag. Mit zwei Mädchen sollte ich in einem Zimmer wohnen. Naiv wie ich war, klebte ich mit Tesafilm drei Poster meiner Lieblingsband, der norwegischen Popgruppe a-ha, an die Wand über mein Bett. Nachdem mir die beiden Mitbewohnerinnen durch Blicke, Gesten und Bemerkungen zu verstehen gegeben hatten, wie »arm« sie das fänden, hängte ich sie ein paar Tage später wieder ab. Sie selbst hatten romantische Bilder in Pastellfarben aufgehängt, mit einem Mädchen und einem Pferd darauf. Aktuelle Popmusik hörte hier keiner, gut fand man die Weather Girls oder Earth, Wind & Fire. Warum habe ich damals nicht zu mir und meinem Musikgeschmack gestanden? Vermutlich, weil ich von meinem Vater kannte, dass ich mich sowieso nicht durchsetzen konnte. Er hatte mir stets vermittelt, dass ich so, wie ich war, nicht okay war – und diese fehlende Akzeptanz setzte sich im Internat fort. Da ich mich zu Hause nicht geliebt fühlte, sehnte ich mich danach, wenigstens hier gemocht und anerkannt zu werden. Das war schwer. Denn weder trug ich wie die anderen Mädchen bunte Pullover von Benetton noch Moonboots.

Eigentlich machten sie sich über so ziemlich alles lustig, was mich betraf. Ich sagte, ehrlich und ahnungslos, dass mein Vater Spielhallen besaß und damit sein Geld verdiente, und in kürzester Zeit ging das Gerücht um, mein Vater wäre ein Zuhälter. Die Väter der anderen Kinder waren überwiegend hanseatische Kaufleute. Zwischen den selbstbewussten Mädchen und Jungen fühlte ich mich vollkommen hilflos. Trotz der Bilder in Pastellfarben ging es schon nach einigen Monaten nicht mehr um Tiere, sondern um das andere Geschlecht. Die meisten Kinder kamen in einen Hormonrausch, es drehte sich alles ums Küssen und »Heavy Petting«. Mich interessierten die Jungen in meiner Klasse zwar schon, aber ich wusste nicht, wie ich mit ihnen umgehen sollte. Also schwärmte ich heimlich weiter für den Sänger Morten Harket, den Frontmann von a-ha. Vor dem Einschlafen träumte ich davon, dass ich während eines Konzerts von ihm entdeckt und mit der Band auf Tournee gehen würde. Sex kam in diesem Traum nicht vor.

Diese Fluchten waren notwendig. Zwar wusste ich, wie man sich in der Nähe von Erwachsenen zu verhalten hatte – natürlich artig –, ich hatte aber keinen Schimmer, wie ich mich den Jugendlichen gegenüber verhalten sollte, mit denen ich nicht nur zur Schule ging, sondern auch zusammenlebte. Ich fühlte mich, als käme ich von einem anderen Stern. Im ersten halben Jahr schrieb ich meinem Vater flehentliche Briefe: »Bitte, Papa, bitte lass mich wieder nach Hause kommen!!!« Da er mich aber – ohne es zu begründen – nicht von der Schule nahm, stellte ich meine Appelle irgendwann ein.

Sieben Jahre war ich im Internat, und ich wurde bis zum letzten Tag verspottet, geärgert und gedemütigt. Einer meiner Spitznamen – einer der harmlosen – war »Matratze«. Es hieß: »Die macht es mit jedem« – was nicht stimmte. An das Mobbing gewöhnte ich mich, aber es traf mich zutiefst, dass ich als Nutte und sehr viel Schlimmeres beschimpft wurde; eigentlich war es nur ein Ausdruck dafür, dass man mich mit dem Stempel »Außenseiterin« versehen hatte.

Im Internat war es wichtig, wie man aussah. In den Jahren zwischen vierzehn und neunzehn lief ich so viel auf Stöckelschuhen herum wie nie wieder. Man konnte sich noch Respekt verdienen, wenn man als Mädchen außergewöhnlich sportlich war – aber Klugheit, Witz oder Charme zählten wenig. Im Internat lernte ich auch, was Doppelmoral bedeutete. Die Jungen durften mit so vielen Mädchen schlafen, wie sie wollten – es erhöhte nur ihr Ansehen als Frauenschwarm. Die Mädchen jedoch waren schnell verschrien, wenn sie es ihnen gleichtaten. Ich wurde grundsätzlich miesgemacht, doch nie habe ich wirklich begriffen, warum es so war, denn nur wenige Jungen interessierten sich überhaupt für mich. Doch es war leicht, mich fertigzumachen. Selbstbewusstsein hatte ich keines, ich war unsicher und gehemmt, fühlte mich dick, hässlich und dumm. Kein Wunder: Permanent fing ich Kommentare wie »Boah, hast du einen fetten Arsch« oder »Hallo, Hakennase« oder »Du bist dumm wie Brot« ein. Meine Mitschülerinnen fand ich alle toller als mich selbst. Auf viele war ich neidisch und eifersüchtig, fühlte mich ihnen unterlegen. Ich kam mir vor wie Aschenputtel neben den Stiefschwestern.

Es war alles quälend. Nicht nur das Leben im Internat, sondern auch das zu Hause. Für meinen Vater, der ebenfalls stark aufs Äußere achtete, sollte ich vorzeigbar sein und attraktiv. So hat mich meine Teenagerzeit in meiner Weiblichkeit maßgeblich geprägt. Dabei legte mein Vater den Grundstock. Für ihn musste ich unbedingt gut aussehen, das war für ihn das Allerwichtigste. Ständig mäkelte er an meinem Aussehen herum: »Du machst dir jetzt sofort einen Zopf, deine Haare sehen liederlich aus!«

Es dauerte Jahre, bis er mir eine Jeans kaufte, »Nietenhosen« fand er nicht schick genug. Wäre es nach ihm gegangen, sollte ich zum Wiener Debütantinnen-Ball in einem Kleid, das wie ein Sahnebaiser aussah – Gott sei Dank konnte ich mich dagegen erfolgreich wehren. Für meine Figur war seine Freundin mit ihrer Kleidergröße zweiunddreißig bei einer Größe von einem Meter sechzig der Maßstab. Ich war ein Meter vierundsiebzig, wog sechzig Kilo, trug normalerweise achtunddreißig – und liebte wie mein Vater gutes Essen. Obwohl meist er in den Ferien zunahm und nicht ich, motzte er mich ständig an. »Friss nicht so viel, du wirst zu fett«, war sein Standardsatz.

Einmal waren wir auf einem Kreuzfahrtschiff, ein Urlaub à la *Das Traumschiff.* Das war damals noch elitär. Spätabends saßen wir meist noch mit einer Schauspielerin und ihrem Mann, die wir an Bord kennengelernt hatten, in der Bar. Das Schiff schaukelte leicht, das Licht war gedimmt, wir hatten auf goldenen Plüschsesseln Platz genommen, die auf dem Boden festgeschraubt waren, am Rand einer kleinen Tanzfläche. Männer in weißen Dinnerjacketts schoben Frauen in Taftkleidern über den dunklen Boden. Jeder aus unserer Runde bestellte noch einen Digestif. Wie immer nahm ich einen Baileys auf Eis. Mein Vater registrierte das wohl zum ersten Mal. Plötzlich packte er mich fest am Oberarm, zog mich zu sich und zischte mir ins Ohr: »Hör sofort auf mit diesem fetten Zeug, du wirst zu dick.«

Als ich mit fünfzehn mit acht Kilo Übergewicht nach einem Schüleraustausch aus Australien zurückkehrte, war das eine Katastrophe. Der Druck, den mein Vater danach ausübte, war so groß, dass ich ganz von selbst mein Essen regulierte. Als ich abnahm, bekam ich dann endlich sein Lob – und so startete meine Diätkarriere. Süßigkeiten waren mir strengstens verboten, was dazu führte, dass ich heute noch ein berauschendes Freiheitsempfinden verspüre, wenn ich mir eine Tafel Schokolade kaufe. Zwischen diesen beiden Hochgefühlen – erfolgreich eine Diät absolviert zu haben und einer maßlosen Lust an Süßem – pendle ich seit Jahren hin und her.

Mein Vater lebte mir ebenso das Modell vor, wie er sich ein Zusammensein mit einer Frau vorstellte. Seine Freundin war Friseurin, er nannte sich jetzt Kaufmann; sie verdiente sehr wenig, er sehr viel. Inzwischen wohnte er in Hamburg, seine Gefährtin auch. Außerdem besaß er eine Wohnung in München und eine auf der Nordseeinsel Sylt. Die Miete der Wohnungen bezahlte er. Da er den größten Teil des Unterhalts bestritt, bestimmte er, wie wir lebten.

An den Wochenenden flogen mein Vater und seine Freundin gemeinsam nach München oder in eine andere europäische Großstadt, ins »Weekend«, so nannte mein Vater das. In den Ferien trafen wir drei uns meistens auf Sylt. Samstags ging es immer zu einem Feinkostladen nach Westerland. Der Einkaufswagen war ebenso riesig wie das Geschäft selbst; ich schob ihn und folgte den beiden durch die Gänge. Während mein Vater sich an der Fischtheke festquatschte und dabei Nordseekrabben, Lachs und Krebsschwänze einkaufte, stand seine Geliebte beim Fleisch in der Schlange, um Parmaschinken zu ordern. Am Ende zahlte er für jeden Einkauf um die 400 Mark.

Doch ganz egal, wo wir waren, wir lebten seine Interessen – essen gehen, Partys feiern. Wir trugen Klamotten, die er leiden mochte und bezahlte – Kaschmirpullover, Versace-Blazer –, und trafen uns mit Leuten, die er für wichtig und richtig hielt. Natürlich hatten wir beim Oktoberfest einen eigenen Tisch im Zelt von Feinkost Käfer. Als mein Vater noch mit meiner Mutter zusammenlebte, war unser Dasein nichts anderes als ein spießiges Vorstadtleben. Seit ihrem Tod wurde mein Vater immer mehr zum Playboy, zwar nur mit einer Freundin, aber ansonsten erfüllte er alle Kriterien eines exzentrischen Partylöwen. Er war ein klassischer Parvenü. Heute lebe ich von Hartz IV, aber ich würde immer noch einen Louis Roederer Cristal einem Veuve Clicqout Rosé Champagner vorziehen, und ich erinnere mich, dass in unserer Garage sowohl ein Rolls-Royce Silver Wraith als auch ein Bentley Mark VI standen.

Ich sollte so werden wie seine Freundin. Er fand sie energisch – wohl im Gegensatz zu meiner Mutter. Es war ihm aber immerhin wichtig, dass ich ein gutes Abitur machte. Ich sollte studieren und möglichst erfolgreich im Beruf werden – am besten als Betriebswirtin. Er sagte: »Eine Frau, die nicht arbeitet, ist ein unnützer Esser.« Zwar war er konservativ, aber doch nicht so sehr, als dass er es zugelassen hätte, dass seine Freundin nur von seinem Geld leben würde. Mir machte er immer Vorhaltungen, wie teuer die Schule sei: »Was du mich jeden Monat kostest – mehrere Tausend Mark, da könntest du dir wenigstens ein bisschen Mühe geben, dich zu benehmen.« Am liebsten hätte ich erwidert: »Ich habe nie darum gebeten, ins Internat zu gehen«, doch das traute ich mich nicht.

Ich sollte also unabhängig sein. Stark, aber auch schwach: Er verlangte absoluten Gehorsam und die totale Unterordnung. Warum er so war – ich weiß es nicht. Erst als ich bei meinem Vater auszog und mir mit meinem Freund Björn eine Wohnung teilte, als ich feministische Bücher verschlang und mir ein anderes Selbst aufzubauen versuchte, konnte ich mich ein wenig von ihm lösen. Frei bin ich bis heute nicht.

In der zwölften Klasse, mit achtzehn, fand ich dann meine erste richtige Freundin. Wir zogen in ein Zimmer, so begann es. Chiara war Italienerin, hatte fast schwarze Wuschellocken, weit auseinanderstehende dunkle Augen und einen umwerfenden Charme. Sie war die erste Person im Internat, die mich wirklich mochte. Beide lasen wir gern, zusammen gingen wir reiten, und beim Duschen sangen wir laut unsere Lieblingssongs. An den Wochenenden war ich oft bei ihr zu Hause, eingeladen von ihrer sehr netten Familie. Ich genoss es, endlich irgendwo ein wenig dazuzugehören. Chiaras jüngerer Bruder neckte mich oft: »Ah, da kommt ja meine zweite Schwester.« Mein Herz ging jedes Mal auf, wenn er das sagte. Fleißig lernte ich italienische Vokabeln und war stolz, als ich beim Essen »*Buon appetito!*« mit der richtigen Aussprache herausbrachte. In dieser Familie wurde ich so herzlich aufgenommen, da konnte ich im Internat darauf pfeifen, was die anderen von mir dachten. Ich gehörte sowieso nicht dazu, da konnte ich machen, was ich wollte – und endlich auch mal ein bisschen Spaß haben.

Jetzt knutschte ich auf jeder Party, aber ohne schlechtes Gewissen; ich feierte, dass es krachte, tanzte mir die Füße zu »Relight My Fire« von Dan Hartman wund und schwänzte immer öfter den Unterricht. Das Thema »Beliebt sein« konnte ich dank meiner Freundschaft zu Chiara also inzwischen ignorieren. Es folgte jedoch das nächste Drama: die Liebe. Meine ersten Beziehungen zu Jungen waren allesamt ein Desaster. Die, die ich auswählte, stammten auch nicht gerade aus intakten Familien. Vermutlich suchten sie ebenso wie ich einfach nur jemanden, der sie lieb hatte. Ich jedenfalls war mit den ersten sexuellen Erfahrungen völlig überfordert – und sehnte mich die meiste Zeit einfach nur danach, dass mich jemand in den Arm nahm. Es war bei mir wie bei so vielen jungen Frauen: Ich suchte Liebe und gab Sex – und bekam auch nur Sex zurück. Es schien die einzige Möglichkeit zu sein, wenigstens ein Fitzelchen Zuneigung zu erhalten.

Ich litt furchtbar darunter. Szenen wie diese waren typisch: Nachmittags verließ ich eines der Jungenhäuser, ich hatte dort meinen Freund besucht – es war eine demütigende On-off-Beziehung. Vor der Tür saß die »In-Clique«. Für mich ein täglicher Spießrutenlauf: Ich musste durch diese Gruppe von Schülern gehen. Einer der Typen blickte mich ernst an und sagte: »Du hast da was im Mundwinkel.« Reflexartig wischte ich mir über die Lippen. Alle grölten. Nein, ich hatte meinem Freund gerade keinen Blowjob beschert, aber es traf mich bis ins Mark, dass es mir mal wieder unterstellt wurde.

Erst in der dreizehnten Klasse hatte ich einen festen Partner, der mich gut behandelte. Björn und ich hatten dieselben Leistungskurse belegt, und er war zum Glück überhaupt kein Macho, was auch einer der entscheidenden Gründe war, dass ich mich in ihn verliebte. Wir kamen ein halbes Jahr vor unserem Abitur zusammen. Björn war so groß wie ich, durchtrainiert und hatte braune kurze Haare und braune Augen. Er erinnerte mich ein bisschen an Patrick Swayze aus dem Film *Dirty Dancing*. Wir trainierten im selben Pferdestall, und an einem Sonntag sah ich ihm bei einem Turnier zu. Als er mit seinem Schimmel Let's Fly jubelnd aus der Halle in den Stall ritt, weil er das schwere L-Springen gewonnen hatte, sah ich meine Chance gekommen. Bisher waren wir nur gute Freunde gewesen. Jetzt fiel ich ihm um den Hals, nachdem er vom Wallach abgestiegen war, gratulierte ihm und gab ihm – todesmutig – einen Kuss auf den Mund. Er stutzte, sah mich an, lächelte und sagte: »Was war das denn?« Dann küsste er mich wieder.

Nach dem Abitur wäre ich gern nach Hamburg gezogen, Björn und Chiara wollten dort studieren. Doch mein Vater wollte mir keine eigene Wohnung bezahlen, ich sollte wieder bei ihm einziehen. Ich wusste, dass es nicht funktionieren würde, wenn ich das tat. Einen Vorteil hatte die Internatszeit nämlich gehabt: Dort war ich frei gewesen. Zwar war ich ohne Ende gehänselt und verspottet worden, aber wenigstens konnte ich anziehen, was ich wollte, essen, was ich wollte, und mit denen befreundet sein, die ich nett fand. Deshalb entschied ich mich, in die Wohnung meines Vaters nach München zu ziehen. Ich dachte, dort zu wohnen, weit weg von ihm, würde mein Leben leichter machen. Das war ein Irrtum.

> ### Depressionen im Mädchenalter

Dr. Carola Bindt ist stellvertretende ärztliche Direktorin der Klinik für Kinder- und Jugendpsychiatrie am Universitätsklinikum Hamburg-Eppendorf, Fachärztin für Kinder- und Jugendpsychiatrie und -psychotherapie und Psychoanalytikerin. Vor Jahren hatte ich sie als Referentin gehört, und sie war mir als Spezialistin empfohlen worden. Als ich sie erneut traf, war ich wieder sehr beeindruckt von ihr. Sie ist groß und

schlank, trägt einen dunklen Pagenkopf und hat einen festen Händedruck. Sie wirkte fast einschüchternd, und ich war froh, wie so oft,
dass ich mich hinter fachlichen Fragen verstecken konnte.

**Frau Dr. Bindt, sechs Prozent der Kinder und Jugendlichen in Deutsch-
land gelten als depressiv – das klingt nach einer erschreckend hohen
Zahl.**
Ja, diese Zahl ist alarmierend, denn für uns als Experten gilt alles über
ein Prozent als viel. Hat beispielsweise eine Schule 500 Kinder, wären ein Prozent davon fünf Kinder. Sechs Prozent wären schon dreißig
Kinder mit depressiven Symptomen.

Wie stellt man eine Depression bei Kindern und Jugendlichen fest?
Die Patienten selbst und die Eltern berichten eine Vielzahl von Auffäl-
ligkeiten und Symptomen, die für sich genommen oft recht unspezi-
fisch sind. In der strukturierten Diagnostik gibt es unterschiedliche
Methoden. Da sind zum einen normierte Fragebögen, die Eltern und
Kinder ausfüllen können, wie zum Beispiel den DIKJ-Fragebogen (De-
pressions-Inventar für Kinder und Jugendliche). Dieser psychologische
Test für Acht- bis Sechzehnjährige besteht aus sechsundzwanzig Ein-
zelfragen, für die jeweils drei unterschiedliche Antwortmöglichkeiten
bestehen. Je nach Antwort kann man Stärke und Ausprägung der
Symptome erkennen, es geht da um körperliche Beschwerden wie
etwa Bauch- oder Kopfweh, Trennungsängste oder Furcht vor Dunkel-
heit. Noch viel wichtiger als diese Tests sind natürlich die Gespräche,
die man mit den Kindern und Jugendlichen führt. Dabei bin ich als
Ärztin und Therapeutin selbst das wichtigste Untersuchungsinstrument.
Wie es dem Kind geht, merke ich auch an dem, was es in der sogenannten Gegenübertragung in mir auslöst. Das bedeutet: Ich registriere und analysiere, welche Gefühle entstehen, während das Kind
von seinen Erlebnissen und Beziehungen erzählt. Hilflosigkeit? Oder
vielleicht Wut? Im Gespräch mache ich mich zum Resonanzboden.
Über die Empfindungen, die das Kind bei mir auslöst, erfahre ich viel

darüber, wie es ihm eigentlich geht. Letztlich ist es insbesondere für Angehörige oft nicht einfach, die Krankheit bei Jugendlichen, gerade bei Mädchen, überhaupt zu bemerken. Denn je weniger nach außen gerichtet die Störung ist, desto weniger wird sie auch diagnostiziert. Außerdem sind die Kinderärzte oft nicht entsprechend geschult, obwohl sich da in den letzten Jahren viel bewegt hat.

Wie unterscheiden sich Depressionen bei Jungen und Mädchen?
Mädchen wenden, wie gesagt, ihre Probleme nach innen, gegen sich, fühlen sich unattraktiv, uninteressant und wertlos. Jungen richten ihre Not eher aggressiv nach außen, gegen andere. Oder sie werden zu uns geschickt, weil sie ständig die Schule schwänzen – was vielfach ein Ausdruck von depressiver Not ist. Mädchen leiden übrigens deutlich häufiger an Depressionen als Jungen. Das zeigt beispielsweise KIGGS (Kinder- und Jugend-Gesundheits-Survey), eine Langzeitstudie vom Robert Koch-Institut von 2008. Nach dieser Untersuchung weisen sieben bis zehn Prozent der Mädchen depressive Symptome auf.

Woran werden die Depressionen der Mädchen denn überhaupt erkannt?
Depressionen verbergen sich manchmal hinter stark angepasstem, zurückgenommenem Verhalten oder hinter Stimmungsschwankungen, die oft der Pubertät zugeschrieben werden. Gerade bei Mädchen werden Depressionen meist lange nicht diagnostiziert oder gar ignoriert, sodass sie manchmal schon in einer gefährlichen suizidalen Stimmung sind, bevor die Krankheit entdeckt wird. Die schlimmste Folge: Es gelingt ihnen erst mit einem Selbstmordversuch, auf ihre Not aufmerksam zu machen. Das zeigt, wie ernst Depressionen bei Mädchen und jungen Frauen zu nehmen sind. Zwar sind in jüngeren Jahren Suizidversuche viel häufiger als vollendete Selbstmorde, trotzdem ist bei Frauen zwischen fünfzehn und fünfunddreißig der Suizid nach Unfällen die zweithäufigste Todesursache. Der Appell, für sein

Kind lieber zu früh als zu spät psychische Hilfe zu suchen, kann nicht laut genug sein.

Warum ist bei jungen Frauen der Suizid die zweithäufigste Todesursache?

Das liegt vor allem daran, dass es in dieser Altersspanne viele Gründe für seelische Belastungen und Konflikte gibt, darunter fällt auch die Pubertät. Die Ablösung vom Elternhaus und die Suche nach der eigenen Identität – der beruflichen, sexuellen, emotionalen und gesellschaftlichen – verlaufen häufiger krisenhaft, wobei die Unterscheidung zwischen Krise und Erkrankung oft schwerfällt.

Ab welchem Alter kann man überhaupt Unterschiede zwischen Mädchen und Jungen feststellen?

Die Unterschiedlichkeit der Geschlechter besteht spannenderweise schon direkt nach der Geburt. Entwicklungspsychologen wie die Amerikaner Katherine Weinberg oder Edward Tronick haben schon 1999 bei der Säuglingsbeobachtung festgestellt, dass männliche Babys mehr mütterlichen Input brauchen, um sich zu beruhigen, als weibliche. Entsprechend reagieren Mütter auf Jungen stärker mit ihrer Mimik, mit ihrem Tonfall, ihrer ganzen Zugewandtheit. Sie unternehmen also mehr, um männliche Säuglinge zu beruhigen. Mädchen hingegen scheinen schon wenige Monate nach der Geburt eher für sich klarzukommen, was allerdings auch eine Anpassungsreaktion auf ein vergleichsweise vermindertes mütterliches Interaktionsangebot sein kann. Jungen sind grundsätzlich auffälliger, wenn es um Verhaltensstörungen geht. Dadurch bekommen sie natürlich mehr Aufmerksamkeit. Und auch im Kinder- und Jugendalter können sich Jungen weniger gut selbst beruhigen. Hypothetisch könnte man annehmen, dass die Eltern ihren Mädchen deutlich weniger Regulationshilfen als den Jungen geben. Aus diesem Grund könnten Mädchen, genauso wie erwachsene Frauen, verstärkt mit einem Rückzug in sich selbst reagieren. Ihre Aggressionen – wenn überhaupt – lassen sie an sich selbst aus.

Wie unterscheiden sich depressive Frauen von depressiven Mädchen?
Bei depressiven Frauen gibt es zwei unterschiedliche Typen: Die einen haben keinen Antrieb, keine Energie, für sie erscheint alles sinnlos. Die Frauen des anderen Typus leben in einer hektischen Betriebsamkeit; sie versuchen, gegen alles anzuarbeiten, und sind oft sehr getrieben und gehetzt. Bei manifest depressiven Mädchen zeigt sich entweder ebenfalls eine traurig-hoffnungslose oder eine gereizte, angespannte Stimmungslage. Eltern sollten wachsam sein, wenn sie zudem Folgendes beobachten: Die Tochter zieht sich zurück, sie hat keine Lust mehr, sich zu verabreden, ihre Freunde zu treffen oder zum Sport zu gehen, stattdessen verkriecht sie sich in ihr Zimmer. Die Schulleistungen werden schlechter, bisherige Interessen und Hobbys werden hintenangestellt. Manche Mädchen fangen an, ihr Aussehen zu vernachlässigen. Sie duschen weniger, waschen sich nur selten die Haare, schminken sich nicht mehr.

Was sind die größten Risikofaktoren?
Es gelten für Depressionen die gleichen psychosozialen Risiken wie auch für andere psychische Erkrankungen. Erschwerte Lebensbedingungen entstehen durch: einen niedrigen sozioökonomischen Status, die Arbeitslosigkeit der Mutter oder des Vaters oder dann, wenn ein Elternteil das Kind allein erzieht. Als riskant gilt zudem, wenn es an Schutzfaktoren mangelt. Solche wären beispielsweise die Zuversicht der Eltern, dass sich die Dinge positiv entwickeln, ein enger familiärer Zusammenhalt oder einfach die Entlastung, die ein (höheres) Gehalt eines Familienmitglieds mit sich bringt. Ein weiterer sehr bedeutsamer Risikofaktor ist, wenn die Eltern chronisch psychisch krank oder süchtig sind.

Und worin sehen Sie die Ursachen von Depressionen bei Kindern und Jugendlichen?
Wir gehen von einem multifaktoriellen Krankheitsentstehungsmodell aus. Das bedeutet, die Gründe sind teilweise körperlich (genetisch)

und zusätzlich seelisch, vermittelt über schwierige Beziehungserlebnisse und deren unzureichende Verarbeitung. Kinder und Jugendliche werden aber auch durch die Rollenbilder, die ihnen vermittelt werden, beeinflusst. Denn alle Menschen tragen im Innern eine Vorstellung mit sich herum, wie Mädchen und Jungen zu sein haben – und geben diese meist unbewusst weiter. Mädchen werden auch heute noch dazu erzogen, pflegeleicht, artig und nicht aggressiv zu sein.

Wie reagieren Eltern, wenn sie erfahren, dass ihr Kind depressiv ist?

Eltern glauben meist, sie sind dafür verantwortlich, wenn sie die Diagnose Depression hören, vor allem denken das die Mütter. Ich tue das nicht. Mein Blickwinkel ist ein anderer: Mütter spüren vielleicht instinktiv, dass Schwierigkeiten in der Familie bestanden oder bestehen – etwa Auseinandersetzungen mit dem Partner –, die zu den Problemen der Tochter oder des Sohns beigetragen haben. Dafür geben sie sich selbst oft die Schuld. In der Regel existieren aber plausible Gründe für diese Beziehungsprobleme, die häufig in der Geschichte der Mutter oder des Vaters oder in der gemeinsamen Paar- und Familiengeschichte zu finden sind. Schuldzuweisungen sind deshalb völlig unangebracht. Es ist vielmehr hilfreich und wichtig, die Zusammenhänge der unterschiedlichen Lebensgeschichten zu entschlüsseln, um der Depression auf den Grund zu gehen.

Kinder kann man nicht vor allem bewahren, das müssen Eltern akzeptieren lernen. Außerdem gibt es eine genetisch geprägte Empfindsamkeit, die manche Kinder eher zur Depression neigen lässt als andere. Wie gesagt: Ich plädiere dafür, dass Familien in einer kritischen Situation, wie zum Beispiel bei einem Schulwechsel, besser früher als später einen Therapeuten aufsuchen. Das ist nicht immer einfach. Ein flächendeckendes Angebot von Kinderpsychiatern und Kinderpsychologen ist leider nicht vorhanden. In den Ballungszentren ist es leichter, einen Therapeuten zu finden, aber selbst in den größeren Städten muss man nach einer Diagnostik fast immer mit einer Wartezeit bis zum Beginn einer Behandlung rechnen, im Durchschnitt sechs Monate. Wenn eine Jugendliche symptomatisch, aber aus Scham oder auch Misstrauen nicht dazu zu bewegen ist, mit zum Kinderpsychiater oder -psychologen zu kommen, kann auch der Sozialpsychiatrische Dienst für Kinder und Jugendliche eine Chance sein, den Behandlungsbedarf einzuschätzen und Hilfsangebote in den Alltag zu integrieren.

7 Wer nicht kämpft, hat schon verloren – vom Abitur bis zum Volontariat

Nach dem Abi wechselte ich also nach München, mein Vater hatte dort seit Jahren eine Zweizimmerwohnung in Schwabing gemietet. Ich hatte nicht damit gerechnet, dass er und seine Freundin nun fast jedes Wochenende in München waren, früher waren sie nur alle vier Wochen dorthin geflogen. Schnell wurde mir klar, dass ich besser nie da eingezogen wäre. Doch in eine andere Stadt zu gehen, die ich gar nicht kannte, davor hatte ich damals viel zu viel Angst, und in Hamburg bei meinem Vater zu wohnen, kam weiterhin nicht infrage.

Auch in München stritten wir uns darüber, wie ich aussah, was ich trug und was ich aß. Sogar bei meinem Liebesleben wollte er mitreden:»Lass doch den Björn, in der Schulzeit war das vielleicht noch okay, aber jetzt suchen wir dir hier einen richtigen Freund, einen passenden.« Passend wäre ein Vorstandsmitglied eines renommierten Konzerns gewesen, ein Adeliger oder ein reicher Erbe. Björns Vater war Polizist, und das war meinem Vater zu wenig. Mich ärgerte diese Sichtweise.»Es ist ja wohl meine Sache, mit wem ich zusammen bin«, protestierte ich.

Viele Kröten musste ich schlucken, aber ich ließ mir nicht alles verbieten. Björn war, genau wie Chiara, mein Notausgang. Sie verkörperten eine andere Welt, in der ich wenigstens ab und an sein konnte.

Die Einrichtungsgegenstände in meinem Münchner Zimmer waren ein weiterer Streitpunkt. Nie werde ich vergessen, wie mein Vater und ich in einem Möbelhaus standen: Wir stritten uns, mir liefen die Tränen über die Wangen, und unser lautstarker Wortwechsel war mir vor dem verlegen dastehenden Verkäufer äußerst peinlich. Mein Traum waren ein schwarzer Kleiderschrank und ein schwarzes Bett gewesen, das war damals in. Mein Vater fand das nur »total daneben« und wollte mir einen Schrank, ein Bett und eine Regalwand mit integriertem Schreibtisch aus Kirschholz kaufen.

»Ich finde aber die schwarzen Möbel schöner«, widersprach ich.

»Jetzt mach nicht schon wieder so ein Theater. Die Kirschholzeinrichtung ist sehr teuer, du bist mal wieder so undankbar. Die nehmen wir jetzt, und damit basta«, erklärte mein Vater wütend. »Schwarz – wie kommst du darauf? Du hast einfach keinen Geschmack.«

Neunzehn Jahre war ich alt und durfte nicht entscheiden, wie mein Zimmer aussehen sollte. Ich heulte vor Wut, weil ich gekränkt und vor allem so hilflos war. Zukünftig wohnte ich in einem Raum, der mir wie ein Hotelzimmer erschien. Die Möbel waren nicht einmal hässlich, nur waren sie überhaupt nicht mein Geschmack und furchtbar unpersönlich.

Es war überhaupt eine schreckliche Zeit. Auf Wunsch meines Vaters machte ich in einer Münchner Bank eine Ausbildung, was mich gleichzeitig langweilte und überforderte. Und in der Schwabinger Wohnung spitzte sich die Situation zu. Wollte ich nicht mit meinem Vater essen gehen, sperrte er zur Strafe die Küche ab. Am nächsten Morgen wütete er wie ein Berserker, sodass die Nachbarn an die Decke klopften. Es war unerträglich.

Täglich telefonierte ich mit Chiara, um meine Not zu lindern. Eines Tages sprach ich die Frage, die mir schon lange im Kopf herumging, laut aus: »Wenn ich nach Hamburg gehe, könnte ich dann für die erste Zeit bei dir wohnen?« – »Willst du das wirklich tun?«, gab sie zu bedenken. »Dann gibt es kein Zurück mehr. Aber was deine Frage angeht – wohnen kannst du auf jeden Fall bei mir, du bist herzlich willkommen!«

Was hätte ich in dieser Zeit nur ohne meine Freundin gemacht?

Nach neun Monaten in München, nach neun Monaten erbittertem Kleinkrieg war es dann so weit: Ich zog aus. Dem vorausgegangen war ein letzter, zornentbrannter Streit.

»Ich bin ein Viereck, und du versuchst mit aller Gewalt, meine Ecken abzuhobeln und mich zu einer Kugel zu formen«, erklärte ich meinem Vater unter Tränen.

Er verstand nicht, was ich ihm damit sagen wollte. »Was ist denn das schon wieder für ein Quatsch, du bist ja total bescheuert«, sagte er nur.

Mir wurde endgültig klar: Jede Auseinandersetzung war sinnlos. Am kommenden Samstag, mein Vater und seine Freundin waren zum Shoppen in die Münchner Maximilianstraße gefahren, packte ich schnell meinen schwarzen Delsey-Koffer, eine silberne Head-Sporttasche und zwei Dallmayr-Papiertüten voll. Die Wohnung in Schwabing verließ ich einzig mit meinen Kleidern und Büchern. Ich hinterließ keine Nachricht. Mit meinen Sachen fuhr ich zum Hauptbahnhof, lieh mir von meinem ersparten Geld einen Wagen und schlug den Weg nach Hamburg ein. Die Strecke dauerte sieben Stunden, und sieben Stunden lang heulte ich zu »Brothers in Arms« von Dire Straits. Immer wieder spulte ich im Kassettenrekorder des Autos den Song zurück, bis ich abends bei Chiara ankam. Am Montag würde ich meine Ausbildung in einer Hamburger Filiale meiner Bank weiterführen, das hatte ich noch in München arrangieren können.

Vier Monate wohnte ich bei Chiara, danach zog ich in eine Einzimmerwohnung. Geld für einen eigenen Haushalt hatte ich nicht, mein Ausbildungsgehalt reichte nur für das Nötigste: eine Matratze, eine Schreibtischplatte, zwei Böcke sowie Töpfe, Gläser, Teller und Besteck. Fernseher, Musikanlage, Computer, einen Schrank und einen Staubsauger konnte ich vergessen. Vielleicht würde ich heute besser mit den gut 900 Mark Lehrgeld (circa 450 Euro) auskommen, denn inzwischen weiß ich, wie man spart. Ich kenne Umsonst-Läden, eBay (das gab es damals noch nicht), Oxfam, die

Tafeln und die Kleiderkammer der Caritas. Damals kam ich mit meinem Geld hinten und vorne nicht hin. Und weil ich so wütend war und alles ungerecht fand, verklagte ich meinen Vater auf Unterhalt. Björns Eltern empfahlen mir eine Anwältin für Familienrecht. Ihre Kanzlei lag in der Eppendorfer Landstraße und war ganz in Blau eingerichtet, der Teppich war blau, die Schreibtische, die Bilder, einfach alles. In mir tobte es, und der Anwältin wollte ich erzählen, wie gemein mein Vater sei, aber sie fragte nur nach Zahlen.

»Was verdient Ihr Vater ungefähr?«

»Wie teuer war das Internat?«

»Was kostet Ihre Miete?«

Ich antwortete so genau wie möglich.

»Habe ich denn überhaupt Chancen?«, fragte ich unsicher.

»Bei Ihnen sollten wir den Höchstsatz der Düsseldorfer Tabelle ansetzen können, der Leitlinie für den Unterhalt von Kindern.«

Froh über diese Antwort ging ich nach Hause. Auf einmal schien mein Leben ganz leicht zu sein. Was noch alles auf mich zukommen würde – davon hatte ich keine Ahnung.

»Eine Gerichtsverhandlung ist eine Maschine, in die man als Schwein hineinmarschiert und als Wurst wieder herauskommt« – diesen Satz las ich in dem Buch *Sturmjahre* der amerikanischen Schriftstellerin Barbara Wood. Er schien auch in meinem Fall zu stimmen. Sechs Jahre und zwei Instanzen dauerte mein Unterhaltsprozess, und im Nachhinein fühlte es sich genauso an wie in dem besagten Satz: Tatsächlich hatte ich das Gefühl, durch den Wolf gedreht zu werden.

Die Arbeit in der Bank hasste ich – inzwischen konnte ich mich Bankkauffrau nennen. Auf keinen Fall wollte ich weiter diesen Job ausführen. Mein Plan war es von Anfang an gewesen zu studieren. Und ich hatte ihn nicht vergessen. Außerdem war ich, ehrlich gesagt, keine gute Mitarbeiterin. Mir war klar, dass ich auf Dauer kaum meinen Lebensunterhalt mit diesem Beruf finanzieren könnte.

Täglich wartete ich auf den Brief der ZVS, der Zentralstelle für die Vergabe von Studienplätzen. Tatsächlich lag er eines Tages im Briefkasten. In dem Schreiben stand, dass man mir einen Platz für BWL in Hamburg hätte zuweisen können. Doch dass ich jetzt ein Studium aufnahm, wollte mein Vater nun natürlich nicht mehr, nicht mehr nach meinem Auszug aus seiner Münchner Wohnung, nicht mehr, nachdem ich ihn mit einem Anwalt konfrontiert hatte. Überhaupt sprachen wir bis zu seinem Tod 2009 nie wieder miteinander, sondern hatten nur noch über die Anwälte Kontakt. Im Prozess bekam ich am Ende Recht und auch Unterhalt zugesprochen, aber ich zahlte dafür einen hohen Preis. Denn was macht man, wenn es ein Urteil gibt, doch derjenige, der Unterhalt zahlen soll, sich weigert, dies zu tun? Und genau das tat mein Vater. Er überwies einfach nicht die Summe, zu der er gerichtlich verpflichtet worden war. Das Geld musste ich ihm pfänden, was sich als schwierig gestaltete, da er selbstständig war. Es gab kein Gehalt, das ich einklagen lassen konnte, und so ließ ich Mieteinnahmen pfänden, von Nachbarn, die bei meinem Vater in seinem Hamburger Haus wohnten. Es dauerte wieder ein ganzes Jahr, bis ich das Geld erhielt. Bis dahin lebte ich von der Hand in den Mund, von Nebenjobs (das Verdiente wurde mir später vom Unterhalt wieder abgezogen) und schlecht bezahlten Praktika. Ich bekam kein BAföG, keine staatliche Unterstützung für Studenten, weil mein Vater zu viel verdiente, und keine Sozialhilfe, weil ich ja Studentin war. Die Angst vor dem finanziellen Ruin verfolgt mich heute noch.

Glücklich war ich an den Wochenenden, die ich mit Björn bei seiner Familie verbrachte. Sowohl mit seinen Eltern als auch mit seinem jüngeren Bruder, der noch zu Hause lebte, und mit seiner Oma, die eine Einliegerwohnung im Erdgeschoss hatte, verstand ich mich gut. Am schönsten fand ich es, wenn seine Mutter durch den Flur rief: »Kinder, kommt! Essen!« Mit dieser Aufforderung war auch ich gemeint – ich gehörte dazu, war eines dieser Kinder.

Wir rannten dann immer in die Küche, rissen die Deckel von den Töpfen und fragten:»Was gibt es denn?« Björns Mutter, ich durfte sie Heidrun nennen, schob uns lächelnd ins Esszimmer:»Nun setzt euch mal, es geht ja gleich los.«

Wir saßen dann alle rund um den dunkelbraunen, alten Bauerntisch, zündeten Kerzen an und reichten uns gegenseitig Kartoffeln, Soße und ein Stück Sonntagsbraten. Björns Mutter ist eine hervorragende Köchin, und das gemeinsame Essen am Wochenende war stets ein Fest. Überhaupt hätte ich die ganze Zeit, die der Gerichtsprozess dauerte, nie ohne Björn und dessen Familie überlebt. Noch heute bin ich ihnen unendlich dankbar. Sie haben mich in vielem unterstützt, und bei ihnen fühlte ich mich wenigstens ein bisschen als Teil einer Familie.

Björn studierte Geschichte und Germanistik, und nach anderthalb Jahren Betriebswirtschaftslehre wechselte ich das Fach, ließ mich für Skandinavistik einschreiben. Sprachen lagen mir einfach viel mehr. Wir lernten viel, wollten aber auch Spaß haben. Doch statt ein unbeschwertes Studentenleben führen zu können, plagten mich Geldsorgen und Zukunftsängste. Jeder Brief vom Rechtsanwalt brachte mich zum Heulen. Unser Paar-Sein litt genauso darunter wie unser Sex. Meine Sorgen dominierten unsere Beziehung, was uns frustrierte.

Seit jeher schäme ich mich für mein Leben, das tat ich auch in den Jahren mit Björn. In meiner Wahrnehmung ist bei mir nichts normal, mein Dasein besteht aus lauter hässlichen Puzzleteilen, die kein schönes Bild ergeben. Noch heute, mit neununddreißig Jahren, sehne ich mich nach einer Bilderbuchfamilie, nach stabilen Verhältnissen. Eine Zeit lang habe ich meinen Vater verleugnet, weil er mir peinlich war. In unserer Familie gibt es etliche unerfreuliche Details, nicht nur die, die ich genannt habe, und es traten immer mal wieder Menschen in Erscheinung, die mit dem Finger auf mich und meine Familie zeigten und schlecht über uns redeten. Es war mir wichtig, mich von meinem Vater loszusagen, zu zeigen, dass ich nur ich bin und nicht ein Teil von ihm. Ich wünschte mir so sehr, nicht mehr ausgelacht und verurteilt zu werden.

Die ganzen Jahre, während der Ausbildung in der Bank und während des Studiums, war ich krank. Richtig bewusst war mir das noch nicht, aber ich fühlte, dass mit mir einiges nicht stimmte.

»Komm, wir nehmen das Fahrrad und setzen uns an die Alster oder gehen Entengucken in Planten un Blomen«, schlug Björn an Sommerabenden oft vor.

»Fahr du ruhig ans Wasser oder in den Park, ich leg mich hin«, antwortete ich meistens. Wir waren inzwischen zusammengezogen, und Björn wollte in der Freizeit immer gern etwas mit mir unternehmen. Ich wollte mir nur die Decke über den Kopf ziehen. Schon während der Unizeit litt ich so stark unter meinen Depressionen, dass ich Medikamente und Psychotherapie bekam.

In diesen Jahren war ich zudem sehr zwanghaft. Jede Nacht, bevor ich mich schlafen legte, ging ich in die Küche und kontrollierte, ob ich den Herd ausgeschaltet hatte. Nie war ich mir dessen sicher. Also schaltete ich ihn an und wieder aus – und an und aus. Minutenlang drehte ich an den weißen Knöpfen. Irgendwann legte ich mich zurück ins Bett, doch meist fand ich keine Ruhe. Dann stand ich erneut auf, lief in den Flur – er war lang und schmal und kam mir vor wie ein immer enger werdender Tunnel – und prüfte, ob die Haustür abgeschlossen war. Den Schlüssel drehte ich bis zum Anschlag und rüttelte an der Kette. Mehrmals, um auch ja ganz sicher sein zu können, dass niemand reinkommen konnte. Meine Angst vor Einbrechern war so groß, dass ich jeden Abend die Tür zusätzlich mit einem schweren grünen Wohnzimmersessel verbarrikadierte. Wie angespannt ich war, spiegelte auch mein Körper wider. Erst war ich übergewichtig, schließlich nahm ich radikal ab. Eine Zeit lang war ich extrem schlank – dank mehrfacher Kohlsuppen-Diäten, aber auch, weil ich fünf Stunden pro Woche zum Sport ging.

»Wo bist du noch mal heute Abend?«, fragte Björn häufig.

»Donnerstags ist Ju-Jutsu, das könntest du dir endlich mal merken«, antwortete ich.

»Bei dir verliere ich einfach den Überblick.«

»Die Rückengymnastik ist mittwochs, und am Wochenende laufen wir ja zusammen, so schwer ist es doch gar nicht.«

Dass mein Sport etwas Zwanghaftes hatte, fiel weder Björn noch mir auf. Ich kaufte mir eine Körperfettwaage und führte täglich Protokoll über mein Gewicht, auf hundert Gramm genau. Ganz eindeutig war ich essgestört.

Zwischen zwanzig und dreißig machte ich drei Therapien, und alle halfen – jedenfalls ein wenig. Aber nicht genug. Nur wäre ich damals nie auf den Gedanken gekommen, zu sagen, irgendwie reichen sie nicht, vielleicht sind sie nicht die richtigen Behandlungsformen für mich. Ich war so dankbar, dass ich überhaupt Hilfe bekam. Stets dachte ich mit schlechtem Gewissen: Wenn es mir trotz Therapie nicht gut geht, kann das nur meine Schuld sein. Bestimmt mache ich etwas falsch, bin nicht fleißig genug dabei, strenge mich zu wenig an.

Hinzu kam, dass ich mich mit Psychotherapien überhaupt nicht auskannte. Über den Unterschied zwischen den einzelnen Verfahren wusste ich nichts. Erst mit Ende zwanzig, mehr von meiner Situation begreifend, kaufte ich mir einen Ratgeber über Depressionen. In vielem fand ich mich wieder: das beständige Gefühl von Trauer und Niedergeschlagenheit, die permanente Erschöpfung, die Überforderung. In meinem Tagebuch aus dieser Zeit steht: »Was für eine schreckliche, intensive, stressgeplagte Woche! Björns und mein Motto heißt nur noch: durchhalten. Jetzt, am Samstag, merke ich, wie fertig, ausgelaugt und müde wir beide sind. Welchen Preis werden wir bezahlen? Es ist schönster Sommer, und mein Kopf ist voll von Geldbeträgen, Ängsten und Schuldgefühlen – wieder nichts für die Uni getan. Dabei möchte ich einfach nur fröhlich sein und mit Björn Spaß haben.«

Wenigstens schaffte ich es damals, mich ein wenig von dem Frauenbild meines Vaters zu lösen. Ich las Ute Ehrhardts *Gute Mädchen kommen in den Himmel, böse überall hin*, das Theaterstück *Nora oder Ein Puppenheim* des norwegischen Dramatikers Henrik Ibsen (er schrieb es tatsächlich schon 1879!) oder Simone de Beauvoirs Standardwerk *Das andere Geschlecht*. Ich konzentrierte mich auf feministische Literatur, denn ich hatte ein massives Problem mit meiner Weiblichkeit. Wenigstens hatte ich auf diesen »Nebenkriegsschauplätzen« ein Aha-Erlebnis nach dem nächsten. In der *Geo Wissen*-Ausgabe »Frau und Mann« lernte ich im Jahr 2000, mit sechsundzwanzig Jahren, dass es Menschen gibt, die sowohl Männer als auch Frauen sind, sogenannte Intersexuelle.

»Das ist ja der Hammer! Wusstest du das?«, fragte ich Björn aufgeregt.

»Na klar, das sind Zwitter«, sagte er, der eine viel bessere Allgemeinbildung hatte als ich.

Das Wort »Zwitter« kannte ich nur als Schimpfwort, ohne die genaue Bedeutung zu kennen. Das in dem Magazin geschilderte Schicksal des amerikanischen Jungen David (Bruce) Reimer, der gegen seinen Willen als Brenda aufgezogen wurde und sich als Erwachsener das Leben nahm, erschütterte mich nachhaltig. Bis heute empfinde ich es als Skandal, dass intersexuelle Menschen diffamiert werden und sich dafür entscheiden müssen, ob sie als Mann oder als Frau registriert werden wollen, obwohl sie durch ihre Hormone, Geschlechtsorgane und Chromosomen eben beides sind. Meine damalige zentrale Frage aber war: »Was macht eigentlich eine Frau zu einer Frau?« Sie bekam durch die Existenz von Hermaphroditen eine ganz neue Dimension: Nur weil ein Mensch Brüste hat, muss er längst noch keine Frau sein. Es gab kein bestimmtes Mädchen- oder Frauenbild, wie mein Vater es mir immer suggeriert hat. So viele Facetten waren möglich. Was für andere selbstverständlich erscheinen mochte, für mich war es, als wäre ich vorher blind gewesen und konnte jetzt wieder sehen.

Ich abonnierte die *Emma*, nervte Björn mit Diskussionen über den Haushalt und konnte aus dem Stegreif Gesetze zitieren, darunter das, in dem erst 1997 eine Vergewaltigung in der Ehe unter Strafe gestellt wurde. Die Partnerschaft, die ich führte, war gleichberechtigt. Heiraten kam nicht infrage, und wenn doch, so nahm ich mir wenigstens vor, niemals meinen Namen abzulegen. Zugleich überlegte ich, mich politisch bei Terre des Femmes zu engagieren, um mich für die Menschenrechte der Frauen einzusetzen. All diese Aktionen hatten ebenfalls etwas Besessenes an sich, ähnlich wie mein Kontrollwahn.

Nach innen jedoch, gefühlsmäßig, war ich immer noch davon überzeugt, dass Frauen sich Männern unterzuordnen hatten. Deshalb war ich in Wahrheit immer nur so emanzipiert wie mein jeweiliger Freund. Björn war für die Gleichberechtigung, und deshalb lebten wir das beide auch. Das ging so weit, dass er vor einem Urlaub nach Schweden zu mir sagte: »Du willst doch immer gleich behandelt werden, dann kannst du deinen Koffer auch selbst tragen.« – »Da hast du vollkommen recht«, erwiderte ich und trug stolz wie eine Mutter, die zum ersten Mal ihr Baby zeigt, mein Gepäck zum Auto. In meiner Beziehung nach Björn hatte ich einen Freund, der im Herzen ein Pascha war. Auch ihm passte ich mich an – und verdrängte meine Vorstellungen von einem gleichberechtigten Leben in einer Partnerschaft. Diese innerliche Spaltung trage ich noch immer in mir, bin mir dessen aber wenigstens bewusst – und versuche dagegen anzusteuern.

Als Björn sich nach zehn Jahren von mir trennte, hatte ich mehr das Gefühl, statt meines Partners meine Familie zu verlieren. Trotzdem war ich in meiner Weiblichkeit gekränkt. Björn hatte sich neu verliebt, und es tat mir weh, dass er eine andere so viel besser fand als mich. Wieder war ich fest davon überzeugt, keine attraktive, charmante Frau zu sein. Wieder war ich unendlich einsam, wieder war da dieses Gefühl, völlig allein auf der Welt zu sein.

Ich litt furchtbar darunter, dass ich zu niemandem mehr gehörte. Der Kühlschrank war nur noch halb voll, die Wohnung, in der wir gemeinsam gelebt hatten und die ich behielt, verwaist. Vom Kopf her wusste ich, dass es richtig gewesen war, sich zu trennen. Schon seit Langem waren wir ein gutes Team – gute Freunde, ja (das sind wir heute noch), aber kein Paar. Zu einem großen Teil hatten meine Sorgen und Depressionen das Gute an unserer Beziehung aufgefressen. Björn hatte sehr viel Rücksicht auf mich genommen, allein dadurch, dass er meinen Mist zehn Jahre lang sehr loyal mitgetragen hatte. Er hatte mich, gerade wenn es um meinen Vater ging, sehr unterstützt, hatte mir mit Rat und Tat zur Seite gestanden. Wenn ich jammerte:»Es ist schon wieder ein Brief eingetroffen, alles, was sein Anwalt über mich schreibt, stimmt gar nicht«, tröstete er mich:»Kopf hoch, von dem lassen wir uns nicht unterkriegen.« Er war natürlich öfter genervt, weil sich in meinem Leben eine Baustelle nach der nächsten auftat. Doch es lag am Ende nicht an meinen Depressionen, dass wir uns trennten. Wir hatten unterschiedliche Bedürfnisse an eine Partnerschaft entwickelt und andere Vorstellungen vom Leben.

Trotzdem war die Trennung entsetzlich. Ich heulte ständig, für alle ersichtlich vor dem PC – inzwischen arbeitete ich als Journalistin – oder heimlich auf dem Klo. Ich fing an, ohne Pause Süßigkeiten zu essen. Nachts ging ich durch die leeren, dunklen Straßen zur Tankstelle und kaufte mir drei Mars, zwei Snickers und vier Bountys und verschlang sie, kaum dass ich durch die Tür raus war. Am meisten weinte ich um meinen Traum, mit Björn noch im Alter Händchen haltend spazieren zu gehen. Ebenso weinte ich um den Hund, den wir zusammen haben wollten. Es tat bitter weh, von dem Glauben an eine ein Leben lang andauernde Beziehung Abschied zu nehmen. Ich schrieb in mein Tagebuch:»Es ist so schrecklich, dass ich nicht mehr an seinem Leben als seine Freundin teilhaben werde. So viele Jahre wohnen wir schon zusammen. Immer ist da jemand, wir teilen den Raum, teilen Gedanken, Gefühle, Pläne und Träume. Nun wird er seine Zukunft ohne mich leben. Es tut so weh. Wie soll ich diese Schmerzen nur aushalten? Mir ist, als würde man mir ein Stück meines Herzens mit Gewalt herausreißen.«

Ein halbes Jahr war ich extrem einsam, unglücklich und traurig. Und als ich gerade anfing, mich zu berappeln, trat Philipp in mein Leben.

8 Harmoniesüchtig und perfektionistisch – Depressionen und der Faktor Frau

In den sechs Monaten, in denen ich solo war, las ich mehrere Bücher über Depressionen, ahnte ich doch, dass sie mich immer wieder einholen konnten. Meine Offenbarung war das Buch *WahnsinnsFrauen*, das Sibylle Duda und Luise F. Pusch herausgegeben hatten. Eine Freundin schenkte es mir zum Geburtstag, und ich erfuhr dadurch sehr viel über Frauen und psychische Erkrankungen. Besonders erstaunte mich folgende Tatsache: Offenbar gab es einen Zusammenhang zwischen einer Depression und dem Geschlecht. Dadurch sensibilisiert, suchte ich in meiner Buchhandlung nach weiterer Literatur zu diesem Thema. Einige Regalmeter waren mit populären Werken über Depressionen vollgestopft, aber entweder schrieben die Autoren, es gäbe keinen Unterschied zwischen Frauen und Männern, oder hoben nur hervor, dass die Krankheit bei Frauen im Vergleich zum männlichen Geschlecht doppelt so häufig vorkomme. Oft wurden mögliche Geschlechterunterschiede nicht einmal erwähnt. Doch als selbst Betroffene, als eine betroffene Frau gab ich mich damit nicht zufrieden. Ich fing an, mich der Fachliteratur zuzuwenden. In diesen Büchern entdeckte ich Kapitel, die sich mit Frauen und Depressionen beschäftigten. Manche ließen sich nur über Menstruation, Geburt und Wechseljahre aus, andere hoben weitere Unterschiede hervor. Sogar ganze Werke über Frauen und psychische Erkrankungen konnte ich finden – nur waren sie in den wenigsten Fällen leicht zu verstehen.

Nach dieser Feststellung recherchierte ich, wer eine Koryphäe auf dem Gebiet Frauen und Depressionen ist, und immer wieder nannte man mir den Namen von Professor Heinz Böker. Auf dem Foto im Internet sah ich einen freundlichen Herrn mit grauem Spitzbart und runder Brille. Unter seinem Lebenslauf stand auch die Adresse, wo er zurzeit tätig war: an der Psychiatrischen Universitätsklinik Zürich. Dort rief ich an, und nachdem ich mit Professor Heinz Böker verbunden war und mich vorgestellt hatte, fragte ich ihn:

»Warum tragen Frauen im Vergleich zu Männern weltweit ein doppelt so häufiges Risiko, an einer klinisch bedeutsamen Depression zu erkranken?«

»Die Frage ist einfach, die Antwort komplex«, antwortete Professor Böker. »Letztlich wissen wir es nicht. Es gibt plausible Erklärungen, Faktoren, Belege, Studien, das schon. Aber die eine, ganz genaue Antwort auf diese Frage haben wir nicht.«

Von dem, was er sagte, war ich überrascht. In den Büchern, die ich gelesen hatte, klang das alles viel konkreter. Deshalb hakte ich nach: »Sie sind also sicher, dass es Unterschiede bei den Geschlechtern gibt, können aber nicht genau sagen, welche?«

Nun bekam ich eine differenzierte Antwort: »Doch, nur existiert eben nicht das einzige, alleinige Merkmal, das für alle depressiven Frauen gilt. So einfach lässt sich die Krankheit nicht entschlüsseln.«

Ich überlegte laut weiter: »Wenn man den genauen Grund aber nicht kennt, warum sollten sich Patientinnen, Ärzte und Therapeuten dann überhaupt mit dem ›kleinen Unterschied‹ beschäftigen?«

Professor Böker sagte: »Depressionen sind Krankheiten mit einem sehr individuellen Verlauf, bei vielen können sie chronisch werden. Dem gilt es vorzubeugen beziehungsweise eine bereits bestehende Depression richtig zu behandeln. Und da gehört die Beachtung des Geschlechterunterschieds dazu.«

Frauen sind vor allem, wie ich nun erfahre, anfällig für eine Depression zwischen ihren Jugend- und den Wechseljahren. In diesem Zeitraum erleben sie vielfältige Belastungen, welche die Wahrscheinlichkeit, an einer Depression zu erkranken, erhöhen können. Das beginnt mit Gewalt oder sexuellem Missbrauch in der Kindheit, schließt Schwangerschaften ein, Mehrfachbelastungen durch Kinder und Beruf und endet bei den Wechseljahren. Auch ist in dieser Zeit die Möglichkeit am größten, sexueller (ehelicher) Gewalt und anderer häuslicher Enttäuschung ausgesetzt zu sein sowie eine finanzielle Benachteiligung zu erleben.

Frauen und Depressionen – der kleine Unterschied

Liest man die verschiedensten Publikationen, die sich mit dem Thema »Frauen und Depressionen« beschäftigen, lassen sich folgende Erkenntnisse zusammentragen:

- Frauen werden doppelt so häufig klinisch bedeutsam depressiv wie Männer – diese werden dagegen überproportional häufig kriminell.
- Vor der Pubertät und nach den Wechseljahren sind die Geschlechterunterschiede in Bezug auf Depressionen geringer oder gar nicht vorhanden.
- Bei Frauen verläuft eine Depression häufig länger als bei Männern.
- Mehr Frauen als Männer sind chronisch depressiv.
- Frauen nehmen doppelt so häufig Medikamente ein.
- Frauen neigen doppelt so häufig zur Selbstmedikation, zu einer Eigenbehandlung mit Arzneimitteln.
- Suizidversuche sind häufiger bei Frauen als bei Männern, aber dreimal mehr Männer als Frauen bringen sich tatsächlich um.
- Frauen leiden häufiger an Essstörungen.
- Frauen leiden vermehrt an Angsterkrankungen.
- Männer sind deutlich häufiger alkohol- und drogenabhängig als Frauen und maskieren damit eine Depression.
- Männer leiden häufiger unter einer dissozialen, einer narzisstischen oder einer zwanghaften Persönlichkeitsstörung, Frauen an einer Borderline-Störung (siehe Seite 274 ff.).

- Frauen erzählen mehr von psychischen Problemen, sie nehmen sie besser wahr und nehmen häufiger therapeutische Hilfe in Anspruch.
- Bei identischen Symptomen diagnostizieren Ärzte bei Frauen schneller eine Depression als bei Männern.
- Frauen gehen bei Befindlichkeitsstörungen häufiger zum Arzt.
- Bei Männern können Rückenschmerzen ein Hinweis auf Depressionen sein. Wegen anhaltender Traurigkeit gehen sie nicht zum Arzt, wohl aber wegen anhaltender Rückenschmerzen.
- Frauen übernehmen in der Depression eher eine passive Rolle, Männer zeigen ihre Depression eher aggressiv.

Was die wichtigsten Ursachen für die Krankheit Depression betrifft, sind auch bei den Frauen zuerst die psychologischen und sozialen Faktoren zu nennen, danach folgen die eigene Persönlichkeit und biologische Faktoren. Sie alle stehen in Wechselwirkung miteinander:

Psychologische Einflüsse

Eine Scheidung oder ein Todesfall sind typische Auslöser für eine Depression bei Frauen – insgesamt trifft dies auf 75 Prozent der als depressiv diagnostizierten Patienten zu, so Professor Böker. Bei beiden Ereignissen, das ist auffällig, entwickelt sich überzufällig häufig nach vier Wochen eine erste Depression. Bleibt das Leben weiterhin belastend, nimmt die Aussicht zu, erneut depressiv zu werden. »Frauen, die arbeitslos sind, tragen das vierfache Risiko, zu erkranken. Wird eine Frau überfallen oder vergewaltigt, erhöht sich das Risiko, innerhalb der nächsten vier Wochen an einer Depression zu leiden, um das Zwanzigfache.«

Soziale Hintergründe

Bei depressiven Frauen hat sich gezeigt, dass viele von ihnen noch immer den Männern untergeordnet sind, sie sich in einer Situation befinden, in der sie nicht frei über ihr Leben bestimmen können. Mädchen lernen weiterhin häufiger als Jungen, sich anzupassen und die Bedürfnisse anderer über die eigenen zu stellen – dieses Denken setzt sich im Erwachsenenleben fort. Da greifen die Muster klassischer Geschlechter-Stereotype ebenso, nach denen Frauen abhängig, passiv und wenig aggressiv sein sollen. Frauen haben auch das Problem, dass sie meist viele verschiedene Rollen ausüben müssen, zugleich Mutter, Ehefrau, Schwiegertochter, Freundin, Berufstätige, Köchin, Buchhalterin und Haushälterin sein müssen. Darüber hinaus sind sie in der Familie diejenigen, die für die Beziehungen und die Pflege von Angehörigen verantwortlich sind. Sie sind deshalb häufig schnell überlastet. Frauen werden auch öfter Opfer von sexuellem und psychischem Missbrauch. Außerdem erhalten sie in der Gesellschaft immer noch weniger Anerkennung als Männer und haben nicht selten einen geringeren beruflichen Status. Sie leben öfter unter der Armutsgrenze als das andere Geschlecht, besonders betrifft das alleinerziehende Mütter. All dies sind Stressfaktoren, die zur Entwicklung einer Depression führen können – aber nicht müssen.

Auch kulturelle Einflüsse können sich auswirken. Bei uns nehmen beispielsweise männliche Ärzte Depressionen bei Männern eher nicht wahr. Da in Industriegesellschaften wie der unsrigen der Leistungsgedanke sehr verbreitet ist, ist es für Männer schwierig, sich schwach und depressiv zu zeigen. Anders bei Frauen, was auch erklärt, warum sie sich bei Symptomen wie Niedergeschlagenheit und Traurigkeit deutlich häufiger als Männer in ärztliche Behandlung begeben. Ein großer Nachteil für depressive Frauen besteht darin, dass sie weit weniger umsorgt werden als Männer, wenn sie krank sind. Mit den Geschlechter-Stereotypen sind auch bestimmte emotionale Fähigkeiten verknüpft. Depressive Männer profitieren sehr von dem sorgenden, kümmernden und schützenden Verhalten von Frauen. Auf ihre kranke Frau reagieren viele Männer dagegen sehr hilflos.

Weibliche Persönlichkeit

Bestimmte Persönlichkeitsmuster gehen überdurchschnittlich häufig mit einer Depression einher. Meist sind es Frauen, die ängstlich sind, abhängig (in der Partnerschaft oder im Beruf), sich selbst wenig wertschätzen und grundsätzlich auf die Bedürfnisse anderer achten. In Konflikten entwickeln Frauen tendenziell Schuldgefühle und kreisen um das Problem, während Männer mehr zu Wut neigen und Probleme eher verdrängen. In Beziehungen reagieren diese Frauen überempfindlich auf Zurückweisungen. Sie sind außerdem sehr pflichtbewusst, der »Typus melancholicus« fragt sich stets, was von ihm erwartet wird. Vertreterinnen dieser Persönlichkeitsstruktur reagieren mehr, als dass sie agieren.[19]

Gerade die heute über sechzigjährigen Frauen sind davon betroffen. Sie haben sich in ihrem Leben noch vornehmlich um den Haushalt, die Kinder, den Mann und um soziales Engagement gekümmert. Deshalb sind sie in der Regel finanziell schlechter gestellt als gleichaltrige Männer, weil diese Dienste nicht auf die Rente angerechnet werden. Sind die Kinder einmal erwachsen, übernehmen die Frauen häufig noch die Pflege von älteren Familienangehörigen. Bestimmte untypische Depressionssymptome finden sich bei ihnen vermehrt, wie etwa eine übermäßige Müdigkeit oder eine plötzliche Appetitsteigerung mit Gewichtszunahme. Auch leiden sie oftmals unter Angstzuständen und haben körperliche Beschwerden wie Atmungs- oder Herzprobleme, Rückenschmerzen oder Magen-Darm-Erkrankungen. Viele Frauen bekommen auch Migräne, diese schweren Kopfschmerzen treten bei Depressionen häufig auf.

Biologische Aspekte

Experten sprechen bei Frauen von einer »erhöhten Verletzlichkeit«, wenn genetische Komponenten ursächlich eine Depression auslösen, wobei nicht bewiesen ist, dass sie mit den beiden weiblichen X-Chromosomen zusammenhängt, so Professor Böker. Auslöser für Depressionen können aber auch weibliche Hormone sein: Da sich die Geschlechterunterschiede erst während der Pubertät deutlich zeigen, nimmt man an, dass Depressionen mit den Hormonen Östrogen und Progesteron zusammenhängen, die wiederum die Neurotransmitter im Gehirn – Noradrenalin, Serotonin und Dopamin – beeinflussen. Eine Erklärung aus der jüngsten Genforschung besagt, dass bestimmte Veränderungen bei den Rezeptoren, also den Stellen, an die sich ein Neurotransmitter bindet, um seine Wirksamkeit auszuüben, eine Rolle spielen. Außerdem sprechen einige Studienergebnisse dafür, dass Frauen, bei denen das Serotonin-Transport-Gen zu kurz ist, häufiger Depressionen haben als Frauen, bei denen das nicht der Fall ist; und sie verarbeiten diese auch schlechter. Frauen, die diese sogenannten Polymorphismen aufweisen, also Genvarianten, sollen grundsätzlich anfälliger für Depressionen und Ängste sein.[20] Allerdings werden die Zusammenhänge durch neuere Studien wieder infrage gestellt.[21] Die Diskussion über den Einfluss des Serotonin-Transport-Gens ist daher noch nicht abgeschlossen.

Menstruation und Depression

Zwischen 70 und 80 Prozent aller Frauen im gebärfähigen Alter spüren in der zweiten Zyklushälfte und besonders in der Woche vor der Menstruation seelische und/oder körperliche Veränderungen. Viele haben Beschwerden. Das können Bauchschmerzen sein, aber genauso Stimmungsschwankungen oder eine größere Reizbarkeit. Manche lagern im Körper Wasser ein, was sich auf der Waage mit einem oder zwei Kilo mehr bemerkbar macht, andere haben Spannungsgefühle in den Brüsten. Einige Frauen weisen mehrere Symptome auf. Prämenstruelle Verschlechterungen sind außerdem bei bereits bestehenden Krankheiten typisch, dazu zählen Ängste, Depressionen, Asthma, Epilepsie, Migräne oder Multiple Sklerose. Diese »Nebenwirkungen« können auch während der Zeit des Eisprungs auftreten. Die Periode kann also deutliche Auswirkungen haben, wobei menstruelle Beschwerden zwar oft unangenehm sind, aber an sich erst einmal keine Krankheit darstellen.

Es gibt aber eine psychische Erkrankung, die mit der Monatsblutung gekoppelt ist, die sogenannte Prämenstruelle Dysphorische Störung (PMDS; dysphorisch bedeutet: bedrückt, traurig, missmutig). PMDS ist keine Unterform der klassischen Depression, sondern ein eigenes Syndrom, welches unmittelbar mit der Menstruation zusammenhängt. Etwa drei bis acht Prozent aller Frauen im gebärfähigen Alter leiden daran, das belegen Studien.[22] Es liegt nahe, die Hormone dafür verantwortlich zu machen, doch Untersuchungen haben gezeigt, dass diese nicht die alleinigen Verursacher für PMDS sind. Ein weiterer Faktor ist eine gewisse Empfindlichkeit in Bezug auf die stimmungsverändernden Effekte von bestimmten Steroiden (zu den körpereigenen Steroiden zählt zum Beispiel das Cholesterin). Auch die Neurotransmitter Serotonin und GABA (Gamma-Amino-Buttersäure – dieser Botenstoff im Gehirn beruhigt erregte Nervenzellen) spielen eine Rolle. Wie immer ist weiterhin die Psyche ein beeinflussender Faktor. Als Hauptursache wird jedoch eine deutliche Empfindlichkeit für affektive Störungen – also klinisch bedeutsame Veränderungen der Stimmung – angegeben.[23] Untersuchungen von betroffenen Frauen haben gezeigt, dass PMDS durch eine Geburt ausgelöst werden kann.[24] Ist eine solche gegeben, kann sie – und das ist wichtig für die Niedergeschlagenheit von Frauen – eine frühere Depression verschlimmern.

Oft ist es so, dass es bei diagnostizierten Depressionen bereits Symptome einer affektiven Störung gab, also einen angegriffenen Gemütszustand. Ein Auslöser für PMDS kann auch das Absetzen der Pille sein.

Die Kernsymptome einer Prämenstruellen Dysphorischen Störung sind auf der einen Seite die üblichen Merkmale der klassischen Depression:

• Niedergeschlagenheit
• Mangelndes Interesse
• Hoffnungslosigkeit
• Schlafstörungen

Dazu kommen spezifische Symptome für die PMDS hinzu:

• Deutlich depressive Stimmung inklusive Hoffnungslosigkeit
• Ausgeprägte Reizbarkeit bis hin zur Wut
• Ängstlichkeit gepaart mit Anspannung
• Heftige Stimmungsschwankungen sowie eine größere Empfindlichkeit
• Das Gefühl (oder die tatsächliche Erfahrung) des Kontrollverlusts
• Deutlicher Energieverlust
• Körperliche Symptome wie Kopfschmerzen, Spannungsgefühl in den Brüsten, Muskelschmerzen, Wassereinlagerung oder Gewichtszunahme

Mindestens fünf dieser Symptome müssen während der meisten Menstruationszyklen der letzten Jahre vorgekommen sein, mindestens eines der vier Kernsymptome, um von einer Prämenstruellen Dysphorischen Störung sprechen zu können. Betroffene Frauen leiden sehr stark unter dieser Störung, auch weil sie ins soziale Umfeld eingreift: Vor allem die erhöhte Reizbarkeit zieht Konflikte in der Familie und im Beruf nach sich. Um festzustellen, ob es sich tatsächlich um PMDS handelt und nicht um eine klassische Depression, müssen Frauen ein Zyklustagebuch führen. Wichtig ist dabei, das Einsetzen und Abnehmen der Symptome festzuhalten. Bei manchen Frauen beginnen die Symptome bereits bei der ersten Regelblutung, allerdings kommen die meisten Frauen erst ab dem dreißigsten Lebensjahr in Behandlung. Es wird vermutet, dass sich die Störung bei zunehmenden Belastungen verstärkt.

Die Störung PMDS ist im Klassifikationssystem DSM-IV unter den gynäkologischen, nicht unter den psychischen Störungen angesiedelt. Für betroffene Frauen kann es entlastend sein, zu wissen, dass es sich bei PMDS um eine biologisch verursachte Störung und nicht um Einbildung oder Hysterie handelt – und dass unter dieser Störung außerdem viele Frauen leiden. Studien haben belegt, dass gegen PMDS Antidepressiva, besonders die Serotonin-Wiederaufnahmehemmer (SSRI; siehe Seite 120) wirken.[25] Manche Frauen müssen SSRI den ganzen Monat nehmen, bei anderen reichen ein paar Tage während der zweiten Zyklushälfte. Außerdem kann eine Behandlung mit Hormonen erwogen werden. Die Pille schwächt bei vielen Frauen die Symptome ab, eine weitere, aber nicht so erfolgreiche Methode ist es, eine bestimmte Pille über vier bis sechs Monate zu nehmen, ohne Pause, sodass erst gar keine Regelblutung auftritt. Die am meisten einschneidende Therapie ist jene, bei der Frauen künstlich in die Wechseljahre versetzt werden. Dieses Vorgehen kann deutliche Nachteile haben, nämlich die ausgeprägten Beschwerden des Klimakteriums plus ein erhöhtes Risiko für Osteoporose.

Neben Antidepressiva und Hormonen ist Psychotherapie (siehe Seite 137 ff.) eine weitere Behandlungsmöglichkeit. Studien zeigen die positive Wirkung von Verhaltenstherapie, die anfangs auch gleichzeitig mit der Gabe von Antidepressiva begonnen werden kann.[26] Es geht vor allem darum, zu lernen, mit den Begleiterscheinungen des PMDS, wie beispielsweise der Wut, besser umgehen zu können.

Schwangerschaft, Geburt und Depression

Das Phänomen hat viele Namen: perinatale (während der Geburt), postnatale (nach der Geburt) oder Wochenbett-Depression. Zehn bis zwölf Prozent aller in Deutschland gebärenden Frauen leiden daran, das ist eine hohe Zahl. Interessanterweise entstehen Depressionen während oder nach der Geburt *nicht* allein wegen der Hormonumstellung, sie werden auch durch die Geburt selbst ausgelöst. Die Gründe sind unterschiedlich, am schwersten wiegen psychosoziale Belastungen. Der größte Risikofaktor für eine postnatale Depression ist, wenn die Frau vor der Geburt schon einmal depressiv war oder unter Ängsten litt. Zu den Risikogruppen gehören außerdem:

- Jugendliche Mütter
- Frauen mit einer psychischen Vorbelastung
- Frauen mit sozialen Vorbelastungen (alleinerziehend und/oder arm)
- Frauen, die sich während der Schwangerschaft von ihrem Partner getrennt haben
- Frauen, die schon vorher während der Menstruation unter deutlichen Stimmungsschwankungen (PMS) gelitten haben
- Frauen, die eine Schilddrüsenhormonstörung haben

40 bis 50 Prozent, also gut die Hälfte der Frauen, leiden nach der Geburt unter dem Babyblues, auch Heultage oder postnatales Stimmungstief genannt. Das klingt normalerweise spätestens nach zwei Wochen ab, kann aber auch bis zu sechs Monate andauern.

Dabei kann es sich um ein leichtes Stimmungstief handeln, aber ebenso um eine Depression.

Es gibt noch eine zweite Form der postnatalen Depression, sie tritt vielfach im ersten Lebensjahr des Kindes auf. Oft wird sie nicht erkannt, weil die ersten Monate mit dem Baby ohnehin stressig sind und die Mütter sich angestrengt und erschöpft fühlen. Eine Geburt ist eine große Lebensumstellung und eine enorme körperliche Belastung. Es ist nichts Ungewöhnliches, sich zeitweise überfordert zu fühlen. Um aber die »normale« Anstrengung und Erschöpfung von einer Depression zu unterscheiden, sind zwei Symptome entscheidend. Wird die Frau nachts von Ängsten und einem Zwang zum Grübeln wachgehalten und nicht vom Stillen des Babys, so ist das ein Hinweis. Ein zweiter, wenn sie sich überhaupt nicht über ihr Kind freuen kann. Es kann nämlich sein, dass das Wickelkind vollkommen pflegeleicht ist, sich die Mutter aber trotzdem aufgerieben und mies fühlt. Die negativen Gefühle der Depression haben mit dem Kind nichts zu tun, der Säugling wird genauso in die Depression hineingezogen wie alle anderen sie umgebenden Menschen.

Mütter, die ihren Säugling nicht stolz jedem herzeigen mögen, die spüren, dass sie ihr Kind nicht wirklich lieben, plagen oft große Schuldgefühle. Es fällt ihnen sehr schwer, sich das überhaupt einzugestehen. Dabei ist Mutterliebe ein Gefühl wie jedes andere auch, Schwankungen gehören dazu. Manche Mütter, oft gefühlsmäßig selbst sehr bedürftig, sind zum Beispiel – heimlich – von ihrem Kind enttäuscht, weil es nicht die emotionalen Wünsche erfüllt, wie sie es sich vorgestellt hatten. Doch wenn eine Frau über Wochen und Monate überhaupt gar keine Freude an ihrem Baby hat, keine Liebe empfindet, ist das ein Zeichen für eine postnatale Depression. Es ist dann wichtig, sich zuzugestehen, dass so etwas vorkommen kann – und die Mutter ist auch hier nicht schuld.

Normalerweise sorgt das Hormon Oxytocin dafür, dass Mütter ihre Kinder lieben; es wird vermehrt beim Geburtsprozess und beim Stillen im Körper produziert. Ist die Ausschüttung des »Liebeshormons« gestört, kann auch dadurch eine Depression ausgelöst werden. Wichtig ist zu wissen, dass Frauen, bei denen das der Fall ist, Antidepressiva nehmen können, wenn sie stillen! Natürlich müssen die Betroffenen sehr genau untersucht und beobachtet, muss jegliches Risiko abgewogen werden.

Grundsätzlich sollte man bei einer postnatalen Depression zum Arzt oder zum Psychotherapeuten gehen. Zwar kann eine solche auch spontan wieder abklingen, doch 50 Prozent der Frauen leiden nach der nächsten Geburt wieder daran. Außerdem wirkt sich die Depression der Mutter nachweislich negativ auf das Kind aus.[27] Man merkt das den Kindern zuerst nicht unbedingt an, sie sind normalerweise sehr passiv, zurückgenommen und pflegeleicht. Aber weil sie weniger Ansprache bekommen als Kinder von nicht-depressiven Müttern, reagieren sie darauf, indem sie weniger die Welt erkunden. Langfristig können diese Kinder Verhaltensauffälligkeiten und Verzögerungen in ihrer geistigen Leistungsfähigkeit aufweisen.[28]

Alarmsignale sind massive Schlafstörungen, die die Mütter morgens mit dem Gefühl aufwachen lassen: »O Gott, ich schaffe den Tag mit dem Kind nicht.« Oder sie machen sich dauerhaft Sorgen, grübeln ständig. Auch wer sehr zwanghaft reagiert, zum Beispiel übertrieben hygienisch ist, sollte professionelle Hilfe suchen. Wer gar den inneren Drang verspürt, dem Kind etwas antun zu wollen, sollte dringend zum Psychotherapeuten gehen. Meist reicht deren Hilfe; Medikamente können ergänzend oder bei sehr schweren Depressionen genommen werden (sie schaden dem Kind in der Regel nicht).

Depressive Frauen und die Wechseljahre

Die Phase vor, während und nach der Menopause bedeutet eine Umbruchsituation im Leben einer Frau – meist vollzieht sich ein Rollenwechsel, verbunden mit dem Wissen, keine Kinder mehr bekommen zu können. Oberflächlich betrachtet liegt es also nahe, zu glauben, dass Depressionen in diesen Jahren gehäuft auftreten. Das ist allerdings nicht der Fall. (An Depressionen erkranken Männer wie Frauen ja verstärkt im Alter von fünfundzwanzig bis fünfundvierzig Jahren.) Tatsache ist jedoch, dass die Wechseljahre, die meist zwischen dem fünfundvierzigsten und dem fünfundfünfzigsten Lebensjahr einsetzen, körperliche Veränderungen mit sich bringen. Die Funktion der Eierstöcke lässt nach, und bei zwei Drittel der Frauen, insbesondere in den westlichen Industrienationen, stellt sich ein typisches Beschwerdebild ein, mit Hitzewallungen, Gewichtszunahme, Schweißausbrüchen, Schlafstörungen, Schwindelgefühlen, Konzentrationsschwäche, Gelenk- und Kopfschmerzen, Herzklopfen, depressiven Verstimmungen sowie einer größeren Reizbarkeit. Außerdem kommt es häufig zu Veränderungen des Sexuallebens.

Ein solcher Umbruch belastet die Seele, denn neben dem Verlust der Fruchtbarkeit besteht auch oft die Furcht, nicht mehr attraktiv zu sein. Sich gegen all das zu stemmen, kann sehr anstrengend sein. Die Menopause gilt als Abschied von der Jugend – die beste Zeit im Leben, so heißt es oft, sei nun vorbei. Vielleicht wurden wichtige Ziele nicht erreicht. Außerdem naht nun das Alter mit seinen Krankheiten und der sozialen Einsamkeit, dem drohenden Tod von Angehörigen.

Die Menopause ist offenbar auch ein Lebensabschnitt, der wenig weibliche Rollenmuster zur Identifikation bietet: Um Großmutter zu sein, fühlen sich die betroffenen Frauen noch zu jung, und sie spüren, dass sie sich mit Mutterschaft und/oder ihrem guten Aussehen ihren Platz in der Gesellschaft erobert haben, jedenfalls eher als mit einer individuellen Selbstverwirklichung.

Entwickelt sich dann doch eine Depression, kann man sie nicht einfach nur einer hormonellen Veränderung zuschreiben. Werden Frauen während der Menopause depressiv, dann vorwiegend, weil bestimmte Risiken vorliegen, wie beispielsweise eine schon vorher bestehende psychische Erkrankung. Weitere Risikofaktoren sind eine familiäre Vorbelastung für Depressionen oder Ängste, ein niedriger sozialer Status oder ein schlechter gesundheitlicher Allgemeinzustand.

Bei der Behandlung einer Depression während der Wechseljahre sind Hormone nicht mehr die erste Wahl, sondern Antidepressiva (siehe Seite 116 ff.) und Psychotherapie. Ob Hormone, die vor allem gegen Hitzewallungen wirken, dennoch gegeben werden sollen, muss angesichts eines individuellen Nutzen-Risiko-Profils abgestimmt werden; grundsätzlich wird aber von einer solchen Therapie abgeraten. Generell ist eine Hormonersatztherapie nämlich umstritten, weil sie das Brustkrebsrisiko in den Wechseljahren erhöht.

9   Bitte, liebe mich –
das letzte halbe Jahr vor dem stationären Aufenthalt

Philipp lernte ich im Sommer 2004 kennen, ein halbes Jahr nach der Trennung von Björn. Eine gemeinsame Freundin hatte uns regelrecht verkuppelt: Sie lud uns zu einem Abendessen in ihre Eppendorfer Wohnung ein, zusammen mit zwei Paaren. Die Tafel war weiß gedeckt, das Besteck aus Silber, cremefarbene Rosen standen auf dem Tisch, Kerzen – es hätte kitschig sein können, doch für unser erstes Treffen war es perfekt. Es gab Feldsalat, Lasagne und zum Dessert Mousse au Chocolat. Philipp und ich kamen schnell ins Gespräch, wir entdeckten eine gemeinsame Leidenschaft, das Tanzen. Er wollte immer so viel können wie Michael Jackson, ich wie Jennifer Lopez. Damals war ich dreißig und hatte mein Studium vor der Magisterprüfung abgebrochen, weil ich einen der raren Volontariatsplätze bei einem Hamburger Verlag bekommen hatte. Ich steckte mitten in der zweijährigen Journalistenausbildung, und wenn ich auch privat unglücklich war, so lief beruflich alles bestens. Endlich konnte ich tun, was ich immer machen wollte: schreiben und recherchieren. Meine Arbeit war abwechslungsreich und spannend, und nun tauchte auch noch Philipp auf. Anfangs erschien er mir wie ein wahr gewordener Traum. Er war lustig und dynamisch, das mochte ich sofort. Außerdem sah Philipp für meinen Geschmack sehr gut aus. Mit seinen drei Millimeter kurzen Haaren und den leuchtend blaugrünen Augen unter dunklen Brauen erinnerte er mich an den amerikanischen Surfer Kelly Slater.

Bei unserem ersten Date stellten wir noch mehr Gemeinsamkeiten fest.

»Meine Ex und ich haben uns vor drei Monaten getrennt«, erzählte Philipp. »Wir waren zehn Jahre zusammen; ich muss erst wieder üben, Single zu sein.«

»Das kann ich gut verstehen«, erwiderte ich. »Bei mir waren es auch zehn Jahre, und obwohl die Trennung schon sechs Monate her ist, fühlt es sich immer noch merkwürdig an.«

Heute weiß ich, dass die Ähnlichkeiten äußerliche Faktoren waren. Statt auf das Verbindende zu schauen – die jeweils zehn Jahre mit dem vorherigen Partner –, hätte es mir ein Warnzeichen sein sollen, dass Philipp mit seiner früheren Freundin in Hass und Hader auseinandergegangen war, ganz anders als Björn und ich. Aber es schien alles so gut zu passen: Auch Philipp hatte keinen Kontakt mehr zu seinem strengen Vater, auch seine Mutter war früh gestorben; er hatte ebenfalls eine traurige Kindheit gehabt. Heute würde ich bei einer solchen Biografie eher die Flucht ergreifen: Zwei Menschen mit einem Trauma haben es meiner heutigen Erfahrung nach viel schwerer, eine gesunde Beziehung zu führen. Damals jedoch dachte ich, einen Seelenverwandten gefunden zu haben. Relativ schnell erzählte ich ihm, dass ich eine Therapie machen würde und ab und an Depressionen hätte. Philipp meinte, damit käme er klar. Er selbst hätte immer wieder Anfälle von Melancholie. Was konnte mir Besseres passieren?

Seine Fürsorge liebte ich am meisten an ihm. Er pflegte mich liebevoll, wenn ich krank war. Mit frisch ausgepresstem Orangensaft, einem Erkältungsbad, einer Fußmassage und einer heißen Suppe. Björn hätte das nie getan. Philipp und Björn waren so unterschiedlich wie Tag und Nacht. Für beide hatten die Buchstaben »WO« eine wichtige Bedeutung. In Björns Welt war das die Abkürzung für »Wachoffizier« – die Männer in seiner Familie waren alle bei der Marine gewesen. In Philipps Welt stand »WO« für das Weihnachts-Oratorium von Bach.

Und weil Philipp in so vielem das genaue Gegenteil von Björn war, dachte ich, ich hätte nun endlich den Mann meines Lebens gefunden. Björn hatte ich für seine großartigen Eigenschaften geliebt – er war zuverlässig, treu, ehrlich, pflichtbewusst und loyal. Doch ich dürstete danach, dass sich jemand intensiv um mich kümmerte. Damals hätte ich das nicht so formulieren können. Ich merkte nur, dass ich durch Philipps Fürsorge aufblühte wie eine Rose an ihrem schönsten Tag.

Am Anfang war ich restlos von ihm fasziniert. Was mich außerdem ungemein anzog, war, dass er in einem bildungsbürgerlichen Haushalt groß geworden war. Sein Vater ging schon früh mit ihm in die Oper und ins Ballett.

»Als ich das erste Mal Mozarts *Zauberflöte* sah, war ich so begeistert, dass ich meinen Vater überreden konnte, mir gleich am nächsten Tag eine Aufnahme von dieser Oper zu kaufen«, erzählte er mir.

»Und dann wolltest du zum Kinderballett?«, fragte ich ihn herausfordernd.

Er grinste. »Das dann doch nicht. Aber zum Tanzkurs wurde ich schon mit zwölf angemeldet.« Mit fünfundzwanzig hatte er das Deutsche Tanzabzeichen in Gold.

Mit seinen Interessen und seiner Bildung konnte er mich leicht beeindrucken. Männer mit teuren Autos interessierten mich nicht – das kannte ich von meinem Vater her, und mit ihm hatte ich ja einschlägige Erfahrungen gemacht. Doch Philipps Wissen imponierte mir. Dabei war das Bild, das ich von ihm hatte, ziemlich verzerrt. Wenn er auch auf hohem Niveau Geige spielen konnte, so war er längst Teil einer karriereorientierten Businesswelt geworden: Er arbeitete im Vertrieb eines großen Konzerns. Da tummelten sich viele Poser, die nichts anderes im Kopf hatten als »mein Haus, mein Auto, meine Jacht« – ähnlich wie mein Vater.

Zu Beginn unserer Beziehung war ich aber viel zu verliebt, um genauer hinzuschauen. Ich war verrückt nach seinem Charme, seiner lebendigen Ausstrahlung, dem unglaublichen Sex, den wir hatten. Ich, die immer unsicher mit ihrem Körper war, genoss die Begierde, und er konnte monatelang nicht genug von mir bekommen. Es war wie im Film. Nie wieder in meinem Leben bin ich so oft von Fremden angelächelt worden wie in dieser Zeit, mein Glück schien andere förmlich anzustecken – ich fühlte mich wie von glitzerndem Zauberstaub umgeben, funkelnd und strahlend. Es war, als wäre ich Sterntaler. Aber das Schweben auf Wolke sieben hielt nicht lange an.

»Du bist ein Workaholic«, brüllte ich eines Tages, als er wieder mal um 23 Uhr von der Arbeit kam. Das Essen stand seit 20 Uhr auf dem Tisch. »Ich bin nicht bereit, ein Leben wie der Mann von Angela Merkel zu führen.«

»Heide, du spinnst doch total«, erwiderte er aufgebracht. »Klar arbeite ich viel, aber mir ist meine Freizeit genauso wichtig.«

»Aber ich bin dir nicht wichtig, die Arbeit ist dir viel wichtiger als ich.«

»Das ist doch Quatsch. Mir ist beides gleich wichtig.«

Wenn ich mich heute frage, wieso wir uns nach den ersten hinreißenden Monaten fast bis aufs Messer stritten, glaube ich, dass es an zwei Gründen lag. Zum einen an meiner Unsicherheit. Als Philipp noch nicht mit anderen Frauen flirtete und sich nicht überall Bestätigung holte, sondern mich allein mit seiner Aufmerksamkeit überschüttete, waren trotzdem immer Zweifel in mir geblieben. Von Anfang an dachte ich, dieser tolle Mann würde irgendwann herausfinden, dass ich längst nicht so supertoll sei, wie er womöglich dachte. Ihn hatte ich auf einen Sockel gehoben – und wand mich gleichzeitig im Staub vor ihm. Ich bewunderte ihn und machte mich zugleich klein. So bemerkte ich überhaupt nicht, dass er durchaus auch seine Unsicherheiten hatte. Er war zwar ein interessanter Mann, aber im Innern nicht minder ein verletzter, geschundener, unreifer Junge. Vor allem war mir nicht klar, dass ich ebenso interessant, charmant und liebenswert war wie er. Philipp fand ich rundum großartig, aber alles an mir beurteilte ich als negativ: Ich war nicht wertvoll, nicht spannend, nicht gut aussehend, nicht lustig, nicht intelligent, nicht besonders. Obwohl er mich mit Komplimenten überhäufte: »Du siehst so hübsch aus, meine Maus« oder »Du hast so einen schönen Körper«, so antwortete ich ihm immer: »Danke, du bist echt lieb, aber ich muss wirklich noch drei Kilo abnehmen.« Wenn ich mir jetzt Fotos aus dieser Zeit ansehe, könnte ich heulen. Heute finde ich mich auf ihnen anziehend und auch sehr schlank. Ich hätte leicht mit mir zufrieden sein können.

Der zweite Grund liegt in den schon erwähnten mangelnden Gemeinsamkeiten. Wir waren uns zwar in unseren Gefühlen sehr ähnlich, aber in grundsätzlichen Fragen doch sehr verschieden. Philipp wollte Kinder, ich einen Hund; Philipp fand seine Siebzig-Stunden-Wochen im Job okay, während ich sie hasste; er ließ Freundinnen auf seinem Schoß kuscheln und machte tausend andere Dinge, die ich furchtbar fand.

Am auffälligsten war, dass ich in der Beziehung zu Björn eine ganz andere war als in der zu Philipp. Nie zuvor hatte ich mich so oft, so heftig und so lange mit jemandem gestritten wie mit meinem neuen Freund. Nie war ich vorher so eifersüchtig, so unsicher und so klammernd gewesen – und auch nicht so rasend wütend, so scharf, so verletzend und so gemein. Wir stritten, weil ich einerseits mit aller Macht versuchte, mich zu verbiegen, und es andererseits nicht konnte. Bereits in früheren Beziehungen hatte ich das getan, doch bei Philipp sprengte es jedes Maß. Wann immer er wollte, schlief ich mit ihm, ob ich nun Lust hatte oder nicht. Trotz aller Auseinandersetzungen versuchte ich, so zu sein, wie ich dachte, dass er mich haben wollte: unkompliziert, sexy und zufrieden mit der Rolle der zweiten Geige. Ich hätte alles getan, damit er sich nicht von mir trennte. Weil er mir als Erster gab, was mir immer gefehlt hatte, mütterliche, zärtliche Fürsorglichkeit. Ich liebte ihn. Brauchte ihn. Deshalb konnte ich mich nicht von ihm lösen. Das, was er an guten Tagen gab, hatte mir in meinem Leben so extrem gefehlt, dass ich darauf auf keinen Fall mehr verzichten konnte. Ohne ihn zu sein fühlte sich an wie sterben – mir war damals allerdings nicht bewusst, dass er die Trauer um meine Mutter ausgelöst hatte und ich eigentlich ohne *sie* nicht sein konnte. Es waren alte Gefühle aus der Zeit nach dem Tod meiner Mutter, die sich durch Philipps Fürsorge – manchmal sang er mir sogar Schlaflieder vor! – einen Weg in meine aktuelle emotionale Welt bahnten. Birgit sah meine Beziehung zu Philipp sehr kritisch. Ich wusste, was sie meinte, aber ich konnte es nicht ändern.

Das Ende der Beziehung mit Philipp kam für mich einem Weltuntergang gleich. Anderthalb Jahre waren wir zusammen gewesen, ich war zweiunddreißig und arbeitete inzwischen als Redakteurin bei einer Segelzeitschrift. Die Trennung war der sprichwörtliche Tropfen, der das Fass zum Überlaufen brachte. Es war die zweite Trennung innerhalb von zwei Jahren, und bei mir ging nichts mehr. Kopfüber stürzte ich in eine tiefe Depression. Es kostete mich Schweiß und Tränen, überhaupt wieder zur Arbeit zu gehen. Dort saß ich müde in meinem kleinen Eckbüro mit dem blauen Teppich und dem großformatigen Segel-Kalender des italienischen Fotografen Franco Pace an der Wand und schlug die Zeit tot. Ich blätterte mich durch Fachzeitschriften, sortierte meine Bücher im Regal neu, surfte stundenlang im Internet und schaffte gerade ein Minimum meiner Arbeit. Jedes Mal, wenn ein Kollege den Kopf durch die Tür steckte und rief:»Konferenz! Hast du die Unterlagen über die Zwölfer?«, erschrak ich.»Geh schon vor, ich komme gleich nach«, sagte ich dann. Als er fort war, durchwühlte ich hektisch meinen Schreibtisch. Bei welcher Regatta sollten diese schönen, klassischen Holzjachten mitsegeln?

Zu dieser Zeit bekam ich Antidepressiva verschrieben, doch es dauerte dieses Mal Monate, bis das richtige Medikament gefunden war (siehe Seite 116 ff.). Mich machte das fast wahnsinnig. Ich musste arbeiten, doch es strengte mich so an, als sollte ich einen Marathon nach dem anderen laufen. Prompt erhielt ich eine Ermahnung von meinem Chef, weil ich die Abgabefristen für meine Artikel nicht einhielt.

Meine damalige Therapeutin empfahl mir einen Spezialisten, Dr. Levi, der auch Depressive, die so schwer krank sind, dass sie über einen Selbstmord nachdenken, ambulant behandelte. Suizidgefährdete bekommen nur selten eine ambulante Therapie. Den meisten Therapeuten ist das Risiko zu groß. Als nach zwei Monaten endlich die dritten Antidepressiva wirkten, bekam ich wieder Antrieb – jedenfalls so viel, dass ich einigermaßen arbeiten konnte. Eine Zeit lang nahm ich auch Beruhigungsmittel, weil die Leere in suizidale Verzweiflung umschlug. Oft ging ich über die Straße und dachte: Wenn mich doch nur ein Auto überfahren würde. Dann wäre endlich alles vorbei.

Es wurde Sommer. Bevor ich nach Norwegen fuhr, verbrachte ich in diesem Zustand beruflich viele Tage auf der Ostsee. Ausgerechnet in diesem Sommer segelte ich so viel wie noch nie. Und war auf einmal nicht mehr begeistert davon, dass mein Traum Wirklichkeit wurde. Von außen betrachtet war die Welt sehr schön. Aber gefühlt habe ich gar nichts. Keine Freude – nicht einmal mehr Furcht. So gern ich segle, ich bin auf einem Boot normalerweise eher ein Angsthase. Nur in diesem Sommer war ich es plötzlich nicht mehr. Stattdessen war ich todesmutig. Auf einem ehemaligen Arbeitsschiff kletterte ich die Takelage hoch. Unten, an Deck, standen besorgt aussehende Männer und winkten mir, ich solle doch zurückkommen. Über mir strahlte der blaue Himmel. Dazwischen schaukelte ich. Und kam mir vor wie ein Zombie. Mit einer nach außen gut funktionierenden Hülle, aber innerlich tot. Wochen später segelte ich mit einem Kollegen in der Flensburger Förde auf einer kleinen Jolle. Wir saßen oben auf der Kante, als er sagte: »Nimm du mal die Pinne, ich kümmere mich um die Fock, da klemmt doch was.« Schon turnte er nach vorn, um nach dem vorderen Segel zu sehen.

Der Wind drückte das Schiff heftig zur Seite. »Warschau, Bö«, rief ich ihm hinterher und versuchte, gleichzeitig zu steuern und mich festzuhalten. Ich hatte das Ruder in der Hand. Früher hätte ich mich das nie getraut. Die untere Kante schwamm im Wasser, das Boot lag so schräg, dass ich dachte, gleich kippt es. Weiter überlegte ich: Wir könnten wirklich kentern. Dabei könnte ich stürzen – und sterben. Die Vorstellung erschreckte mich nicht. Ich hatte nur einen einzigen Gedanken: Na und, dann sterbe ich eben. Als ich wieder zu Hause war, blieb mir auch da alles egal. Nach fünfzehn Jahren setzte ich von heute auf morgen die Pille ab. Die Packung war zu Ende, und ich konnte mich nicht aufraffen, zum Frauenarzt zu gehen. Teilnahmslos registrierte ich, dass das vielleicht ungesund war. Doch ich hatte nicht mehr das Gefühl, dass das wichtig sei. Nichts berührte mich mehr. Antrieb hatte ich zwar wieder, dank der Tabletten. Deshalb versuchte ich zumindest, am Leben teilzuhaben.

In diesem Sommer traf ich mich mit Freunden im Park, wo wir grillten, oder im Freibad zum Sonnenbaden. Rief Birgit an und fragte: »Kommst du mit zum Public Viewing?«, antwortete ich: »Na klar.« Ich zog mich in den Farben Rot, Gelb, Schwarz an und nahm die U-Bahn nach St. Pauli, wo auf dem Heiligengeistfeld das Fußball-WM-Sommermärchen 2006 auf großen Leinwänden übertragen wurde. Beruflich flog ich nach Elba und Toulon, privat nach Cornwall. Es war ein Sommer der Superlative: bestes Wetter, aufregende Reisen, tolle Reportagen. Doch ich fühlte nichts. Überall kam ich mir vor, als wäre ich ein Gast in meinem eigenen Leben. Als wäre ich eigentlich schon gar nicht mehr da, als wäre ich nur noch eine Marionette, die so tat, als wäre sie ich. Viele wussten, dass es mir schlecht ging. Aber niemand sah, dass ich innerlich hohl und leer, im Grunde nicht mehr da war. Irgendwann spazierte ich durch die Hamburger Fußgängerzone und war fest davon überzeugt, neben mir zu gehen, nicht mehr Teil meines Körpers zu sein. Dass *das* wahr war, das konnte ich noch fühlen.

10 Kein Prozac ist auch keine Lösung –
Depressionen und Medikamente

Antidepressiva

Lange hatte ich mich geweigert, Medikamente zu nehmen. Eigentlich wusste ich nichts über Psychopharmaka, hatte nur Angst vor ihnen. Sie erschienen mir gefährlich, und ich hatte Sorge, sie könnten mich süchtig machen oder meine Persönlichkeit total verändern. Irgendwann ging es mir dann so schlecht, dass mein damaliger Arzt sie mir eindrücklich empfahl. Als er mir die Wirkungsweise von Antidepressiva im Detail erklärte, erfuhr ich zu meiner Überraschung, dass sie nicht abhängig machen. Damals bekam ich Fluctin verschrieben, auch Prozac genannt, eines der bekanntesten Psychopharmaka überhaupt. Nebenwirkungen konnte ich nach der Einnahme der Tabletten nicht feststellen, obwohl der Beipackzettel einige aufgeführt hatte, dafür aber hatte ich deutlich mehr Antrieb. Endlich fiel es mir leichter, meinen Alltag zu bewältigen, und vor allem konnte ich wieder besser arbeiten. Ich war nicht mehr so kraftlos, hatte mehr Energie. Als es mir nach einem Jahr besser ging, setzte ich die Tabletten langsam ab. »Ausschleichen« nennt man das, weil dabei nach und nach die Medikamentendosis verringert wird und man die Tabletten nicht von einem Tag auf den anderen absetzt.

Einige Jahre später ließ ich mir erneut Antidepressiva verschreiben, nun wissend, dass sie auch bei Einnahme über einen langen Zeitraum weder Körper noch Geist schaden. Vor allem aber weiß ich, welche große Chance sie bieten, mein Leben einigermaßen normal weiterzuführen. Ich könnte sicher nicht mehr so arbeiten und meinen Alltag stemmen, wenn ich keine nehmen würde. Sie geben mir die nötige Kraft, um morgens überhaupt aus dem Bett zu kommen.

Ich will es nicht beschönigen: Es war dieses Mal äußerst belastend, bis ich das richtige Medikament gefunden hatte, denn bei meinem zweiten Versuch trat nicht die gewünschte Wirkung ein. Und bei einem eingenommenen Antidepressivum hatte ich auch Nebenwirkungen gehabt – und zwar Müdigkeit. Bei einer Depression ist das zwar nachts gut, aber tagsüber nicht die beste Voraussetzung, um von dem Medikament überzeugt zu sein. Aber die gute Nachricht ist: Der Markt der Antidepressiva ist inzwischen so groß, dass man mit einigem Ausprobieren ein Mittel mit wenigen oder eben gar keinen Nebenwirkungen finden kann. Doch die Medikamente sind nicht das alleinige Heilmittel. Sie helfen mir nicht gegen die Traurigkeit und auch nicht gegen meine Probleme, sie geben mir, wie gesagt, einzig deutlich mehr Antrieb. Doch das ist nicht zu unterschätzen.

Antidepressiva wirken im Gehirn auf verschiedene biochemische Botenstoffe ein, deren Funktion gestört ist. Botenstoffe sind wichtig für die Kommunikation zwischen den Zellen, und ein Ungleichgewicht bei den Neurotransmittern ist ja einer der wesentlichen Ursachen für eine Depression.

Alles, was wir tun, gehen und sprechen genauso wie trauern und nachdenken, einfach alles wird über die Nervenfasern im Gehirn gesteuert. Sobald wir die Aktivität dieser Nervenzellen beeinflussen, zum Beispiel durch Alkohol, verändern sich auch unser Erleben und Verhalten. Unsere Hirnfunktion und unsere Stimmung ändern sich aber auch schon beim Musikhören oder wenn wir einen Sonnenuntergang am Meer beobachten. Grundsätzlich haben wir rund hundert Milliarden Nervenzellen im Gehirn. Diese sind aktiv und steuern unser Dasein durch elektrische Impulse, die bis in alle Verästelungen der Nervenenden hineinreichen. Damit also unser Gehirn funktioniert, müssen elektrische Impulse weitergeleitet werden. Um diese Weiterleitung von elektrischen Impulsen geht es auch bei der Wirkung von Antidepressiva. Wie dies genau geschieht, ist ein bisschen kompliziert. Hier ein vereinfachtes Schema:

- Zwischen den einzelnen Nervenzellen besteht keine direkte Verbindung. Damit ein Impuls von einer Nervenzelle in die nächste weitergeleitet werden kann, müssen die Nervenzellen Botenstoffe herstellen.
- Bei Depressionen sind die Botenstoffe (die sogenannten Neurotransmitter) Noradrenalin und Serotonin verändert. Noradrenalin regt das Herz-Kreislauf-System an; Serotonin ist unter anderem am Schlaf-Wach-Rhythmus, der Nahrungsaufnahme, der Körpertemperatur, der Sexualität und der Steuerung der Stimmungslage beteiligt. Alle antidepressiv wirkenden Medikamente nehmen auf diese beiden Botenstoffe Einfluss. Forscher gehen davon aus, dass bei einer Depression die Funktionsfähigkeit der Nervenzellen, die Serotonin und Noradrenalin produzieren, beeinträchtigt ist. Da die Konzentration dieser beiden Botenstoffe aber bislang nicht gemessen werden kann, ist diese Annahme eine These, die allerdings durch viele internationale Studien und jahrzehntelange Forschung untermauert wurde.
- Neuere Untersuchungen weisen darauf hin, dass auch die Funktionen der Botenstoffe Dopamin (das »Glückshormon«), Glutamat (sorgt für Erregung) und GABA (wirkt hemmend) gestört sind. Das sogenannte Belohnungssystem (»mesolimbisches System«) im Gehirn, ein Areal, bei dem vor allem beim Essen, Trinken oder beim Sex Dopamin ausgeschüttet wird, scheint für den verminderten Antrieb verantwortlich zu sein. Das Glutamat ist offenbar bei Depressionen aktiver. Und die Konzentration der GABA-Stoffe hingegen scheint bei einer Depression reduziert zu sein.

- Wie kommen nun aber die genannten Botenstoffe von einer Nervenzelle in die nächste? Die Neurotransmitter werden an den Kontaktstellen der Nervenzellen, den Synapsen, in den Zwischenraum zwischen den Nervenzellen, den synaptischen Spalt, ausgeschüttet. Die so freigesetzten Botenstoffe gelangen zur angrenzenden Nervenzelle, wo sie sich an bestimmte Kontaktstellen (Rezeptoren) anlagern. Dort entwickeln sie ganz unterschiedlich ihre Wirkung, indem sie zum Beispiel die nachfolgende Nervenzelle aktivieren. Rücktransporter pumpen zum Beispiel das Serotonin aus dem synaptischen Spalt zurück in das Innere der ersten Zelle und achten darauf, wie lange und wie intensiv der ausgetretene Botenstoff wirkt. An dieser Stelle wirkt auch ein Großteil der Antidepressiva, die den Rücktransporter blockieren und damit verhindern, dass der Botenstoff zu schnell aus dem synaptischen Spalt entfernt wird.

- **Zusammengefasst bedeutet das:** Ein elektrischer Impuls erreicht über die Nervenfasern die Kontaktstellen (Synapsen) zwischen den Nervenzellen, dort werden nach und nach biochemische Botenstoffe in den synaptischen Spalt abgegeben. Antidepressiva sorgen dafür, dass die Botenstoffe länger im synaptischen Spalt zwischen den Nervenzellen bleiben und somit die Weiterleitung der Erregung von einer Nervenzelle auf eine andere verbessern.

Zur Behandlung von Depressionen gibt es bei den Antidepressiva unterschiedliche Wirkstoffgruppen:

Tri- und tetrazyklische Antidepressiva (TZA)

Diese Medikamente sind schon lange auf dem Markt. Sie heißen tri- oder tetrazyklisch, weil ihr Grundgerüst aus drei (tri) oder vier (tetra) Ringen (zyklisch) besteht. Sie bewirken – in unterschiedlichem Maß – die Hemmung der Wiederaufnahme von Serotonin,

Noradrenalin und Dopamin aus dem synaptischen Spalt und verstärken auf diese Weise die Wirkung der drei Neurotransmitter im Gehirn. Die so vermehrt zur Verfügung stehenden Botenstoffe sollen den für Depressionen typischen relativen Mangel an diesen drei Botenstoffen ausgleichen. Der entscheidende Nachteil der TZA ist, dass sie außerdem eine Reihe anderer Rezeptoren für andere Botenstoffe blockieren. Diese Wirkung erklärt die häufigsten Nebenwirkungen der TZA wie Mundtrockenheit, Sehstörungen, Verstopfung, Harnsperre, Zustände von Verwirrtheit, Müdigkeit, verlangsamter Blutdruck und Herzrhythmusstörungen. Typische TZA sind zum Beispiel Amitriptylin (Handelsname: Saroten) und Doxepin (Aponal). Ein weiteres Beispiel ist das Mirtazapin (Handelsname: Remergil), das beruhigend wirkt, was bei Depressionen oft eine erwünschte Nebenwirkung ist, weil die Patienten häufig Schlafstörungen haben.

Selektive Serotonin-Wiederaufnahmehemmer (SSRI)

Medikamente dieser Gruppe erhöhen die Wirkung des Botenstoffs Serotonin durch die Hemmung der für die Rückführung zuständigen Pumpen an den Synapsen. Da die Vertreter dieser Substanzen kaum auf andere Botenstoffe reagieren und somit speziell auf das Serotonin wirken, heißen sie Selektive Serotonin-Wiederaufnahmehemmer. Aus diesem Grund sind sie oft verträglicher als die TZA. Sie lassen sich auch bequemer handhaben, da die Dosis nicht über den Tag verteilt eingenommen werden muss. Typische Tabletten sind Citalopram (Handelname: Cipramil), Escitalopram (Cipralex) und Fluoxetin (Fluctin).

Serotonin-Noradrenalin-Wiederaufnahmehemmer (SNRI)

In den letzten Jahren kamen eine Reihe neuer Antidepressiva auf den Markt, die, den SSRI ähnlich, ebenfalls relativ selektiv die Botenstoffe Serotonin und Noradrenalin beeinflussen. Sie sind, genau wie die SSRI, durch ihre Selektivität oft besser verträglich als die TZA. Die Tabletten wirken, indem sie verhindern, dass die Botenstoffe Serotonin und Noradrenalin aus dem synaptischen Spalt zwischen zwei Nervenzellen wieder aufgenommen werden. So bleiben die Neurotransmitter länger an dem Ort, an dem sie gegen die Depression wirken. Reboxetin (Handelsname: Edronax) ist ein selektiver Wiederaufnahmehemmer von Noradrenalin. Zu den häufigsten Nebenwirkungen gehören Mundtrockenheit, Zittern und Unruhe. Ebenfalls neu sind Venlafaxin (Handelsname: Trevilor) und Duloxetin (Cymbalta). Bei diesem Medikament kann die Steigerung des Blutdrucks eine Nebenwirkung sein.

MAO-Hemmer

Die Monoaminoxidase-Hemmer verstärken die Wirkung der Neurotransmitter Noradrenalin und Serotonin, indem sie deren Abbau durch das Enzym MAO hemmen. Neuere MAO-Hemmer wirken ausschließlich auf Noradrenalin und Serotonin, ältere Präparate haben auch andere Neurotransmitter beeinflusst. Deshalb muss bei der Einnahme dieser Medikamente eine bestimmte Diät eingehalten werden. Auf dem Markt sind Tranylcypromin (Handelsname: Jatrosom) und Moclobemid (Aurorix). Bei diesen Medikamenten können starke Neben- und Wechselwirkungen auftreten, sie werden eher selten verschrieben.

➤ Antidepressiva – Chancen und Grenzen

Noch einmal befragte ich Professor Heinz Böker von der Psychiatrischen Universitätsklinik Zürich. Diesmal wollte ich mehr über die Wirkungsweise von Antidepressiva erfahren.

Professor Böker, wie mir mein Therapeut erzählt hat, bescheinigen neuere Studien, dass Antidepressiva kaum mehr Wirksamkeit haben

als ein Placebo. Es handelt sich um systematische Übersichtsarbeiten der Cochrane Collaboration, einem renommierten Zusammenschluss von Wissenschaftlern und Ärzten. Außerdem wurden entsprechende Studien in englischen und amerikanischen Fachzeitschriften veröffentlicht. **Können Antidepressiva wirklich nicht mehr als Scheinmedikamente?** Das wäre eine zu grobe Vereinfachung. Sicherlich spielt der Placeboeffekt eine große Rolle. Der Unterschied zu den Antidepressiva zeigt sich aber beim Schweregrad der Depression. Bei leichteren Depressionen sind Antidepressiva den Scheinmedikamenten tatsächlich nicht überlegen. Scheinmedikamente, die sogenannten Placebos, werden in Studien zur Kontrolle eingesetzt. Eine anonyme Gruppe der Patienten erhält das zu testende Medikament, eine andere Gruppe das Scheinmedikament. Ein Placebo enthält keinen Arzneistoff, trotzdem verändern sich das subjektive Empfinden und auch objektive körperliche Funktionen. Ein Placebo wirkt also, obwohl es keinen Arzneistoff beinhaltet – der positive Effekt wird der Behandlung zugesprochen.

Bei einer leichten Depression braucht es also keine Antidepressiva?
Man sollte nach der Diagnose erst einmal zwei Wochen abwarten. Wird es nicht besser, sind trotzdem Antidepressiva nicht das erste Mittel der Wahl, sondern Psychotherapie. Bei mittelschweren Depressionen ist Psychotherapie gleichwertig, wenn nicht gar den Antidepressiva in ihrer Wirksamkeit überlegen. Es sei denn – aber das ist die Ausnahme –, jemand hatte früher schon mal schwere Depressionen, dann sind Antidepressiva zu empfehlen. Oder wenn man auf die Therapie warten muss – denn leider dauert es oft Monate, bis man einen Platz bekommt. Dann können Antidepressiva vorübergehend eine Lösung sein. Grundsätzlich ist immer eine Kombination aus Antidepressiva und Psychotherapie am sinnvollsten. Beide Methoden können so auf die biologischen (Antidepressiva), sozialen (Psychotherapie) wie auch psychologischen (Psychotherapie) Ursachen einwirken. Beide wirken jeweils bei über 75 Prozent der Patienten, denn mit dieser Kombination werden alle Ursachen gleichzeitig behandelt.

Bei mittleren und schweren Depressionen sollten also auf jeden Fall Antidepressiva gegeben werden?

Je schwerer die Depression, desto höher ist die Wahrscheinlichkeit, dass Antidepressiva wirken. Eine Depression ist ja eine mehrdimensionale, hochkomplexe Krankheit, bei der es immer zu einer Wechselwirkung von biologischen (wie die Gene), sozialen (wie Arbeitslosigkeit) und psychologischen (wie eine Trennung) Faktoren kommt. Es gibt daher bisher auch nicht die eine, die spezifische antidepressive Wirkung. Untersuchungen zeigen, dass der Verlauf der Besserung stets ähnlich ist, egal welche Tabletten man gibt. Daraus lässt sich der Schluss ziehen, dass die heute bekannten Antidepressiva ein Schlüsselreiz für ein neues Gleichgewicht im Gehirn sind. Und abhängig vom Schweregrad gehen die Kurven beim Verlauf dann irgendwann auseinander.

Und was ist mit den Patienten, bei denen beides nicht wirkt?

Etwa 25 bis 30 Prozent der Patienten profitieren nicht von Antidepressiva, und etwa gleich viele nicht von Psychotherapie. Es ist selten, dass Patienten auf gar nichts reagieren, denn die Kombination aus beiden ist immer noch die überlegene Therapie. Wer aber zwei oder mehrere depressive Phasen durchlitten hat oder chronisch depressiv ist und in diesen Episoden weder mit Antidepressiva noch mit Psychotherapie Erfolge hat, kann sich als letztes Mittel für eine Elektrokrampftherapie (EKT) entscheiden. Der Patient wird dabei narkotisiert, und dann wird mit Strom ein epileptischer Anfall ausgelöst. Das klingt martialisch, und leider ist diese Methode immer noch mit vielen Vorurteilen und Ängsten belegt, weil sie in totalitären Ländern missbräuchlich angewendet wurde, die Indikation möglicherweise zu sehr ausgeweitet wurde oder durch die Medien ein Klischee konstruiert wurde. Denken Sie nur an den Film *Einer flog über das Kuckucksnest!* Eine moderne EKT dagegen erzeugt keine Gewalt, wirkt aber in 85 Prozent der Fälle – und kann jahrelanges, sehr schweres Leid beenden.

Behandelt wird folgendermaßen: Der Patient bekommt eine kurze Narkose und spürt nur den Piks vom Tropf, durch den das Narkosemittel gegeben wird. Danach schläft der Patient für etwa zehn Minuten ein. Währenddessen werden zwei Elektroden an die Stirn geklebt. Einige Sekunden lang fließt dann Strom durch das Gehirn – und ein epileptischer Anfall wird ausgelöst. Da die Muskeln durch ein Medikament entspannt sind, macht sich der Anfall nur durch ein Zukneifen der Augen bemerkbar. Den Anfall merkt der narkotisierte Patient nicht. Wie der überhaupt grundlegend wirkt, kann die Wissenschaft noch nicht zu hundert Prozent belegen – man weiß einfach bislang nicht genau, was passiert, wenn im Gehirn alle Zellen auf einmal unter Strom gesetzt werden. Bisher geht man davon aus, dass es sich nach dem Anfall wieder komplett neu »programmiert«, wie beim Neustart eines Computers – und zwar ohne die vorher bestehenden Störungen der Botenstoffe. Nebenwirkungen sind eher selten, die häufigsten sind Gedächtnisstörungen.

Machen Antidepressiva süchtig?
Nein, gar nicht. Und selbst eine tödliche Überdosis ist mit ihnen sehr schwer zu erreichen. Es sind also relativ ungefährliche Medikamente. Natürlich nicht so unbedenklich wie Aspirin, sie sind ja auch verschreibungspflichtig. Beim Ansetzen der Medikamente muss man zudem einiges beachten – wie die Tatsache, dass bestimmte Nebenwirkungen nach einigen Tagen wieder abklingen und es sich lohnt, erst einmal zwei Wochen dranzubleiben. Und beim Absetzen ist es wichtig, dieses nicht abrupt, sondern langsam zu tun, sie »auszuschleichen«. Aber insgesamt gesehen sind es relativ harmlose Medikamente.

Obwohl Antidepressiva nicht süchtig machen, fürchten immer noch extrem viele Patienten diese Psychopharmaka. Wie ist das zu erklären?
Vielen Menschen ist es unheimlich, dass mit einem chemischen Mittel die Stimmung, der Antrieb oder Schlafstörungen beeinflusst werden

können. All das ist ja mit der Persönlichkeit verknüpft und beeinflusst diese. Da fällt es verständlicherweise schwer, sich darauf einzulassen. Übrigens haben Männer wie Frauen gleich viel Angst vor der Einnahme von Antidepressiva, da gibt es keine geschlechtsspezifischen Unterschiede. Auch aus der deutschen Geschichte heraus ist das Unbehagen verständlich, während der Hitler-Diktatur wurden Medikamente systematisch missbraucht. Und noch in den Siebzigerjahren gab es längst nicht so viele Medikamente mit so wenig Nebenwirkungen wie heute. Da hat sich in der Forschung sehr viel getan! Antidepressiva machen aber auch heute nicht glücklich oder verändern den Menschen und seinen Charakter. Heute haben sie jedoch viel weniger Nebenwirkungen als früher. Sie sorgen – grob gesagt – vor allem dafür, dass man seinen Alltag und seine Arbeit besser bewältigen und das Lähmende einer Depression überwinden kann.

Trotz Weiterentwicklung sind aber Nebenwirkungen bei den Antidepressiva geblieben?

Ja, wie auch bei allen anderen Medikamenten, und diese Nebenwirkungen sind im Vergleich nicht leichter oder schwerer, sondern liegen im Durchschnitt. Man muss aber speziell ältere von moderneren Antidepressiva unterscheiden, die Differenzen sind hier groß. Die älteren haben sicherlich im Schnitt mehr unangenehme Nebenwirkungen, bei den trizyklischen zum Beispiel für den Herzrhythmus. Bei den modernen Varianten sind zwar Bauchschmerzen, Übelkeit, Durchfall oder Mundtrockenheit üblich, diese Nebenwirkungen klingen jedoch, wie gesagt, bereits nach einigen Tagen wieder ab. Die neuen Antidepressiva sind allerdings deutlich teurer als die alten. Für die Patienten spielt das aber keine Rolle, sie werden trotzdem häufiger verschrieben.

Gibt es bei Antidepressiva Unterschiede für Männer und Frauen?

In großen Pharmakotherapie-Wirksamkeitsstudien werden die Medikamente an beiden Geschlechtern seit über fünfzig Jahren erforscht. Per se gibt es erst mal keine nennenswerten Unterschiede bei Männern und Frauen hervorzuheben.

Können Frauen diese Medikamente während der Schwangerschaft und in der Stillzeit nehmen?

In der Schwangerschaft und beim Stillen sollte man nur ganz bestimmte Antidepressiva nehmen. Man muss da sehr genau schauen. Am besten untersucht ist Sertralin, es ist die Therapie der ersten Wahl in der Stillzeit. Es ist auch im ersten Schwangerschaftsdrittel relativ sicher, ab dem zweiten Schwangerschaftsdrittel ist es weiter für die Frauen unproblematisch, beim Kind können allerdings Unruhe und andere Nebenwirkungen auftreten. Außerdem können eingesetzt werden: Citalopram (SSRI) und Amitryptilin (TZA). Beim Stillen sind auch fast alle SSRI und Amitryptilin in Ordnung. Bei Paroxetin muss man genau abwägen, da es in Einzelfällen im ersten Schwangerschaftsdrittel eine erhöhte Herzfehlerrate beim Neugeborenen verursacht hat.

Kann man Antidepressiva jahrelang einnehmen?

Ja, und zwar ohne gravierende Nebenwirkungen. Sie sind auch langfristig für Leber und Nieren in Ordnung. Es gibt allerdings Interaktionen mit anderen Medikamenten, zum Beispiel mit denen, die bei einer Chemotherapie von einem Mammakarzinom (Brustkrebs) verwendet werden. Die Wechselwirkung der einzelnen Medikamente, also der Psychopharmaka und der Chemotherapeutika, muss man unbedingt im Auge haben und jeweils im Einzelfall klären.

Ist es notwendig, zur Verschreibung von Antidepressiva zum Psychiater zu gehen, oder ist auch der Hausarzt kompetent?

Ein erfahrener Hausarzt kann gut Patienten mit leichten und mittelschweren Depressionen behandeln. Wenn allerdings ein Mittel nach zwei bis vier Wochen nicht erfolgreich wirkt und müssen die Dosis oder das Medikament verändert werden, sollte man eher zum Psychiater gehen. Grundsätzlich sollte nach zwei Wochen eine Besserung eintreten, ein längeres Warten entspricht eigentlich nicht mehr den heutigen Standards. Zwei Wochen dauert es nämlich, bis Antidepressiva wirken. Es braucht so lange, weil diese nicht punktgenau an einer Stelle im Gehirn ansetzen. Mehr können wir über ihr Vorgehen auch nicht sagen. Man weiß nur, dass die Medikamente dafür sorgen, dass sich nach einigen Wochen im neurobiologischen System des Gehirns ein neues Gleichgewicht entwickelt. Dieser Vorgang, der sich auf der Ebene der neuronalen Netzwerke abspielt, also der Informationsarchitektur im Gehirn, braucht eben auch Zeit.

Beruhigungsmittel

Depressive bekommen oft Beruhigungsmittel verschrieben. Zu oft. Dies muss man sehr kritisch beurteilen, da Beruhigungsmittel, vor allem Tranquilizer aus der »Familie« der Benzodiazepine, sehr schnell abhängig machen können. Allerdings sollte man sie genauso wenig verdammen, denn in bestimmten Situationen sind sie extrem hilfreich. So ist es in Ordnung, diese Tabletten unter ärztlicher Kontrolle für einen kurzen Zeitraum zu nehmen, um mit ihnen ein konkretes und überschaubares Ziel zu erreichen. Wenn zum Beispiel ein depressiver Mensch kurz davor ist, sich das Leben zu nehmen, und erst einmal beruhigt werden muss, damit er sich nicht umbringt, dann sind Benzodiazepine sinnvoll. Eine gängige Praxis ist es, Beruhigungsmittel die ersten zwei bis vier Wochen einzusetzen, bis die Antidepressiva wirken. Gegebenenfalls können sie etwas länger verschrieben werden, weil die antriebsfördernde Stimmung der Antidepressiva meist schneller entsteht als die Stabilisierung der Stimmung. Das hat zur Folge, dass häufig ein Suizidrisiko besteht: Die Patienten sind noch genauso verzweifelt wie vorher, haben aber mehr Antrieb – auch, um sich das Leben zu nehmen. Es gibt also mehrere Situationen, in denen die Gabe von Tranquilizern sogar notwendig ist. Doch gerade Hausärzte verschreiben sie oft noch anstelle von Antidepressiva – und das ist ein Skandal, weil so zu viele Menschen, besonders Frauen, in eine Sucht gleiten.

Wie wirken Benzodiazepine? Vermutlich kennt jeder die selige Wolke zwischen abklingendem Orgasmus und beginnendem Schlaf. Dieser sanfte Dämmerzustand, leicht dösend, hüllt einen in ein Wohlgefühl ein. So ähnlich fühlt es sich an, wenn Beruhigungsmittel wirken. Absolut wunderbar! Wer sich eben noch zermürbt im Bett wälzte oder gar panische Angst hatte, spürt auf einmal eine angenehme Sicherheit. In kaum einer halben Stunde entspannen sich die Muskeln, der Körper wird leicht schläfrig, und jedes Grübeln, jede Angst und jede Anspannung lösen sich auf. Tranquilizer beruhigen, egal wie verzweifelt und aufgelöst man vorher war. Und auf sie ist zu hundert Prozent Verlass. Wer sterben, aber irgendwie doch noch die Kurve kriegen will, muss »nur« genügend Benzodiazepine nehmen. Er wird dadurch aus der Panik herauskommen – und schlimmstenfalls einschlafen.

Die meisten Medikamentensüchtigen sind abhängig von Beruhigungsmitteln aus der Gruppe der Benzodiazepine. Sie verstärken die Wirkung von körpereigenen Nervenbotenstoffen (Neurotransmittern), die die Erregbarkeit und Ängstlichkeit herabsetzen. Sie stecken in Arzneipackungen, auf denen beispielsweise Valium, Tavor, Lexotanil oder etwas mit »-epam« am Ende steht, wie Diazepam (Valium). Dass es diese hochwirksamen Mittel seit rund fünfzig Jahren gibt, ist, wie gesagt, ein Segen. Sie wirken nicht nur gegen Panikattacken oder bei suizidalen Krisen, sie werden auch zur Beruhigung vor Operationen eingesetzt.

Von Benzodiazepinen sind besonders häufig Frauen abhängig. Viele Frauen. Konservativen Schätzungen zufolge sollen in Deutschland rund 1,5 Millionen Menschen medikamentenabhängig sein, davon sind mindestens eine Million weiblichen Geschlechts. Warum das so ist, weiß Gerd Glaeske, Pharmakologe und Professor am Zentrum für Sozialpolitik der Universität Bremen. Schon seit Jahrzehnten forscht er zu diesem Thema und gilt als einer der führenden Experten auf diesem Gebiet. »Männer und Frauen reagieren meistens sehr unterschiedlich auf Belastungen und Krisen«, erklärt Glaeske. »Frauen richten ihre Not eher nach innen, sie wollen funktionieren und mit allen in Harmonie leben, deshalb unterdrücken sie ihre Aggressionen und nehmen Tabletten, eine stille Sucht. Die Bewältigungsstrategien von Männern sind eher laut, sie greifen tendenziell zum Alkohol. Das spiegelt sich auch auf Klinikstationen für Abhängigkeitserkrankungen der Krankenhäuser wider. Dort trifft man zu 70 bis 95 Prozent alkoholabhängige Männer an.«

Diejenigen, die nach Beruhigungsmitteln süchtig sind, leiden aber oft an einer ernsthaften psychischen Erkrankung, etwa einer Depression. In vielen Fällen wird das nicht richtig erkannt – oder die psychische Erkrankung wird nicht adäquat behandelt. Statt eine Psychotherapie und Antidepressiva zu empfehlen, bekommt die Patientin ein Rezept für Benzodiazepine – vielfach ohne ausreichende Aufklärung über das Abhängigkeitspotenzial dieser Medikamente.

Doch man sollte wissen: Ja, diese Mittel helfen am schnellsten. Sie sind billig. Und sie lindern das Leid hervorragend. Aber sie können auch innerhalb kürzester Zeit abhängig machen. Eine einzige Tablette am Tag, kontinuierlich genommen, kann ausreichen, um die sogenannte Niedrigdosisabhängigkeit zu erzielen. Abhängige sind oft so benebelt, dass sie emotional abstumpfen und die Kontrolle über ihr Handeln verlieren. Das ist nicht nur beim Autofahren gefährlich. Deshalb dürfen diese Mittel nur in Ausnahmefällen länger als vier Wochen gegeben werden, und das nur unter ärztlicher Kontrolle. Für jene, die nicht zu den Ausnahmen gehören, aber die Wirkung trotzdem länger brauchen, muss eine andere

Lösung gefunden werden – beispielsweise durch Psychotherapie, Antidepressiva oder Neuroleptika (siehe Seite 131 ff.).

Gibt es noch weitere Gründe, warum zwei Drittel der Medikamentenabhängigen Frauen sind? Frauen gehen häufiger zum Arzt als Männer, so Gerd Glaeske, kümmern sich besser um ihre Vorsorge. Es fällt ihnen leichter, zu Symptomen wie Angst und innerer Unruhe zu stehen: »Frauen wollen, was ihre Gesundheit betrifft, alles richtig machen – was ihnen aber bei der Rezeptvergabe von ›Benzos‹ zum Nachteil geraten kann.« Das merken sie jedoch meist erst spät. Anfangs ist die »Benzo«-Lösung für alle gut. Die Patientin fühlt sich ernst genommen und bekommt etwas gegen ihre Beschwerden, das sofort wirkt. Der Arzt kann schnell und unkompliziert helfen. Die Risiken? Stehen im Beipackzettel.

Frauen sind auch der Meinung, fügt Glaeske hinzu, von manchen männlichen Ärzten mit Beschwerden wie ständiger Anspannung oder Ängsten als schwach angesehen zu werden. Das kann Auswirkungen auf das Arzt-Patienten-Gespräch haben, Frauen können dadurch anrührend wirken – oder wehleidig. Oft ist da der unbewusste Gedanke: Der starke Mann muss der schwachen Frau helfen. Und er erfüllt die Erwartung der Patientin, dass der Arzt es schon richtet.

Entscheidend sind weiterhin die schlechteren wirtschaftlichen Bedingungen der Frauen – die sie nicht von ihren inneren Ansprüchen abhalten, das ganze Leben möglichst allein und möglichst perfekt zu meistern. Wie stark eine solche Einstellung seelisch belastet, unterschätzen Frauen meist. Um im Alltag zu funktionieren, allen Widrigkeiten zum Trotz, ist der Griff zur Tablette ein schnelles Mittel. Wer über wenig seelische Kraft verfügt, mit derartigen Belastungen fertigzuwerden, greift eher auf Medikamente zurück – anscheinend trifft dies auf Frauen besonders zu.

Patienten unterschätzen oft die Gefahr, der sie sich aussetzen, wenn sie immer wieder ein neues Rezept verlangen. Die Medikamente werden weiter und weiter genommen, schon allein, um Entzugssymptome zu vermeiden. Sperrt sich der Arzt gegen ein neues Rezept, gehen sie eben zu einem anderen: Doktor-Hopping nennt man das. Der Politik ist das Problem bekannt. Zur Aufklärung hat die Bundesärztekammer 2007 den »Leitfaden für die ärztliche Praxis« herausgegeben, an dem auch Gerd Glaeske mitgearbeitet hat. Doch verglichen mit den staatlichen Aufklärungskampagnen, die auf die Gefahren von Drogen und Alkohol hinweisen, hört und liest man wenig zum Thema Medikamentensucht. Das hat auch damit zu tun, dass dieser Bereich noch viel zu wenig erforscht ist und dass in die Medikamentenabhängigkeit letztlich Ärzte und Apotheker verstrickt sind.

Schlafmittel

Schlafstörungen sind eines der häufigsten Symptome bei Depressionen. Wenn sie die Patienten sehr belasten, kann der Arzt auch Schlaftabletten verschreiben: die sogenannten Z-Drugs. Als die Pharmaindustrie diese mit den Wirkstoffen Zopiclon und Zolpidem einführte, wurde anfangs werbewirksam suggeriert, dass Gewohnheit und Abhängigkeit nicht auftreten würden. Heute weiß man, dass sie nahezu genauso süchtig machen wie Beruhigungsmittel.

Neuroleptika ·

Depressive fühlen sich oft nicht einfach nur antriebsarm und leer oder wie erstarrt. Viele sind sehr empfindlich, was mit ihnen und um sie herum passiert. Ihnen geht alles sehr unter die Haut – besonders alles Schlechte, alles Traurige, alles Elend. Sie können dann das Negative kaum noch von sich fernhalten und verzweifeln an der Not der Welt. Wenn die innere »Ich-Grenze« verschwimmt, wie man es auch von extremer Übermüdung kennt – alles wirkt surreal und verzerrt, und man ist viel reizempfindlicher –, dann kommt es vor, dass einen die Nachricht über die Brustkrebserkrankung der amerikanischen Rocksängerin Sheryl Crow genauso stark trifft und verängstigt, als beträfe es eine Verwandte. Oder einen selbst. Gegen diese fehlende Abgrenzung helfen Neuroleptika.

Eine solche mangelnde Distanz erlebte ich an einem Samstag im Juni 2011. Ich las einen Artikel im *Zeit Magazin* über einen Mann, der im Rollstuhl sitzt und der seit siebenundzwanzig Jahren Hilfe von Zivis bekommt.

In dem Beitrag ging es in erster Linie um die auftauchenden Probleme, schafft man den Zivildienst ab, weniger darum, wie der Rollstuhlfahrer sein Leben in Zukunft ohne Zivis meistern muss. Trotzdem stieg Panik in mir auf. Ich konnte die sich ausbreitende Angst körperlich spüren, das Entsetzen fegte über mich hinweg wie ein Fieberanfall. Erster Schock: Der Mann sitzt im Rollstuhl. Was, wenn ich irgendwann auch im Rollstuhl sitze? Zweiter Schock: Der Mann muss zu bestimmten Zeiten liegen und sitzen, damit sich keine Geschwüre bilden (das stand in dem Beitrag). O Gott. Wie schrecklich muss so ein Leben sein. Dritter Schock: Der Mann will extra keine weiblichen Pflegekräfte, damit es nicht kompliziert wird. Dieser Mann hatte, so scheint es, noch nie im Leben Sex. Ein Horror! Für mich ist Sex das Schönste! Was muss das für ein Leben sein, ganz ohne Sex?

Ich stand in Flammen. Die Angst kroch mir unter die Haut, lähmte mich von Kopf bis Fuß. Ich dachte: Was, wenn es noch schlimmer wird mit mir? Was, wenn ich es nicht schaffe? Was, wenn das Personal in der Klinik, in der ich mich gerade aufhielt, in Zukunft noch knapper wird? Werde ich die Hilfe bekommen, die ich brauche? Werde ich wieder gesund werden? Werde ich mein Leben auf die Reihe bekommen? In meinem Kopf war nur noch

Chaos, nichts konnte ich mehr in seiner Bedeutung erkennen und richtig einordnen.

Nach dem Bericht über den Mann im Rollstuhl las ich noch einen über den Südsudan. Zu meiner Panik kamen jetzt noch Schuld und Hilflosigkeit dazu. Ich fühlte mich schuldig, den Menschen im Südsudan nicht zu helfen. Ich wusste von ihrem Elend und tat – nichts. Ich fühlte mich mitverantwortlich für ihre Not, lebte ich doch selbst wie die Made im Speck. Ich dachte: Ich habe eine saubere Wohnung, Strom, fließend Wasser. Ich werde im Krankenhaus gut versorgt. Die mir völlig unbekannten Menschen, die in Lehmhütten leben und Plastik verbrennen, waren mir auf einmal so nah, als wäre ich selbst betroffen. Dann stieg wieder Angst in mir auf. Die Welt ist ein Furcht einflößender Ort, fieberte ich. HIV-Waisen in Südafrika, Kinder-Prostituierte in Thailand, Tausende Japaner, die nach dem Reaktorunglück in Fukushima immer noch in Lagern ausharren müssen. Alles war so nah, als würde es mich unmittelbar betreffen. Ich wollte schreien. Diese Not war zum Verzweifeln. Das alles passierte wirklich. Es war kaum zu ertragen.

Auch viele gesunde Menschen finden den Zustand der Welt beängstigend. Aber nicht jeder Mensch und auch nicht jeder Depressive reagiert so empfindlich, wie ich es an diesem Tag tat. Manche depressive Patienten sind völlig abgeblockt und haben kaum noch einen Zugang zum »Draußen« und zu ihren Gefühlen. Andere werden davon förmlich überschwemmt. Ich dachte erst, ich hätte eine Panikattacke. Doch ich hatte nicht das Gefühl, gleich sterben zu müssen, keine Luft mehr zu bekommen oder umzufallen, wie es für Panikattacken typisch ist. Auch hatte ich kein Herzrasen, hatte nicht gezittert, und mir war nicht schwindelig. Es war eher so, dass ich keine Grenzen mehr spürte zwischen den anderen und mir, zwischen ihrer Not und meiner. Diese innere Verschmelzung lähmte mich. Es war nicht das letzte Mal, dass ich in einen solchen Zustand geriet. Ich bin dann unfähig, beispielsweise mein Bad zu putzen oder mir etwas zu essen zu machen, weil das Elend der anderen mich so fest im Griff hat. Mir tut jedes einzelne Schicksal so leid. Und ich bekomme bei jedem einzelnen Schicksal Angst, dass es mir auch so ergehen könnte. Ich kann Krebs bekommen. Blind werden. Oder plötzlich gelähmt sein.

Weil ich mich so in das Leiden anderer hineinsteigere, dies zu meiner Form der Depression gehört, nehme ich außer den Antidepressiva noch Neuroleptika, auch Anti-Psychotika oder Nervendämpfungsmittel genannt. Mit diesen Medikamenten werden eigentlich Psychosen behandelt, also gravierende Realitätsverluste. Dabei leiden die Patienten an Wahnvorstellungen oder hören Stimmen. Man kann Neuroleptika aber auch *off label* einsetzen, was heißt: bei anderen als den ursprünglich zugeordneten Krankheiten – etwa bei Depressionen. Denn viele dieser Mittel wirken schlaffördernd, und damit sind sie eine gute Alternative zu den klassischen Schlaftabletten oder zu den Benzodiazepinen, da sie nicht abhängig machen. Auch wirken sie im Gehirn wie eine Reizabschirmung. Bei Psychotikern, die überzeugt davon sind, durch die Wände Botschaften zu empfangen, halten Neuroleptika diese Gedanken fern. Depressiven helfen sie, aus einer endlosen Grübelschleife herauszukommen, sie zu durchbrechen. Oder nicht alles, was ihnen begegnet, zu persönlich zu nehmen. Neuroleptika dienen daher bei labilen und empfindsamen Depressiven zur Stabilisierung der Stimmungslage.

Im Inneren eines Menschen bauen sie eine Art Schutzschild auf und verhindern die totale Reizüberflutung. Das führt bei mir dazu, dass ich abends im Bett nicht mehr wach liege, vor mich hin brüte und von der Panik in den Klauen gehalten werde. Ich kann abschalten und einschlafen. Tagsüber sorgen die Medikamente dafür, dass ich nicht jeden Moment an die Not der anderen denke, nicht in Angstgefühlen stecken bleibe, also mir wieder und wieder ausmale, was mir noch alles Schlimmes passieren könnte. Depressive glauben oft, dass es nie mehr besser, sondern auf jeden Fall immer schlimmer wird. Die Neuroleptika helfen dabei, diese Negativspirale der eigenen Gedanken zu begrenzen.

Manche Mittel haben Nebenwirkungen, extrem unangenehme, wie die, dass man sehr viel an Gewicht zunimmt. Unabhängig davon aber sind sie ein Segen. Ohne diese Medikamente hätte ich es nie geschafft, heute noch am Leben zu sein. Denn das Entsetzen, das folgt, wenn ich über den Hauptbahnhof gehe und einen Obdachlosen sehe oder einen Rollstuhlfahrer im Supermarkt – und die Bedürftigkeit ist allgegenwärtig –, ist sehr intensiv. Unweigerlich führt die innere Vermischung dazu, dass ich lieber sterben will, als dieses ungewisse Leben mit all seinen Bedrohungen auszuhalten. Die Neuroleptika machen es mir möglich, nicht in Furcht und Suizidgedanken zu versinken, sondern einen halbwegs normalen Alltag zu haben.

Stimmungsstabilisierer Lithium

Lithium ist ein Leichtmetall, das in geringer Konzentration auch im menschlichen Körper vorkommt. Als Medikament ist es kein Antidepressivum, sondern gehört zur Gruppe der Phasenprophylaktika (Stimmungsstabilisierer): So können verschiedene Lithium-Salze vorsorglich bei manisch-depressiven Erkrankungen oder bei Depressionen gegeben werden, um erneute Krankheitsphasen zu verhindern. Außerdem können Lithium-Salze verordnet werden, wenn Antidepressiva allein bei einem Patienten nicht wirken (Lithiumaugmentation). Studien haben belegt, dass dieses Mittel die Gefahr eines Suizids deutlich reduziert.[29] Lithium wirkt an verschiedenen Stellen auf den Körper ein, unter anderem auf die Neurotransmitter im Gehirn. Man geht davon aus, dass dieses Medikament eine manische Episode (siehe Seite 34) verhindert, indem es den Überschuss von Noradrenalin senkt – und einer depressiven Phase entgegenwirkt, indem das Serotonin in der Synapse erhöht wird. Die richtige Dosierung zu finden, ist sehr aufwendig, der

Spiegel des Lithiums im Blut muss regelmäßig kontrolliert werden, am Anfang jede Woche. Denn die Salze wirken schnell giftig, daher müssen Arzt und Patient bei der Behandlung vieles genau beachten, zum Beispiel muss der Patient immer ausreichend trinken. Typische Nebenwirkungen sind Gewichtszunahme, Zittern, Müdigkeit, Erbrechen, übermäßiger Durst und Durchfall.

Welche Medikamente helfen bei Depressionen?

Die besten Mittel bei Depressionen sind Antidepressiva und Neuroleptika. Benzodiazepine sind immer noch Standardmedikamente, sie sollten jedoch nur unter den schon genannten Bedingungen – kurz, überwacht und nur zur Überbrückung – eingenommen werden. Zu empfehlen sind weitere Alternativen und Überlegungen:

- Frauen mit leichten Depressionen sollten ihr Leben ändern, sich möglichst neue Hobbys suchen und psychosoziale Beratungsangebote nutzen – und darin von ihren Hausärzten unterstützt werden. Das setzt voraus, dass die Mediziner sich entsprechend informieren.
- Frauen mit schweren Depressionen sollten unbedingt an einen Facharzt (für Psychiatrie, Psychosomatik oder Nervenheilkunde) überwiesen werden.
- Benzodiazepine sollten schnellstmöglich ausgeschlichen werden, was heißt: auf andere Medikamente und Psychotherapie umsteigen. Sie sollten auch nur in kleinen Packungen verschrieben und verkauft werden. Bisher bieten nicht alle Hersteller Zehnerpackungen an.
- Das Gesundheitssystem sollte daran angepasst werden, dass mehr und mehr Menschen psychisch erkranken. In der Konsequenz würde das bedeuten, dass Hausärzte verstärkt Gesprächszeiten abrechnen können.
- Eine intensive Aufklärung über Beruhigungsmittel wäre notwendig, auch staatlicherseits.
- Trotz aller Risiken: Psychopharmaka keineswegs verteufeln! Es geht um einen angemessenen Umgang.
- Genauso wichtig ist es, die eigenen Belastungen ernst zu nehmen und gut für sich selbst zu sorgen.

11 »Und wie fühlen Sie sich dabei?« –
Hilfe durch Psychotherapie

Drei Deutungen, drei kleine Sätze stellten meine Welt auf den Kopf. Dr. Weston, mein neuer Therapeut, hatte sie ausgesprochen. Diese drei Sätze haben mein Leben so massiv, so radikal, so grundlegend verändert, als hätte man mir bewiesen, dass die Erde doch eine Scheibe ist. Das geschah im Frühjahr 2007. Auf welchem verworrenen Pfad ich zu ihm kam, ist nur mithilfe meines Therapiewerdegangs zu erklären. Im Alter zwischen zwanzig und dreißig war ich erst bei einem Gesprächstherapeuten, danach bei einer systemisch arbeitenden Therapeutin, anschließend machte ich eine Verhaltenstherapie. Diese Behandlungen hatten mir durchaus geholfen. Ich verstand, dass ich einem Idealbild von mir hinterherlief, das mit meinem Selbstbild wenig zu tun hatte. Mir wurde klar, dass ich mir, geprägt von meinem Vater, ein extrem leistungsorientiertes Umfeld gesucht hatte. Meine Zwangshandlungen hörten auf. Aber es kam mir so vor, als wären in den jeweiligen Therapien immer nur Teilstücke von mir gesehen und behandelt worden. An meinen Empfindungen änderte sich wenig. Doch niemals hätte ich gesagt: »Ich fühle mich nicht verstanden.« Oder: »Was Sie sagen, klingt plausibel, aber ich kann es nicht umsetzen.« Es wäre, dachte ich, meine Aufgabe, mich den anderen anzupassen. Denn sie hatten die richtigen Ansichten, ich die falschen. Mein Leben lang hatte ich das Gefühl, mit dem Tod meiner Mutter auch meine Muttersprache verloren zu haben. Als wäre ich von jetzt auf gleich in ein fremdes Land versetzt worden. Also lernte ich die Terminologie der mich umgebenden Menschen, gebrauchte sie schließlich so sicher, dass man mir meinen »Akzent« nicht anhörte. Aber tief in mir empfand ich mich immer als anders. Als nicht gesehen, so wie Beckmann in Wolfgang Borcherts *Draußen vor der Tür.*

Als Philipp sich Anfang 2006 von mir trennte, ging ich zu Dr. Levi. Er war Psychoanalytiker in einer Ambulanz und bot mir eine Kurzzeittherapie zur Bewältigung der Krise an. Er war der erste Therapeut, bei dem ich das Gefühl hatte, dass er mich sah, wie ich wirklich war. Eigentlich bin ich unsicher, gehemmt, schüchtern, ängstlich und schwach. Ich wirkte aber selbstbewusst, laut, stark und energisch. Der Analytiker machte mir klar, dass meine Empfindungen die eines Kindes wären. Eines verzweifelten, geschundenen, überforderten, trauernden, zerbrechlichen kleinen Mädchens. Für mich eine bahnbrechende Erkenntnis! Er bestätigte, dass dieses Kind in Lebensgefahr schwebte. Er erfasste meinen kindlichen Schmerz so genau, dass ich mich von ihm gespiegelt fühlte. Aber auch bei Dr. Levi fehlte etwas Existenzielles, denn meine Not bekam zwar viel mehr Raum als früher, meine Gefühle änderten sich aber nicht. Das bemerkte er Gott sei Dank auch. Deshalb empfahl er mir nach meinem Zusammenbruch in Norwegen im August 2006 ein ganz bestimmtes Krankenhaus. Drei Monate war ich dort. Der Stationspsychologe durchschaute mich schnell. In der zweiten Einzelsitzung sprachen wir über das innere und das äußere Ich. Dr. Müller sah mich mit seinen dunkelbraunen Augen nachdenklich an und meinte: »Sie sind ein Taschenspieler. Doch Sie werden Anstrengung nicht durch Anstrengung lösen.«

Die Zeit, in der ich mich wie ein Schaumschläger, ein Blender gefühlt hatte, endete abrupt. Von wegen Heide-Superman! Nichts als billige Tricks. Als ich den Raum nach dreißig Minuten verließ, war ich schweißgebadet – und erleichtert. Mit Dr. Müllers Hilfe ergründete ich mich bis in die letzten dunklen Winkel meiner Seele. Das war unangenehm, aber trotzdem viel besser, als nur wie eine akkurat getrimmte Hülle wahrgenommen zu werden. In diesem Krankenhaus bekam ich auch die Telefonnummer von Dr. Weston.

Weil meine Geschichte so kompliziert ist – wie eben viele Geschichten von depressiven Personen kompliziert sind –, versuche ich es mit einem Bild zu erklären: Als Björn und dann Philipp sich von mir trennten, kam es mir vor, als würde ich in einem See ertrinken. Früher standen da auch schon immer Menschen am Ufer, doch mit dem Rücken zu mir. Dr. Levi war der Erste, der sich zu mir umdrehte und auf mich zukam. Er rief:»Ja, ich sehe, Sie ertrinken gerade.« Zwar blieb er bei mir, doch er warf mir keinen Rettungsring zu. Offenbar dachte er, ich könnte schwimmen. Ich paddelte aber nur verzweifelt mit Armen und Beinen, Schwimmbewegungen hatte ich nie gelernt.

Der Analytiker sah schließlich, dass ich unterging. Er formte die Hände zu einem Trichter und schrie mir zu, dass hinter mir jemand stehen würde, der einen Rettungsring hätte. Ich dachte, wenn ich mich umdrehe, geht er weg. Ich war davon überzeugt, dass er sich heimlich davonmachen will. Doch schließlich vertraute ich ihm, wand den Kopf um, und tatsächlich, da kam der Ring geflogen.

Über Dr. Levi und die Klinik kam ich dann also zu Dr. Weston. Ich hatte unwahrscheinliches Glück: Er hatte tatsächlich ein halbes Jahr nach meiner Entlassung aus der Klinik, im Frühling 2007, einen Therapieplatz frei. Er stieg zu mir ins Wasser, hatte keine Angst davor, selbst nass zu werden und mich anzufassen, und brachte mir schließlich das Schwimmen bei. Seine Praxis lag am Großneumarkt in der Hamburger Neustadt, es schien früher ein Atelier oder ein Laden gewesen zu sein. Ich schätzte ihn auf um die sechzig, sein Haar war schütter, die Schläfen grau; sein aufmerksamer Blick erinnerte mich an einen Hamster. Nach der dritten Sitzung wusste ich: Der ist es. Weil er mir so sympathisch war und weil irgendetwas an ihm mich magisch anzog. Und weil er tatsächlich die Heide-Sprache sprach.

Wir saßen uns auf schwarzen Ledersesseln gegenüber, zwischen uns ein kleiner Glastisch, auf dem verschiedene Muscheln und Steine lagen. Ich war wieder einmal verzweifelt, weil ich das Pensum, das ich mir selbst auferlegt hatte, nicht schaffte. So sehr sehnte ich mich danach, dass er verstand, warum mir das so wichtig war. Deshalb sagte ich zu ihm: »Ich wünschte, ich könnte so sein wie Christiaan Barnard. Können Sie das denn nicht verstehen?« Mir war klar, dass Dr. Weston, ausgebildeter Psychotherapeut und Arzt, wissen würde, dass der Südafrikaner 1967 als Erster bei einem Menschen ein Herz transplantiert hat. Aus diesem Grund sprach ich nicht über meine Gefühle, sondern wählte ein Beispiel aus seiner Welt, der Medizinerwelt. In der Hoffnung, er würde, wenn schon nicht mich, dann doch wenigstens diese Analogie begreifen. Dr. Weston schwieg einen Moment, sah mich ernst an und antwortete: »Doch. Das kann ich verstehen.« Und ich fühlte, dass es stimmte. Es war, als ob ich meine Empfindungen in den Raum zwischen uns gegeben hätte, und er gab seine dazu und trat so mit mir in Kontakt. Er speiste mich nicht mit den typischen therapeutischen Gegenfragen ab: »Warum glauben Sie, dass Sie Außergewöhnliches leisten müssen?« Oder: »Kommt da nicht ein unrealistischer Größenwahn durch?« Oder: »Jeder Mensch ist unterschiedlich, hat verschiedene Startchancen und Ressourcen, Sie müssen sich mit dem Thema Grenzen auseinandersetzen.« Nein, er teilte mein Gefühl. Ich war nicht länger allein.

Und so wagte ich es, ihm nach relativ kurzer Zeit zu erzählen, dass ich zwanghaft aß. Es war mir aber trotzdem so peinlich, dass ich unruhig auf dem Ledersessel hin und her rutschte, an Dr. Weston vorbeisah und die rote Couch fixierte, die am anderen Ende des Raums stand. »Jetzt ist es Viertel nach vier, und ich habe heute schon drei Nutella-Brötchen, eine Packung Toffifee, eine Pizza und zwei Tafeln Kinder-Schokolade gegessen«, sagte ich. Schrecklich, diese Mengen zuzugeben. »Ich will das gar nicht alles essen, aber es ist wie ein Zwang, die Kontrolle habe ich längst verloren.«

Die Sucht hatte mich so fest im Griff, dass meine Angst davor größer war als meine Scham, darüber zu reden. Schließlich blickte ich verstohlen in seine Richtung. Und da war er, der Moment, auf den ich jahrelang, in jeder Therapie, gewartet hatte. Dr. Weston sah mich warmherzig an und sprach die erste Deutung aus:»*Sie haben Hunger, Frau Fuhljahn. Auch im übertragenen Sinn.* Das ist die Gier des Säuglings.« Seine Worte trafen mich wie der Blitz. Er hatte recht. Ich fühlte mich, als würde ich verhungern. Nicht nur, wenn ich mich mit Süßigkeiten vollstopfte, sondern grundsätzlich. Nie hätte ich das aussprechen dürfen, zu sehr war in meinem Kopf verankert, dass mein Vater mich immer undankbar genannt hatte. Nur meinem Tagebuch konnte ich es anvertrauen. Im Sommer 2007 schrieb ich:»Wenn ich die Seiten zurückblättere, handelt dieses Buch von unerfüllten Wünschen, Sehnsüchten und Trauer. Von Pein und Selbstquälerei, von Frust und Angst. Ich brauche offenbar etwas, kompensiere mit dem Essen etwas, habe ein nahezu unstillbares Bedürfnis nach etwas. Was ist es? Worum geht es hier? Würde es mir besser gehen, wenn ich mehr Sex hätte? Wenn ich wieder einen Freund hätte? Wenn ich essen könnte, was ich wollte? Wenn ich nur noch Reportagen schreiben würde?«

Allein war ich nicht darauf gekommen, dass ich seelisch hungerte. Aber nun erforschte ich mit Dr. Weston, Sitzung für Sitzung, die unbewussten Auslöser meiner Essstörung und der darunterliegenden Depression. Heute kommt mir alles so offensichtlich vor. Damals hatte ich das Gefühl, ständig eine Erleuchtung nach der nächsten zu haben. Warum schlang ich bei meinen Fressattacken vier Stück Sahnetorte herunter? Weil meine Mutter Konditorin war. Meine Lieblingssüßigkeit war immer schon Kinder-Schokolade. Zufall? Nein, sie war ja für Kinder. Auf diesem Weg konnte ich mir – ganz legal – ein Stückchen Kindheit holen. Warum hatte ich seit dem Auszug bei meinem Vater mehr und mehr Schulden angehäuft, bis ich mit Tausenden von Euro im Minus war? Weil ich immer das Empfinden hatte, dass das, was mir zur Verfügung stand, nicht genug war. Warum wollte ich unbedingt einen Neufundländer? Wenn schon einen Hund, dann so viel Hund wie möglich – außerdem erinnert diese Rasse an Teddybären. Warum war ich von sieben Tagen die Woche mindestens fünf auf Achse, beim Sport, bei Lesungen? Ich traf mich mit Freunden, ging zum schwedischen Weihnachtsbasar, zur Gedenkfeier an die Bücherverbrennung im Zweiten Weltkrieg, ins Uni-Kino, versuchte, alles in meinen Terminkalender hineinzupressen, was nur irgendwie ging.

»Mehr, mehr«, schrie ich innerlich, wie der kleine Häwelmann in dem gleichnamigen Kinderbuch von Theodor Storm. Weil ich nicht verzichten konnte. Weil ich seelisch ein hungerndes Kind war. Als meine Mutter starb, war ich auf dem emotionalen, instabilen Entwicklungsstand eines vernachlässigten Kindes stehen geblieben. Dieser Teil meines Ichs hat gewaltige Bedürfnisse und Sehnsüchte. Doch bei meinem Vater gab es dafür keinen Raum, so habe ich alle diese Gefühle immer unterdrückt. Wenn ich weinte, wetterte er: »Hör sofort auf mit dem Theater.« Als ich ihm sagte, dass ich Angst im Dunkeln hätte, lachte er mich aus. Ich wollte gern segeln gehen (wie meine Mutter), doch er zwang mich zum Tennisunterricht, obwohl ich extreme Ballangst hatte. Ich lernte von ihm, was er mich lehrte: Disziplin, »erwachsenes Verhalten«, eiserne Strenge. Mehr und mehr verinnerlichte ich seine Maßstäbe – und wurde zu mir selbst unmenschlich und grausam. Er fand mich mit sechzig Kilo zu fett, ich mich auch. Er fand mich hässlich und dumm, ich mich auch. Mein kindliches Ich, meine Bedürfnisse nach Spiegelung, Anerkennung und Zuwendung sperrte ich in einen dunklen Keller und spaltete sie ab.

Ich spürte genau, dass mein Vater mich nicht so liebte, wie ich war. Und weil ich es nie schaffte, für ihn gut genug zu sein, fing ich an, mich zu hassen. Für ihn zählten nur Superlative: Einen Mercedes S-Klasse fuhr er im Alltag, waren wir eingeladen, musste der Rolls-Royce aus der Garage geholt werden. Noch von meiner Mutter angeregt, nahm ich Klavierunterricht. Die Musik berührte mich, aber ich hatte keine Lust zum Üben und lernte nie die Noten. Mein Vater kaufte trotzdem einen Konzertflügel von Steinway. Der verstaubte nach und nach im Wohnzimmer, und ich hatte jedes Mal, wenn ich ihn sah, ein schlechtes Gewissen. Mir war aber klar, dass ich nie eine einzigartige Pianistin werden würde. Also suchte ich weiter, um irgendwo so herausragend zu sein wie Christiaan Barnard: damit mich mein Vater endlich lieben würde. Zu funktionieren wie eine Maschine, wurde meine Fassade. Auch meine ersten Therapeuten wurden nicht müde, mir zu sagen, wie leistungsfähig ich doch sei. Es war, als würden sie sagen: »Schauen Sie, Ihre Haut hat nur Schrammen und blaue Flecken. Klar, das tut weh, aber es ist nicht so bedenklich.« Dass ich schwere innere Verletzungen hatte, innerlich verblutete, sah erst Dr. Weston. Der Unterschied war: Als ich ihm zu verstehen gab, dass ich unerträgliche Schmerzen hätte, hielt er sich nicht mit Äußerlichkeiten auf, sondern untersuchte mich gründlich. Dass ich ein verhungerndes Baby war, nur ummantelt von der Tüchtigkeit eines Roboters, sah zwanzig Jahre lang niemand. Selbst benennen konnte ich es in diesen Worten auch nicht, ich sprach vor allem davon, erschöpft und überfordert zu sein. Im Nachhinein finde ich es bemerkenswert, dass ich in meinen ersten Therapien fast ausschließlich über die Probleme mit meinem Vater sprach. Meine Mutter war kein Thema. Nach der Trennung von Björn meinte mein damaliger Verhaltenstherapeut: »Sie haben schon so viele Hürden gemeistert, Sie werden auch diese Trennung überstehen.« Er bemerkte nicht, dass ich schon ewig im roten Bereich war. Ich hätte dringend ein Krankenhaus gebraucht, doch nachdem er das gesagt hatte, riss ich mich zusammen. Wie banal, wie weitverbreitet: Liebe gab es eben nur gegen Leistung. Ich wollte doch eine brave Patientin sein.

Zwei Jahre später trennte sich Philipp von mir. Die Trauer um beide Partner ließ meinen inneren Konflikt, die bedürftige Seite gegen die der absoluten Härte, aufbrechen. Nach den Trennungen brach mein inneres Kind aus dem Keller aus und fing an, mit dem ihn drillenden Teil meiner Persönlichkeit zu kämpfen. Es weigerte sich, weiter zu parieren: Und ich wurde depressiv. Es ging nichts mehr. Da ich meinem inneren Kind keine Fürsorge, kein Mitleid und keinen Trost geben konnte, sondern es immer nur anschnauzte: »Geh laufen! Reiß dich zusammen! Hör auf zu essen! Sei nicht so faul! Du musst arbeiten! Lies gefälligst Zeitung! Streng dich mehr an!«, sorgte es selbst für sich, indem es mich zwang zu essen. Essen, lernte ich von Dr. Weston, war mein Ersatz für mütterliche Zuwendung. Zum einen, weil die immer, bei allen Kindern, mit dem Stillen, dem Füttern beginnt – Muttermilch ist süß! Und zum anderen, weil es in der Welt meiner Mutter ganz viel Süßes für mich gab, wie den warmen Haferbrei zum Frühstück und die selbst gebackenen Torten an meinem Geburtstag. Meine Mutter erfand rosafarbene Sahne: durch einen Schuss Kirschsaft. Nachdem sie gestorben war, verbot mir mein Vater Süßes.

Mit Dr. Weston konnte ich auch darüber sprechen, dass ich mich trotz dieser Erkenntnisse schuldig fühlte. »Es ist ja nicht so, als hätte ich gar nichts bekommen in meinem Leben«, sagte ich. »Jahrelang habe ich Therapie gemacht, meine Freunde unterstützen mich, mir wird doch geholfen. Wieso habe ich dann immer noch das Gefühl, ich verhungere? Vielleicht bin ich doch ein Parasit.« Als ich das aussprach, hatte ich das Gefühl, ich wäre plötzlich entblößt – und befreit. Zwar fürchtete ich seine Antwort, aber es war auch eine enorme Erleichterung, mein innerstes Gefühl, dass ich nie genug bekam, endlich einmal offen auszusprechen.

Wie so oft reagierte Dr. Weston nicht spontan, sondern dachte erst einen Moment nach, bevor er antwortete. »Es ist wie bei einem Kind mit einer Laktose-Intoleranz«, erklärte er dann. »Man gibt ihm reichlich Milch, doch das Kind erbricht sich immer wieder und hat Durchfall. Da kann man natürlich sauer sein auf den Säugling und denken, das dumme Ding, es bekommt doch genug, was soll das? Oder man kann sich fragen, ob diese Milch vielleicht nicht das Richtige ist für dieses Baby.« Er lächelte mich an, seine blauen Augen umgab dabei ein Kranz von Falten, und sprach die zweite Deutung aus: »*Sie brauchen das Passende.*«

Da war es wieder, dieses Phänomen: Dr. Weston verstand nicht nur die Heide-Sprache, er sprach sie auch! Vor Erleichterung brach ich in unkontrolliertes Schluchzen aus. Er reichte mir erst ein Taschentuch, dann ein zweites, schließlich die ganze Packung. Dabei berührten sich kurz unsere Fingerspitzen, und mir schien, als hätte man mich unter Strom gesetzt. Nein, ich war nicht der kleine Häwelmann. Zumindest Dr. Weston fand es vollkommen in Ordnung, dass ich nicht irgendeine Hilfe nach dem Gießkannen-Prinzip brauchte, sondern eine, die zu mir passte. Heide-Hilfe für Heides Not. Und ja, Dr. Weston passte zu mir. Wir waren dabei, mein inneres Kind kennenzulernen, und kümmerten uns um es. Dr. Weston sprach dann immer von der »kleinen Heide«. Es rührte mich jedes Mal, dass er wusste, wie ich mit Vornamen heiße.

Nach gut einem Jahr fühlte ich mich von Dr. Weston sehr geliebt, und er wurde für mich einer der wichtigsten Menschen auf der Welt. Doch so viel wusste ich nun schon über psychoanalytische Therapien: War das nicht alles nur Übertragung? Ließ die Behandlung die Liebe für meine Mutter wieder aufleben, die ich, weil sie nicht da war, wohl aber er, auf meinen Therapeuten projizierte? Oder hatte ich mich in Dr. Weston verliebt? Immerhin war ich begeistert von ihm. Es fühlte sich so an, als wäre er meine Mutter, mein Vater, mein Mentor, mein Idol, mein Hund und mein Schwarm. Aber kannte ich ihn nicht nur als Arzt und gar nicht persönlich?

Wenn es um Liebe geht, bin ich ein lebendes Klischee. Es gibt wahrscheinlich Tausende Frauen, die genauso empfinden wie ich damals. Ich dachte immer: Wenn mich nur jemand lieben würde, wäre ich geheilt. Seit meiner Kindheit sehnte ich mich nach Liebe wie eine Verdurstende nach Wasser. Aber meine Sehnsucht war so grenzenlos, dass ich sie versteckte. Denn ich hatte Angst, ein anderer könnte von meinen maßlosen Gefühlen abgeschreckt werden. Unbewusst hatte ich immer Elternersatz gesucht, bei Lehrern, später bei den Eltern meiner Freundinnen, noch später bei meinem ersten Therapeuten. Aber da ich ja wusste, es gibt keine neuen Eltern für mich, und ich mich sowieso für einen Blutegel hielt, durften diese Empfindungen nicht sein.

Meine heimlichen Hoffnungen legte ich auch in meinen jeweiligen Partner: Bis ich fünfunddreißig war, war ich in meinen Beziehungen irgendwie davon überzeugt, wenn mich derjenige nur wirklich, wirklich lieben würde, könnte ich heilen. Dann würde ich mich endlich »ganz« fühlen. Als ein selbstverständlicher Teil der Welt, nicht mehr ausgestoßen. Ich wäre endlich etwas wert. So strengte ich mich immer sehr an: Um geliebt zu werden, um liebenswert zu sein, hätte ich alles getan. Dazu gehörte, nicht zu klammern. Also verkniff ich es mir, jeden Tag zu meinem Freund zu gehen und unterwürfig zu fragen: »Liebst du mich? Liebst du mich auch wirklich? Warum liebst du mich? Bitte verlass mich nicht. Bitte sag mir, dass du mich immer lieben wirst. Bitte versprich mir, dass du mich nie verlässt.«

Weil ich solche Angst davor hatte, abgelehnt zu werden, habe ich mich meinen Freunden gegenüber nie so bedürftig gezeigt, wie ich de facto war. Nur Tabea, mit der ich schon im Sandkasten gespielt habe, zeigte ich Teile meines Kerns – sie kannte als Einzige meine Mutter. Unsere zersplitterte Familie, das ganze Drama, all die schmutzige Wäsche. Noch heute erinnert sie sich an mehr Details aus meiner Kindheit als ich. Nur ihr habe ich geglaubt, dass sie mich wirklich lieb hat – und dass sie mich nie verlassen würde. Als ich 2006 das erste Mal ins Krankenhaus kam, sind etliche Freunde aus allen Wolken gefallen. Zum einen, weil sie dachten, ich wäre doch so stark. Zum anderen, weil sie nach und nach wichtige Ereignisse aus meinem Leben erfahren haben, von denen sie bis dahin nichts wussten – zum Beispiel, dass ich im Heim war. Dass meine Mutter trank. Dass ich einen Halbbruder habe.

Durch mein frühes »Training« kann ich bis heute Menschen sehr gut spiegeln. Wie viele Depressive bin auch ich begabt darin, mich um andere zu kümmern. Nachhaltig kann ich die Bedürfnisse von anderen erfüllen. Solche nach Aufmerksamkeit, Interesse, Hilfe, Bewunderung, Anerkennung, Unterstützung und Nähe. Ich höre stundenlang zu, fokussiere mich ganz und gar auf mein Gegenüber, gebe jemandem das Gefühl, er oder sie sei der faszinierendste Mensch, den ich je getroffen habe. Denn mit jedem Menschen, dem ich bis dahin begegnet war, übte ich, so zu sein, wie man anerkannt wird. Pflegeleicht. Nett. Hilfsbereit. Unterhaltsam. Zuverlässig. Charmant. Pflichtbewusst. Brav. Nicht die Zumutung für den Vater, die Nutte für die Internatskinder, die Lolita für die Männer. Gemocht zu werden wurde nach dem Abitur zu meiner Spezialdisziplin. Ich lernte, was ich tun musste, damit mich meine Partner, Freunde, Vermieter, Professoren, Therapeuten, Kollegen und Chefs angenehm fanden. Nur ich und meine Familie wussten, dass ich eigentlich ein widerliches Scheusal war. Heute noch träume ich davon, in der Schule das beliebteste Mädchen zu sein – oder wenigstens es zu werden, wie in dem amerikanischen Film *Ungeküsst* mit Drew Barrymore.

Wieder einmal saß ich bei Dr. Weston im Wartezimmer, kurz vor sechzehn Uhr. Der ganze Raum war grün: ein dunkelgrüner Teppich, vier tannengrüne Fauteuils, üppig wuchernde Pflanzen in jeder Ecke und auf dem gesamten Fensterbrett, eine kleine Stehlampe mit einem Schirm aus grasgrünem Glas, ich tippte auf Jugendstil. Ob ich noch mal schnell aufs Klo gehen sollte? Mein Magen rumorte. Der vierwöchige Sommerurlaub meines Therapeuten stand bevor, und ich wollte ihm heute diplomatisch, aber deutlich zu verstehen geben, wie wichtig er mir war. So geht es mir mit jedem, der wegfährt: Immer habe ich Angst, er würde nicht zurückkommen, und ich könnte nicht mehr sagen, was er mir bedeutet. Wenn ich mich an den Moment erinnere, als mir mitgeteilt wurde, dass meine Mutter tot sei, entstand als Erstes ein immenses Schuldgefühl: Ich konnte ihr nicht mehr sagen, wie lieb ich sie hatte.

Punkt vier Uhr saß ich dann Dr. Weston gegenüber auf dem Ledersessel. Er schwieg und blickte mich interessiert an. Er trug, wie so oft, einen dunkelbraunen Anzug mit einem hellbraunen Hemd. Wenn ich an ihn dachte, dann oft in den Worten »Brauner Bär«, mein Lieblingseis als Kind. »Worüber möchten Sie sprechen?«, fragte er schließlich. In epischer Breite, in Worten, die ich mir in einem inneren Dialog stundenlang zurechtgelegt hatte, erklärte ich ihm, wie unentbehrlich er für mich sei und dass ich Angst hätte, er könnte während der Ferienzeit ums Leben kommen. Nach meinem Vortrag erwiderte er im ersten Moment nichts. Mir sackte das Herz in die Hose. Mit einem schwer zu interpretierenden Blick sprach er dann die dritte Deutung aus: »*Sie haben so große Liebessehnsucht.*«

O Gott. Er wusste es nicht nur, sondern sprach es auch noch aus. Sein Satz öffnete eine Falltür unter mir. Ich fiel. Am Anfang der Behandlung, vor über einem Jahr, hatte ich mir zwar vorgenommen, nicht nur zu meinen Freunden ehrlicher zu werden, sondern ebenfalls in der Therapie. Doch jetzt fühlte ich mich splitterfasernackt. So beschämt und durchleuchtet, dass ich am liebsten aus dem Raum gerannt wäre. Denn ich hatte nicht nur Liebessehnsucht, sie richtete sich auch noch auf ihn. Doch das war streng geheim! Ich hoffte, ganz tief im Inneren verborgen, ich könnte seine Liebe gewinnen und dadurch heilen. In jeder Sitzung spreizte ich mich in dem Spagat, authentisch zu sein und trotzdem seine Lieblingspatientin zu werden. Nach einem unbewusst ablaufenden Muster versuchte ich herauszufinden, wie ich sein müsste, damit er mich lieben würde, so wie ich es, bei meiner Mutter angefangen, bei allen Menschen zuvor versucht hatte. Später fand ich heraus, dass ich mich verhielt wie im Lehrbuch: In der Beziehung zum Therapeuten tritt früher oder später das eigentliche Problem auf. Gott sei Dank war Dr. Weston erfahren und professionell genug, um meine emotionale Gier, meine uneingeschränkte Bereitschaft, für ein Fitzelchen Zuneigung alles zu tun, nicht nur zu erkennen, sondern auch angemessen zu behandeln. Denn für mich lag darin eine Gefahr, der ich mir nicht bewusst war. Um nicht mehr hun-

gern zu müssen, hätte ich auch etwas Verschimmeltes gegessen.
Wann immer ich das Gefühl hatte, ich bekam etwas, musste ich
es auch nehmen – wer weiß, wann es wieder was gab.

Erst mit Dr. Weston – und durch vieles Lesen – wurde mir klar,
dass ich nicht nur die Empfindung gehabt hatte, von meiner Gesprächstherapie fünfzehn Jahre zuvor nicht so viel »Passendes« bekommen zu haben, sondern dass der Therapeut tatsächlich kein
guter war. Er hatte sich auf eine Art verhalten, die unter Fachleu-
ten »narzisstischer Missbrauch« genannt wird – das heißt, er erzählte mir detailliert von seinen Kindheitsträumen, seiner Begeisterung für Modelleisenbahnen und seinen Eheproblemen. Schritt
für Schritt kümmerte er sich nicht mehr um mich, sondern ich
kümmerte mich um ihn. Und ich war so geschmeichelt! Ich dachte, wenn er mich zu seiner Vertrauten machte, könnte das nur ein
Zeichen dafür sein, wie wichtig ich ihm war. Wenn ich ihm wichtig
wäre, würde er mich vielleicht lieben, würde er mich lieben, würde
ich vielleicht heilen …

Nach zwei Jahren überwand ich mich, ihm zu sagen, dass ich
während der Sitzungen bei ihm immer fürchterlich auf die Toilette
müsse. Er antwortete mir, dass er pinkelnde Frauen wirklich sexy
finden würde. Mir war das entsetzlich unangenehm, doch ich sah
das als mein Defizit an: Ich war einfach spießig und verklemmt.
Als ich Dr. Weston davon erzählte, starrte er mich mit aufgerisse-
nen Augen an, sein Kopf ruckte nach vorn wie bei einer Schild-
kröte. Vollkommen untherapeutisch fragte er: »Das hat er nicht
wirklich gesagt?!« Dann erzählte er mir behutsam etwas über die
orale und die anale Phase eines Kleinkinds. Dass ihm aufgefallen
sei, meine körperlichen Symptome hätten immer mit Ernährung
und Verdauung zu tun. Es stimmte: Jahrelang litt ich entweder
unter massivem Sodbrennen, Übelkeit, Erbrechen oder Durchfall.
Er erklärte mir, dass psychoanalytisch gesehen mein Körper aus-
drückte, worunter meine Seele litt: Meine Bedürfnisse befriedigte
ich, wenn überhaupt, über den Mund, übers Essen (Oralität), und

ich sei sinnbildlich gesehen noch nicht »trocken«, hätte meine Verdauung noch nicht selbst im Griff. Kleinkinder würden das erst in der analen Phase lernen, die auf die orale folgen würde. Es war mir wieder furchtbar peinlich, über diese Themen zu sprechen, aber jetzt konnte ich zumindest etwas damit anfangen.

Und so entwickelte sich meine Therapie mit Dr. Weston ganz anders, als ich es mir je vorgestellt hatte. Ich gewann so viel Zutrauen zu ihm, dass ich mich ihm im Lauf der Jahre immer mehr zeigte. Mit meinen Ängsten (»Werde ich jemals wieder einen Freund haben?«), mit meiner Überempfindlichkeit (»Sie gucken so streng, sind Sie sauer auf mich?«), meinem enormen Bedürfnis nach Zuneigung (»Mögen Sie mich eigentlich? Warum?«), meiner Sehnsucht nach Aufmerksamkeit (»Wenn ich bei Ihnen anrufe, gerate ich zumindest für den Moment in Ihr Bewusstsein!«) und meiner Instabilität (»Ja, letzte Woche ging es mir besser, aber am selben Abend habe ich schon wieder stundenlang geweint!«). Ich mutete mich ihm tatsächlich zu.

Eines Tages fragte ich ihn, wie er es schaffe, mich zu ertragen. Er lächelte und sagte: »Wir muten uns einander zu. Und das halten wir gemeinsam aus.« Sensationellerweise mochte er mich also. Ein Wunder, es war, als ob mir jemand ein neues Universum mit einer längst vergessenen Sprache geschenkt hatte. Ich fühlte mich geliebt. Mein Leben lang hatte ich mich danach gesehnt. Doch geheilt war ich dadurch nicht. Eine ernüchternde Erkenntnis. Zwar entstand ein Gefühl von Sicherheit und Zugehörigkeit in meinem Leben; unterm Strich ging es mir stetig besser. Aber es gab trotzdem genügend Tage, die ich weinend unter der Bettdecke verbrachte und überzeugt davon war, nie wieder gesund zu werden.

Nach zwei Jahren Therapie bei Dr. Weston traf mich fast der Schlag, als ich versuchte, meine fundamentale Enttäuschung in vorsichtige Worte zu fassen, und er mit viel Nachdruck meinte: »Das stimmt. Liebe allein genügt nicht. Warum nicht, darüber gibt es ein ganzes Buch.« Das ich dann las. Der Kinderpsychologe

Bruno Bettelheim hatte 1950 in *Liebe allein genügt nicht* seine Erfahrungen mit emotional gestörten Kindern festgehalten. Ich fand mich darin wieder. Lernte, dass jedes Kind und jeder Klient mehr brauchen als Liebe, um zu wachsen und sich zu entwickeln. Therapeuten, die davon überzeugt sind, sie heilen ausschließlich mit Liebe, machen sich Illusionen. Genau wie Patienten, die meinen, ihr Psychotherapeut könnte ihnen den Vater, die Mutter, beide Eltern oder den Partner ersetzen. Liebe, Zuneigung, Wertschätzung, das alles ist existenziell wichtig. Auch in der Therapie. Der Therapeut ist zwar nicht die Ersatzmutter, aber er sollte die Eigenschaften einer guten Mutter mitbringen und dem Patienten eine verlässliche und authentische Beziehung anbieten. Seine Sicht teilen. Mitgefühl zeigen. Emotionalen Halt bieten. Hoffnung ausstrahlen. Ihm seine Angst nehmen. Verschiedene seelische Perspektiven vermitteln. Die emotionale Resonanz des Therapeuten sichtbar und fühlbar machen (Intersubjektivität). Den Patienten mit der Realität und der eigenen Verantwortung konfrontieren und gleichzeitig Hilfe anbieten, um Schwierigkeiten zu bewältigen. Ihn in seinem Selbstbewusstsein und seiner Autonomie stärken. Weder die Mutter noch der Therapeut müssen dabei perfekt sein. Der englische Kinderarzt und Psychoanalytiker Donald Winnicott prägte den Begriff der *»good enough mother«,* der »ausreichend guten Mutter« – eine solche Mutter geht so weit auf die Bedürfnisse des Babys ein, dass dieses sich nie ganz verlassen fühlt. Doch kein Kind (und kein Patient) wird eben *nur* durch Liebe erzogen. Auch liebende Eltern können schlechte Eltern sein. Denn man muss Kindern auch mit einer erwachsenen Verantwortung begegnen. Das bedeutet zum Beispiel, einem Einjährigen die giftigen Vogelbeeren aus der Hand zu nehmen, selbst wenn er dann wie am Spieß brüllt. Das bedeutet, Kindern nicht die eigenen Sexualitätsprobleme aufzuladen: »Da unten ist bäh-bäh, nicht anfassen.« Und es bedeutet, bei einer Teenie-Schwangerschaft zu unterstützen, statt zu verurteilen.

Die Beziehung zu Dr. Weston wurde das Fundament für die Gesundung meines Ichs. Das Haus, das darauf entstehen sollte, der Mensch, die Heide, die ihr inneres Kind versorgt und integriert, bauten wir mühsam mithilfe der therapeutischen Technik auf – ein bisschen analog zur elterlichen Erziehung. Dr. Weston war sozusagen ein Profi-Elternteil auf Zeit und Psychotherapeut in einem. Wenn es nur darum ginge, dass man versorgt und »bekümmert« wird, bräuchte man ja niemanden, der jahrelang bestimmte Methoden studiert und erprobt hat.

Nach dem Verstehen und der Fürsorge, nach der Erkenntnis, dass eine seelische Heilung mehr braucht als Liebe, kam der wirklich anstrengende Teil. Vom seelischen Kind musste ich mich sozusagen über die Pubertät zur Erwachsenen im Schnelldurchlauf entwickeln, Experten nennen das »Nachreifung«. Das Ziel war, bei Schwierigkeiten nicht wie bisher in kindliche Verhaltensmuster zurückzufallen und darin stecken zu bleiben (Regression), sondern sich weiterzuentwickeln. Ich sollte schwimmen lernen ohne Schwimmflügel. Genau wie Dr. Weston war ich Teilnehmer und zunehmend auch Beobachter einer/unserer Beziehung und eines Arbeitsprozesses zugleich. Doch er hatte eine Meta-Ebene, eine erwachsene Reife, eine Professionalität, die ich nicht hatte. So merkte er schnell, dass ich lernen musste zu mentalisieren. Ich wusste nicht mal, was das ist. In der Praxis lief das dann so ab: Die Krokodilstränen kullerten mir über die Wangen, ich schniefte in mein drittes Taschentuch: »Jetzt sind Sie zwei Wochen nicht da, Sie werden nie an mich denken, und ich muss sehen, wie ich allein klarkomme.« Er beschwichtigte mich nicht mit Sprüchen, sondern verstand, dass ich mir wirklich nicht vorstellen konnte, dass er mich nicht vergessen würde. Ich glaubte, ich wäre tatsächlich aus den Augen, aus dem Sinn, sobald ich aus der Tür war. So ist das bei kleinen Kindern: Verlässt die Mama in der Eingewöhnungsphase die Kita, heulen sie los. Wenn man ihnen sagt: »Ich komme doch in zwei Stunden wieder«, begreifen sie das nicht. Sie müssen wieder und wieder und wieder die Erfahrung machen, dass die Mutter zuverlässig zurückkehrt.

Im Alter von ungefähr vier Jahren lernen sie dann, in kleinen Schritten über sich und andere zu reflektieren. Sie entwickeln ein Gefühl dafür, dass die emotionale Bindung bestehen bleibt, auch wenn die Person nicht im Raum ist. Diese innere Sicherheit bekommen sie durch Erklärungen, hauptsächlich aber durch das seelische Erleben. Und so erklärte Dr. Weston meinem Verstand, wie eine solche mentalisierungsbasierte, intersubjektive Behandlung funktioniert. Gleichzeitig ließ er mich wieder und wieder die Erfahrung machen, dass er jedes Mal zurückkehrte, sich zuverlässig an mich erinnerte und den Faden unseres Gesprächs an der Stelle aufnahm, an der wir stehen geblieben waren.

Lange Zeit habe ich mir gewünscht, noch einmal Kind zu sein. Bis ich begriff, dass es zwar wichtig war, dass Dr. Weston mir sagte, er würde mich nicht vergessen, aber dass ich durch die Gefühle, die man bis zum Erreichen der inneren Stabilität, der Mentalisierungsfähigkeit, erlebt, »durchmusste«. Also bekam ich immer wieder Wasser in die Augen und in die Lungen, hustete, ging manchmal ein Stück unter, hatte Angst. Dr. Weston vermittelte beständig: »Ich bin ja hier. Versprochen, im Notfall halte ich Sie, aber jetzt los, versuchen Sie es noch einmal.« Für meine Entwicklung bis zur Erwachsenen, zur Schwimmerin, musste ich unausweichlich die Emotionen des immer älter werdenden Kindes durchleben und in der Interaktion mit ihm lernen, mit diesen zurechtzukommen. Diese extremen Gefühle sind sehr anstrengend, für Patienten genauso wie für Kinder. Wir bleiben nicht auf der Kirmes – maßloser Wutanfall. Ich will aber die blaue Jacke – verbissener Trotzanfall. Wir müssen jetzt los – Panikanfall, Oma ist blöd, Mama, geh nicht weg. Mein Ball, er darf nicht meinen Ball nehmen – Neid, Eifersucht, Verlustängste.

Die Therapie dient dazu, mit dem Behandler eine enge Beziehung einzugehen, weil man seelische Grundlagen wie das Mentalisieren und damit den Umgang mit solchen Gefühlen nur in einem echten Miteinander verinnerlichen kann – in den Worten von Dr. Weston: »Das Ich bildet sich über das Du.« Gerade Frauen sagt man oft, sie müssten doch nur beginnen, sich selbst zu lieben, dann würde es auch mit einem neuen Partner klappen. Man kann aber seine Empfindungen – Minderwertigkeitsgefühle, Eifersucht oder Selbsthass – nur sehr begrenzt ganz allein verändern, es braucht andere Menschen dazu. Die Theorie reicht nicht. Würde sich eine Frau sonst immer wieder von verheirateten Männern hinhalten lassen? Mit neuen Erfahrungen im Rucksack muss man später nicht immer wieder dem alten Muster folgen, sondern kann sich und seine Beziehungen ändern. Es reicht eben nicht, ein Buch über das Schwimmen zu lesen, man muss es zwingend im Wasser üben, mit Unterstützung von anderen. Und das macht nicht immer Spaß.

Auf mich kam nun etwas zu, womit ich in dieser Form nicht gerechnet hatte: Konfrontationen, Streit und Auseinandersetzungen. Mit Dr. Weston. Unser erstes Zerwürfnis, das sich über Wochen zog, versetzte mich in glühende Panik. Er erklärte mir, dass ich mit ihm durchmache, was gesunde Kinder von gesunden Eltern auch lernen. Dass man sich streiten, aber wieder versöhnen kann. Dass Konflikte kein Weltuntergang sind. Dass das Kind Bedürfnisse äußern darf, auf die auch Rücksicht genommen wird. Dass das Kind einen eigenen Willen haben darf, aber dass es zugleich Grenzen gibt.

Doch dann kam der große Streit, scheinbar aus heiterem Himmel. Es ging mir zwar schon wochenlang schlecht, aber ich dachte, das hätte nur etwas mit mir selbst zu tun. Es war Herbst, der Regen peitschte ans Fenster, drinnen im Therapiezimmer war es aber warm und geborgen wie in einer Höhle. Eine Stehlampe tauchte den Raum in warmes, gelbes Licht. Es fühlte sich sicher an, Dr. Weston erneut ein Geheimnis anzuvertrauen. Ich sagte:»Jeden Abend zähle ich meine Tabletten. Ich habe einen Vorrat gesammelt und könnte eine Überdosis nehmen. Tot zu sein stelle ich mir vor wie das Paradies.« Ich empfand meine Worte als stimmig zu dem, wie es mir ging, und erwartete von ihm Verständnis. Doch vollkommen überraschend blaffte er mich an:»Das ist doch total abartig!« Wie vor den Kopf geschlagen, rauschte der Rest der Stunde an mir vorbei. Danach hatte ich eine schlimme Woche. O Gott, ich war abartig, ich wusste es doch, ich war ein Monster, vielleicht masochistisch? Albträume plagten mich. Mit einem mulmigen Gefühl ging ich zur nächsten Sitzung, war dann aber ganz stolz, dass ich es schaffte, ihm zu sagen, dass mich seine Worte sehr gekränkt und verunsichert hätten. Das kann man meist erst als fortgeschrittener Patient, nämlich berichten, welche Gefühle in einem ausgelöst worden waren. Dr. Westons Gesicht blieb verschlossen, als er antwortete:»Wir machen hier keine Kuscheltherapie.«

Heulend ging ich nach Hause, beschimpfte und quälte mein inneres Kind –»Es geht hier nicht um Liebe!« – und schrieb Dr. Weston einen Brief, in dem ich mich entschuldigte, eine solche Bürde zu sein. Ich erklärte ihm auch, ich würde nicht mehr kommen, weil es unerträglich für mich sei, dass er mich so ablehnte. Sicher sei das meine Schuld. Nein, mein Therapeut war nicht nur fürsorglich, einfühlsam, spiegelnd, verständnisvoll, Halt gebend und stabil wie eine gute Mutter. Er war auch ein strenger, harter, aufbrausender und kopfscheuer Vater. Vor allem aber war er ein Mensch, der sich von mir berühren ließ. Darauf wäre ich nie gekommen, denn meine echten Eltern waren emotional weitestgehend unerreichbar für mich gewesen. In diesem Konflikt, der Monate dauerte, lernte ich zum einen, was Gegenübertragung ist: Der Therapeut richtet seine eigenen Ängste, Vorurteile, Wünsche, Erwartungen auf den Klienten. Die Kunst liegt darin, sich dessen bewusst zu werden und damit reflektiert umzugehen. Doch viel entscheidender war, dass ich am Ende spürte, dass ich Dr. Weston wirklich am Herzen lag. Nie hätte ich gedacht, dass ich das durch einen schwer erträglichen Disput erfahren würde.

Er antwortete mir mit einem knappen Zweizeiler, ich möge

doch zum nächsten Termin kommen, dann könnten wir über das Vorgefallene sprechen. Ich war erstaunt und gerührt, dass er sich gemeldet hatte. Deshalb ging ich noch einmal zu ihm hin, wenn auch mit schlotternden Knien. Er lächelte zur Begrüßung, sein Händedruck war fest und dauerte drei Sekunden länger als nötig. Mir fiel ein Stein vom Herzen. Wir begannen damit, dass wir die angespannte Situation bis zurück zu meinem vor Wochen dahingeworfenen Satz, in dem ich sagte, ich würde Tabletten horten, tot sein würde ich mir wunderbar vorstellen, sezierten.

Dr. Weston schien mühsam beherrscht, als er fragte: »Was glauben Sie, was Ihre Worte in mir ausgelöst haben?« Sein Gesicht war wie in Stein gemeißelt, sodass ich erst einmal ängstlich reagierte: »Sind Sie immer noch böse auf mich?« Er seufzte. »Ich bin nicht böse. Versuchen Sie mal, sich in mich hineinzuversetzen.« Also sah ich gedankenverloren zu der roten Couch hinüber und dachte nach. Bei verschiedenen Aufenthalten in der Klinik hatte ich erfahren, dass die meisten Depressiven Suizidgedanken haben, das ist Alltag in der Psychiatrie. »Ich bin davon ausgegangen, dass Sie meine Aussage als ein typisches Symptom einer psychisch Kranken sehen würden«, sagte ich schließlich. Als er dann erklärte, was tatsächlich in ihm vorgegangen war, schien mir das noch unbegreiflicher zu sein als das Rutherford'sche Atommodell. Er hatte meine Bemerkung als »hoch aggressiv«, als eine Drohung empfunden. Deshalb hatte er spontan so barsch reagiert.

»Es tut mir leid, dass ich so drastische Worte benutzt habe«, sagte er nun. »Natürlich sind Sie nicht abartig. Was ich meinte, war, dass es pervers ist, Selbsttötung als Paradies zu verherrlichen.« Ich war so gerührt, dass ich verlegen auf den beigefarbenen Teppichboden blickte. Bei mir hatte sich noch nie ein Erwachsener entschuldigt. Aber ich war auch verwirrt: Aggressiv sollte ich gewesen sein? Ich hatte doch nur meine Gefühle geschildert.

Dr. Weston erfasste, was ich mit solchen unbewusst ausgesprochenen Sätzen bei ihm, bei anderen auslöste. Er versuchte, es mir zu erklären:»Ja, es ist letztlich Ihre Entscheidung, ob Sie Ihrem Leben ein Ende setzen oder nicht. Aber Sie sind meine Patientin, ich bin Ihr Arzt. Wir sind ein Bündnis eingegangen mit dem Ziel, dass Sie weiterleben. Ich will Ihnen helfen. Natürlich trifft mich dann so eine Äußerung.« Bestürzt erkannte ich, dass ich immer gedacht hatte, dass es für niemanden wirklich schlimm wäre, würde ich sterben. Dr. Weston machte mir sehr nachdrücklich klar, dass es für meine Freunde eine Katastrophe wäre.

Mit der Zusage, die Therapie weiterzuführen, verließ ich nach fünfzig Minuten sehr nachdenklich seine Praxis. Bedeutete ich anderen wirklich so viel?

In der nächsten Sitzung offenbarte er eine weitere Dimension meines Unbewussten. Ausnahmsweise eröffnete er die Stunde, indem er sagte:»Natürlich habe ich mir Gedanken über die vergangenen Monate gemacht. Die Empfindungen, die Sie in mir ausgelöst haben, waren Kränkung und Wut. Ist das Ihre Wut? Ich könnte mir vorstellen, dass Sie oft wütend auf mich sind, sich aber nicht trauen, es mir offen zu zeigen.« Ich, wütend? Auf ihn, der mir so sehr half? Mein erster Gedanke war: Spinnen Sie? Das sprach ich aber natürlich nicht aus. Doch mein skeptischer Gesichtsausdruck sprach offenbar Bände. Dr. Weston zeigte ein kleines, verschmitztes Lächeln, wurde dann aber wieder ernst.»Waren Sie niemals wütend? Auf Ihren Vater? Ihre Mutter? Durften Sie das äußern?«

»Ich habe meinen Vater abgrundtief gehasst«, erwiderte ich. »Aber ich habe ihm das nur ein einziges Mal gezeigt, mit fünfzehn. Das Ergebnis war, dass er mir mit voller Wucht eine Ohrfeige gab – und damit einen Ausblick, was noch passieren könnte.«

Dr. Weston sah mich betroffen an. In dieser Stunde fingen wir an, uns ausführlich mit meinem Zorn auseinanderzusetzen, dem von damals und dem von heute. Wie bei so vielen Depressiven war meine Verlustangst so groß, dass ich mich immer bemüht hatte, konstruktiv, verbindlich und freundlich zu sein. Philipp war der Erste, der mir sagte, dass ich unglaublich austeilen würde. Doch ich selbst empfand es nie so, nach meinem Gefühl verteidigte ich mich nur gegen seine Angriffe. Wenn meine Aggressionen überhaupt irgendwo Raum fanden, dann beim Ju-Jutsu. Doch auch dort erlebte ich mich immer als defensiv und verzagt, ich war schließlich um der Selbstverteidigung willen dorthin gegangen. Von Dr. Weston lernte ich zu meiner Verblüffung, dass Menschen, die sich das Leben nehmen wollen, auch hochgradig wütend sind – auf denjenigen, der sie gekränkt und/oder verlassen hat. Doch sie haben Angst, dass die für sie lebenswichtige Beziehung kaputtgeht, wenn sie ihren Groll zeigen – also richten sie ihn gegen sich selbst und kommen der endgültigen Trennung möglichst durch Suizid zuvor. Dr. Weston bot mir so viel Sicherheit, dass ich meine ganze verdrängte Wut an ihm ausließ, anstatt mich umzubringen.

Mit den drei kleinen Sätzen, den drei Deutungen hat es angefangen. Daraus wurde eine einzigartige jahrelange Beziehung, wie ich sie noch nie erlebt habe. Immer wieder kam ich mir vor wie eine Jacht auf dem Atlantik, die vom Sturm hin und her geworfen wird. Der Bug kracht ins Wellental, der Wind heult in den Wanten, die Sicht ist gleich null. Auf der Karte konnte ich sehen, dass ich grob den richtigen Kurs hielt, der Blick nach vorn war aber beängstigend. Dr. Weston war der Kapitän, von dem ich das Rudergehen lernte, damit ich später mein eigenes Boot allein steuern konnte. Was mich bei der Stange hielt, war, dass ich den Erfolg am eigenen Leib erfuhr. Beim Segeln kommt der Moment, in dem man nur noch hin und wieder auf den Kompass schaut und das Steuerrad ansonsten nach Gefühl bewegt. In der Therapie erlebe ich, dass sich meine Emotionen, mein Verhalten ändert – und das half mir endlich. Dass ich heute etwas kann, was früher unmöglich war.

Es kam nämlich der Tag, an dem ich morgens Müsli aß, mittags Nudeln und abends Brot. Keine Süßigkeiten. Dr. Weston fuhr vier Wochen in den Urlaub, und ich fühlte mich so sicher mit ihm verbunden, dass es mir in dieser Zeit gut ging. Irgendwann konnte ich wieder sechs Stunden am Stück konzentriert arbeiten, vier Tage die Woche. Es ist ein Hochgenuss, Kapitel in Fachbüchern lesen und verstehen zu können – Konzentration ist etwas so Wunderbares. Ich hörte auf, mich zu hassen. Es wurde mir zur Gewohnheit, mich andauernd zu hinterfragen: Warum habe ich jetzt diese Gefühle? Was hat sie ausgelöst? Kenne ich die aus meinem Leben, sind es die der »kleinen Heide«? Was braucht sie? Wie kann ich ihr/mir helfen? Depressiv im Sinne von handlungsunfähig bin ich daher nur noch selten. Zu meinen Empfindungen stehe ich inzwischen: Sätze wie »Ich weiß, Sie sind nicht gegen mich, aber ich fühlte mich total abgelehnt«, »Sie haben mich so enttäuscht« oder »Das sehe ich ganz anders« offen sagen zu können, ist für mich eine Sensation. Dass ich keine neuen Schulden mehr mache, erfüllt mich ständig mit Erleichterung. Es ist so befreiend, nicht mehr täglich in einen Blumenladen, ein Reisebüro oder einen Supermarkt zu stürmen, mit den panischen Worten: »Kann ich bitte mal bei Ihnen auf die Toilette gehen?« Wenn ein Patient versucht – noch immer suche ich zur eigenen Stabilisierung für einige Zeit das Krankenhaus auf –, mich als Hobby-Therapeutin zu missbrauchen, schaffe ich es zu sagen: »Es tut mir leid, ich kann das nicht aushalten, bitte sprich mit jemandem vom Personal.« Beziehungen zu Männern gehe ich im Moment keine ein, weil ich mich dem nicht gewachsen fühle – ich versuche, mich zu schützen. Dass ich maximal einmal die Woche zum Sport gehe, nicht dreimal, kann ich mir einigermaßen verzeihen. Denn ich bin nicht so wie Christiaan Barnard, das habe ich inzwischen eingesehen. Und selbst wenn ich so dünn wäre wie eine Magersüchtige, würde ich mich immer noch zu dick fühlen.

So viele Therapieerfolge. Doch es ist noch nicht vorbei. Nach wie vor frage ich mich: Wenn man nicht für seine Leistungen geliebt wird, ja, wofür denn dann? Mir wird geholfen, ich werde gemocht – warum nur? Wenn ich in den Spiegel sehe, denke ich jedes Mal: Was für ein entsetzliches, fettes, hässliches Schwein! Furchtbar! Will mich jemand treffen, schaffe ich es fast nie, Nein zu sagen.

Ich fürchte mich vor dem Einschlafen. Regelmäßig das Kopfkissen nass zu weinen, bleibt entsetzlich. Auch Panikattacken zu bekommen – selbst die hundertste fühlt sich an wie sterben. Nach wie vor sehe ich die Welt als einen grauenvollen, archaischen Ort, das Dasein als eine Qual, die Nachrichten lösen weiterhin Todesangst in mir aus. An manchen Tagen, wenn auch selten, löffle ich zwei Familienpackungen Eis direkt nacheinander weg. Wenn ich nur an meine Zahnbürste denke, wird mir übel. Beim Zähneputzen würge ich – wie in den vergangenen fünfzehn Jahren auch. Warum? Ich weiß es nicht. Aber ich bin mir sicher, dass ich die Antwort nicht vom Zahnarzt erfahren werde.

Erst langsam gehe ich das Wagnis ein, mit Dr. Weston über meine verkorkste Sexualität zu sprechen. Außerdem reden wir über den nahenden Abschied von der Therapie, denn die Krankenkassen zahlen nicht so viele ambulante Sitzungen, wie man sie unter Umständen braucht, sondern nur eine festgelegte Anzahl. Der Gedanke an das Ende der Therapie fühlt sich jedes Mal an wie der Tod, ein grausamer Stich mitten ins Herz, der mir die Luft zum Atmen nimmt. Aber ich vertraue darauf, dass wir die Trennung hinkriegen, auch wenn ich nur eine blasse Ahnung habe, wie das vonstattengehen soll. Beim Reiten heißt es: »Wirf dein Herz voran und spring.« Das tue ich.

12 Es gibt nicht nur Freud und mich – verschiedene Therapieverfahren

Spezialisiert auf psychische Erkrankungen sind Fachärzte für Psychiatrie und Psychotherapie, Fachärzte für Psychosomatik und Psychotherapie (sie heißen auch Fachärzte für Psychotherapeutische Medizin) sowie Fachärzte für Nervenheilkunde (Nervenärzte). Fachärzte für Neurologie sind für Krankheiten wie Multiple Sklerose, Migräne oder Schlaganfälle zuständig. Wer eine Psychotherapie machen möchte, kann zu einem dieser Mediziner gehen oder zu einem Psychologen, der die Weiterbildung zum »Psychologischen Psychotherapeuten« absolviert hat. Grundsätzlich werden die Kosten von drei psychotherapeutischen Verfahren von den Krankenkassen bezahlt: die Verhaltenstherapie (VT), die tiefenpsychologisch fundierte Psychotherapie (TP) und die Psychoanalyse (PA). Alle drei sind wissenschaftlich umfangreich untersucht, ihre Wirkung ist gut belegt. Über 75 Prozent der Patienten profitieren nachweislich von einer psychotherapeutischen Behandlung.[30] Die »großen Drei« haben zahlreiche Unter- und Mischformen zu anderen Wissenschaften wie Soziologie oder Pädagogik. Das zugrunde liegende Verständnis von Krankheit und die Vorstellung davon, was hilft, unterscheiden sich in wesentlichen Punkten, auch innerhalb der Verfahren. Psychoanalyse kann bedeuten, dass man auf der Couch liegt und der Therapeut sagt kaum mehr als »Hm« – oder dass man sich gegenübersitzt und lebhaft unterhält. Wenn man sich nicht auskennt, denkt man, Psychotherapie gleicht einem einzelnen Buch. Wenn man das jedoch zur Hand nimmt, stellt man fest, dass es die Tür zu einer Bibliothek mit Tausenden von Büchern ist. Gut verständlich zeigt das dieser bekannte, oft variierte Witz:

Ein Passant fragt: »Wo geht's denn hier zum Bahnhof?«

Es antworten ihm ein

- Pädagoge: »Natürlich weiß ich, wo der Bahnhof ist. Aber ich denke, dass es besser für dich ist, wenn du es selbst herausfindest.«
- Bioenergetiker: »Ihr Körper kennt die Antwort schon. Machen Sie mal Sch... sch... sch...«
- Gesprächspsychotherapeut: »Sie wissen nicht, wo der Bahnhof ist, und das macht Sie nicht nur traurig, sondern auch ein Stück weit wütend.«
- Sozialpädagoge: »Ich weiß es auch nicht, aber ich finde es total gut, dass wir beide offen darüber reden können.«
- Psychoanalytiker: »Sie meinen diese dunkle Höhle, wo immer etwas Langes rein- und wieder rausfährt?«
- Verhaltenstherapeut: »Heben Sie zuerst den rechten Fuß und schieben Sie ihn vor. Setzen Sie ihn auf. Sehr gut. Nun heben Sie den linken Fuß ...«
- Systemischer Familientherapeut: »Was glauben Sie, denkt Ihr Bruder, was Ihre Eltern fühlen, wenn die hören, dass Sie zum Bahnhof wollen?«
- Psychodramatherapeut: »Zum Bahnhof. Fein. Das spielen wir mal durch. Geben Sie mir Ihren Schirm, ich gebe Ihnen meine Jacke, und dann ...«
- Esoteriker: »Wenn du da hin sollst, wirst du den Weg auch finden.«
- Sozialarbeiter: »Keine Ahnung, aber ich fahre Sie schnell hin.«
- Neurologe: »Sie haben also die Orientierung verloren. Passiert Ihnen das öfter?«

Selbstpsychologische Psychotherapie

Die Psychotherapie, die ich bei Dr. Weston gemacht habe, nennt sich »selbstpsychologisch fundiert«. Sie wurde in den Siebzigerjahren von dem amerikanischen Arzt Heinz Kohut begründet und bis heute von vielen Therapeuten weiterentwickelt. Es ist eine moderne Variante der Psychoanalyse. Selbstpsychologie bedeutet: Der Patient steht mit sich und seinen Beziehungen zu anderen im Mittelpunkt. Das klingt sehr allgemein, könnte auf viele Therapien irgendwie zutreffen. Doch wenn man genauer beschreiben will, was diese Methode ausmacht, warum ausgerechnet sie mir am meisten geholfen hat, fängt die Schwierigkeit schon beim Namen »Selbstpsychologie« an. Deshalb zerlege ich den Begriff in seine beiden Wortbestandteile. Was Psychologie ist, weiß man ja noch einigermaßen: die Wissenschaft der Gefühle und des Verhaltens. Was das Selbst ist, lässt sich nur durch einen kleinen Exkurs erklären. Depressive sagen oft: »Ich möchte gern wieder ich selbst sein.« Aber was genau meinen sie damit? Wie unterscheidet sich das Selbst vom Ich? Von der Persönlichkeit, dem Charakter, der Seele? Wo findet sich all das im Gehirn? Sind es die eigenen Gedanken, die eigenen Gefühle? Beides? Wenn ein Schizophrener glaubt, andere Menschen kontrollieren, was er denkt, hat er dann überhaupt ein Selbst oder ein Ich? Stimmt das Modell von Sigmund Freud, nach dem es ein moralisches Über-Ich (»Du darfst nicht essen!«), ein triebhaftes Es (»Essen! Essen! Essen!«) und ein vernünftiges Ich (»Ein Riegel Schokolade ist in Ordnung«) gibt? Werden wir hauptsächlich von tierischen Instinkten gesteuert? Haben wir einen freien Willen?

Am Tag, als Philipp sich von mir trennte, starb, nach meinem Gefühl, ein Teil meines Selbst. Aufgelöst fuhr ich zu meiner Freundin Claudia. Wir hatten uns vor vielen Jahren als Praktikantinnen bei einer Frauenzeitschrift kennengelernt. Die Geburt ihrer Zwillinge, gerade ein Jahr her, hinderte sie nicht daran, weiter die coolsten Klamotten nach der neusten Mode zu tragen. Wir standen in ihrer großen, glänzend weißen Küche, ich konnte mich von außen beobachten und hörte mich verzweifelt sagen: »Claudia, ich bin nicht mehr hier.« Ärgerlich sah sie mich an und antwortete barsch: »Natürlich bist du hier, ich sehe dich doch.«

Ja, mein Körper existierte, aber mein Ich nicht mehr. Vermitteln konnte ich ihr das nicht, wir sprachen nicht dieselbe Sprache. Denn egal, wie man es bezeichnet, unser Inneres ist zwar eindeutig vorhanden, aber für andere, für Nicht-Depressive, unsichtbar. Wie dankbar war ich, als ich am selben Tag den Beipackzettel eines Beruhigungsmittels las. Dort stand: »Zur Behandlung von Spannungs- und Erregungszuständen.« Für mich ging es um Leben und Tod, ich war außer mir, neben mir, gestorben, ja, ich war bis zum Äußersten angespannt und erregt. Gab es also doch irgendwo auf der Welt einen Menschen, der mich verstand?

Monate später saß ich an dem kleinen Schreibtisch in meinem Klinikzimmer, das aufgeschlagene Tagebuch vor mir, den Kuli in der Hand. Ich wollte aufschreiben, wer ich bin. Denn ich war mir meiner selbst nie sicher: War ich tatsächlich dominant, wie die Mitpatienten sagten? Intelligent, wie die Therapeuten meinten? Oder dumm, wie mich mein Vater geschimpft hatte? Dick, wie ich mich sah, oder dünn, wie der BMI befand, der Body-Mass-Index? Vor allem fühlte ich mich verloren, und das war furchtbar. Wie sollte ich leben, Therapie machen, wenn ich nicht mal wusste, wer ich war? Dreißig Minuten überlegte ich angestrengt, dann notierte ich: »Ich lese sehr gern. Ich liebe Hunde. Tanzen finde ich wunderbar, genau wie Segeln. Mir tut alles weh, ich habe Angst und möchte sterben.« Traurig klappte ich dann das Buch zu – ich hatte lediglich ein paar Fragmente von mir gefunden. Ein ganzes Selbst hatte ich nicht. Wieso kam ich dann aber ausgerechnet zu Dr. Weston und zur Selbstpsychologie?

In den Kliniken habe ich viele Depressive getroffen, die sich, genau wie ich, emotional orientierungslos fühlten. Das macht es umso schwerer zu wissen, welche Hilfe, welche Psychotherapie man braucht. Wer einen Bandscheibenvorfall hat, ist ja am Anfang auch kein Experte dafür, ob eine Operation angebracht ist oder konservative Mittel wie Medikamente und Physiotherapie reichen. Da ich nicht einmal benennen konnte, wer ich bin, fing ich an zu lesen. Wenn ich begreifen würde, was eine Depression ist, vielleicht würde ich mich dann finden? Wenn ich wüsste, was mir fehlte, würde ich vielleicht auch darauf kommen, welche Behandlung mir helfen würde. Was an mir war eigentlich gesund, was krank? Lesend suchte ich die Wahrheit in der Wissenschaft. Mir war nicht klar, dass man sich darin verlieren kann. Wer hat recht: Freud, Jung oder Adler? Die Wegweiserin der Kinderpsychoanalyse, die Britin Melanie Klein, oder der deutsche Psychologe Martin Hautzinger, Doyen der kognitiven Verhaltenstherapie? Die Neurowissenschaft oder die Transaktionsanalyse? Die Psychiatrie oder die Anti-Psychiatrie? Was das »innere Kind« ist, dazu gibt es nicht eine, sondern etliche ganz unterschiedliche Definitionen. Welche ist wahr? Solche Fragen lassen sich auf die ganze Welt ausdehnen: Haben wir das Jahr 2012, wie es das Christentum vorgibt? Oder leben wir im Jahr 5773, wenn man dem Judentum folgt?

Der Chefarzt der Klinik in Schleswig-Holstein meinte schon während meines ersten Aufenthalts zu mir: »Hören Sie auf Ihr Gefühl, es ist Ihr bester Ratgeber.« Heute verstehe ich, was er meinte, und ich riskiere es, mit Leichenbittermiene vor einem Psychiater zu sitzen und zu sagen: »Ich habe Todesangst, auch wenn es dafür keinen äußeren Anlass gibt. Aber die Angst ist real. Ich brauche Hilfe.« Früher hätte ich nie auf derartige Art mit dem Feuer gespielt, denn meistens unterschied sich das, wie ich mich fühlte, sehr von dem, wie andere die Situation wahrnahmen. Da meine Emotionen meistens anders waren, hieß das für mich, ich bin verkehrt. Deshalb fürchtete ich mich seit meiner Kindheit davor, dass ich verrückt bin. Es schien mir die einzig schlüssige Erklärung zu sein. Insofern war ich immer froh, festzustellen, dass ich wenigstens so »normal« bin, dass ich rein intellektuell noch andere Wirklichkeiten außer meiner eigenen anerkennen kann.

Wer an einer Psychose leidet, sich beispielsweise vom israelischen Geheimdienst Mossad verfolgt fühlt, kann darüber nicht mehr reflektieren. Wenn dann auf der Straße ein Rettungshubschrauber landet, denkt der Psychotiker: Jetzt holen sie mich. Hilfe! Ein guter Behandler würde zu ihm sagen: »Ich teile Ihre Ansicht, dass Sie gejagt werden, nicht. Denn ich gehe davon aus, dass der Helikopter gekommen ist, um die Verletzten des Autounfalls, der dort geschehen ist, ins Krankenhaus zu bringen. Aber ich glaube Ihnen, dass Sie große Angst haben.« Warum der Patient sich fürchtet, was er für die Ursachen seiner Emotionen hält, muss nicht immer »richtig«, also deckungsgleich mit der äußeren Realität sein. Da es aber keine einzige, alleinige Wahrheit gibt, da viele Therapien auf verschiedene Weisen wirken, habe ich gelernt: Wenn es hart auf hart kommt, ist es das eigene Gefühl, das zählt: Das ist das Selbst. Die eigenen Emotionen sind immer wahr: Wer Angst hat, hat Angst.

So folgte ich rein meiner Empfindung, als ich den Chefarzt in der Klinik darum bat, mir einen ambulanten Therapeuten zu empfehlen: Das war dann Dr. Weston, der Selbstpsychologe. Sein Verfahren kannte ich nur oberflächlich, aber ich fühlte mich von ihm verstanden, gesehen und angenommen. In der ersten Sitzung sagte ich: »Ich brauche ein Brandbett.« Er erwiderte: »So schwer verletzt sind Sie?« Abgesehen davon, dass er mich verstand, hatte ich schnell das Gefühl, dass zwischen uns eine Verbindung bestand. Also entschied ich mich für eine Therapie bei ihm. Instinktiv lag ich damit vollkommen richtig: Denn für eine erfolgreiche Psychotherapie sind die Persönlichkeit des Therapeuten und die zwischen Patient und Behandler entstehende Beziehung die beiden wichtigsten Fakten! Der ungarische Nervenarzt Sándor Ferenczi erkannte bereits 1932: Ohne Sympathie keine Heilung. Das bestätigte auch der amerikanische Mathematiker und Psychologe Bruce E. Wampold 2001.[31] Sogar die Krankenkassen stimmen dem zu: Vor dem Beginn einer jeden Therapie gibt es zwischen fünf und acht Probesitzungen (die sogenannten probatorischen Sitzungen), damit sich Behandler und Klient kennenlernen und feststellen können, ob die Chemie stimmt. Es reicht dabei allerdings nicht, wenn man den Mann oder die Frau so ganz nett findet. Es geht ja nicht darum, mit jemandem einen kleinen Plausch zu halten. Sondern, ob man so viel Vertrauen fassen kann, dass man ihm nach und nach seine persönlichen Gefühle und seine Geschichte anvertrauen mag. Nur auf dieser Grundlage kann man therapeutisch arbeiten. Welche Eigenschaften ein fähiger Therapeut grundsätzlich mitbringen sollte, hat niemand so unterhaltsam, so zutreffend, so klug und so nachvollziehbar beschrieben wie der berühmte amerikanische Psychoanalytiker Irvin D. Yalom in seinem Buch *Der Panama-Hut oder Was einen guten Therapeuten ausmacht.* Im Kern nennt er: Empathie, Reflexionsfähigkeit, Wärme, Akzeptanz, Geduld, Aufmerksamkeit und ganz viel Fachwissen. Ein guter Psychotherapeut hält dabei nicht sklavisch an einer Methode fest, sondern zieht Elemente von anderen Schulen hinzu, die dem Patienten helfen könnten. Die Individualität des Menschen ist entscheidend. Yalom schreibt: »Kreieren Sie für jeden Patienten eine neue Therapie.«[32]

Die drei Säulen der Psychotherapie sind also Sympathie, eine authentische Beziehung zwischen Behandler und Klient sowie Fachkompetenz. Man muss aber als depressive Person die verschiedenen Therapieformen nicht vorher detailliert studieren, alles darüber wissen. Weil ich mit mir selbst so unsicher bin, reagierte ich da sehr extrem – deshalb war die Selbstpsychologie auch so hilfreich, denn bei ihr geht es um das instabile Ich. Normalerweise reicht es, sich sagen zu lassen, mit welcher Methode derjenige behandelt, das dann im Internet nachzulesen und sich ehrlich zu fragen, ob es einen anspricht, ob man sich verstanden fühlt. Dann muss man es ausprobieren, schwimmen lernt man nur im Wasser.

Ich finde es sehr hilfreich, parallel zu dem, was ich in der Therapie erlebe, vom Kopf her zu verstehen, warum der Therapeut dieses tut oder jenes sagt. Doch Freundinnen, die auch schon eine Therapie gemacht haben, wollten weder wissen, welche Erkenntnisse wir dem ungarischen Psychoanalytiker Michael Balint verdanken, noch was eine interpersonelle Psychotherapie (IPT) von einer CBASP (Cognitive Behavioral Analysis System of Psychotherapy) unterscheidet. Was letztlich zählt, ist, ob die Behandlung wirkt, sich also etwas verändert.

Voraussetzungen für eine Erfolg versprechende Therapie

Meine »goldenen Regeln« für eine gelingende Therapie sind nicht wissenschaftlich bewiesen, sie stammen allein aus meinem Erfahrungsfundus:

- Sie wollen, dass sich etwas ändert, und sind deshalb bereit, eine Behandlung und eine therapeutische Beziehung einzugehen.
- Es kann sein, dass Sie so hoffnungslos sind, dass Sie zweifeln, ob Ihnen überhaupt zu helfen ist. Vielleicht sind Sie eigentlich überzeugt davon, dass es sowieso nie wieder besser wird. Es reicht in einem solchen Fall völlig, wenn Sie erst einmal vom Kopf her wissen, dass es Sinn macht, eine Therapie auszuprobieren. Ihre Emotionen sind deswegen nicht falsch. Was wir fühlen, ist unsere subjektive Wahrheit. Trauen Sie sich, zu Ihren Empfindungen zu stehen. (»Eigentlich ist mir dieses ganze Psycho-Gelaber suspekt.«) Ihre Emotionen offen auszusprechen, ist ein wichtiger Schritt auf dem Weg zur Heilung.
- Der Behandler vermittelt Ihnen so viel Vertrauen, dass Sie ihm im Lauf der Zeit erzählen können, wofür Sie sich schämen, was Sie ekelt, wen Sie hassen und was Sie sich wünschen. Aber er drängt Sie nicht, er akzeptiert, dass Sie auch Sachen für sich behalten.
- Wie abstrus Ihnen das, was Sie berichten, auch vorkommt: Sie fühlen sich verstanden.
- Obwohl Sie sich so sonderbar, unbedeutend oder schuldig fühlen: Sie merken, dass der Behandler Sie mag, Ihnen aufrichtig helfen will und dass Sie nicht nur eine Laborratte, ein Problem oder ein Fall sind.
- Entgegen einem weitverbreiteten Vorurteil muss man nicht jedes Detail der eigenen Kindheit aufarbeiten oder jedes Trauma, das man erlebt hat. Besprechen Sie das, was Sie so sehr

belastet, dass Sie davon beeinträchtigt sind. Durch manche Gefühle, wie etwa Trauer, muss man durch. Andere dürfen verdrängt werden.

- Das Verfahren, welches der Therapeut anwendet, ist wissenschaftlich untersucht und seine Wirkung nachgewiesen.

- Der Therapeut berichtet ausnahmsweise von seinen Gefühlen, soweit sie Ihre Beziehung betreffen und Ihnen und nicht ihm von Nutzen sind: Okay ist:»Ich habe mir Sorgen gemacht, weil Sie nicht zum vereinbarten Termin erschienen sind.« Nicht okay ist:»Ich finde Sie so sympathisch, weil Sie mich an meine erste Liebe erinnern.« Ja:»Mein Leben ist auch nicht perfekt.« Nein:»Ich habe eine Affäre.« Es geht um Sie – immer!

- Sie schmeicheln dem Therapeuten, versuchen ihn zu verführen, Sie loben ihn, bewundern ihn – und er nutzt diese bewussten oder unbewussten Angebote nicht aus. Das heißt: Sex ist tabu. Sex in einer Therapie durch einen Therapeuten sollte zur Anzeige gebracht werden. Es ist vergleichbar mit einem Inzest und ist deshalb ein Straftatbestand! Wenn Sie sich verliebt haben, sprechen Sie darüber, so schwer es auch fällt. Ein guter Behandler wird das nutzen, mit Ihnen nach den Hintergründen zu forschen, und wenn es keinen Therapiefortschritt gibt, die Behandlung beenden. Küsst er Sie stattdessen: Verschwinden Sie und zeigen Sie ihn an!

- In jeder Therapie geht es darum, etwas über sich selbst zu erfahren, sich zu hinterfragen und zu verändern. Der Nachteil: Sich seinen Gefühlen, seinen Dämonen zu stellen, ist harte Arbeit, tut andauernd weh. Doch ohne diese Mitarbeit geht es nicht. Der Vorteil: Endlich kümmert sich mal jemand ganz und gar um Sie, hält Sie, begleitet Sie, hilft Ihnen.

- Vielleicht kommt Ihnen das, was Sie mit dem Therapeuten erarbeiten, auch nach drei Monaten noch völlig unzutreffend vor. Ein Indiz ist, dass Ihnen die»therapeutische Allianz« fehlt, die innere Sicherheit, dass die Beziehung vertrauensvoll ist, Ihrer beider Vorstellung von der Vorgehensweise übereinstimmt und Sie respektvoll und engagiert zusammenarbeiten. Wird es nicht besser, selbst wenn Sie es zur Sprache gebracht haben (»Ich fühle mich überhaupt nicht verstanden«,»Ich spüre keine Veränderung« oder»Sie scheinen sich mit mir zu langweilen«), sollten Sie überlegen, die Therapie zu wechseln. Akzeptieren Sie, wenn der Behandler Dinge anders sieht (»Auf mich wirken Sie sehr selbstbewusst«), aber lassen Sie sich nichts einreden, was Ihnen spanisch vorkommt. Denn wie es Ihnen geht, wissen Sie selbst am besten, auch wenn Ihnen die Ursachen Ihres Befindens vielleicht nicht bewusst sind. Hören Sie auf Ihr Gefühl!

Kognitive Verhaltenstherapie (KVT)

Durch Lernen, Denken, Erinnern, durch unsere gesamte Wahrnehmung verarbeiten wir Informationen und steuern unser Verhalten: Wer Angst vor seinem Chef hat, sagt ihm meist nicht die Meinung. Wer von allen geliebt werden will, grenzt sich selten ab. An dieser Schnittstelle zwischen Fühlen und Tun setzt die kognitive Verhaltenstherapie an. Sie geht davon aus, dass eine Depression entsteht, weil die Patienten etliche Denkfehler machen, sich selbst, ihre Umwelt und ihre Zukunft viel negativer empfinden, als sie wirklich sind (»kognitive Triade«). »Ich bin völlig unfähig«, »Niemand liebt mich« oder »Mein ganzes Leben ist eine Katastrophe« sind nach der KVT typische Vorstellungen einer verzerrten Wahrnehmung. Die wiederum führt zu Verhaltensweisen, die schaden. Das will die KVT korrigieren. Sie konzentriert sich dabei darauf, die Symptome zu lindern, anstatt die tieferen Ursachen zu erforschen.

Depressive fühlen sich meist wertlos, klein, fehlerhaft und unfähig. Sollte ihnen etwas Gutes passieren, schieben sie es eher auf äußere Ursachen (»Ich habe einfach Glück gehabt«) und glauben selten, dass es etwas mit ihren Kompetenzen zu tun hat. Viele sehen die Welt schwarz-weiß (»Ich bin eine schlechte Mutter«) und gehen grundsätzlich vom Schlimmsten aus (»Wenn ich meinen Job verliere, lande ich auf der Straße«). Als ursächlich dafür wird die »erlernte Hilflosigkeit« angesehen: Depressive haben oft mehrfach die Erfahrung gemacht, dass sie sich in bestimmten Situationen (zum Beispiel bei Todesfällen, Krankheiten, Mobbing, Unfällen) hilflos und handlungsunfähig gefühlt haben. Dabei glauben sie, dass sie selbst das Problem sind und nicht die äußeren Umstände, dass die Belastung allgegenwärtig und nicht auf ein bestimmtes Ereignis bezogen ist. Und sie sind felsenfest davon überzeugt, dass dieser Zustand nie mehr aufhören wird. Das führt häufig dazu, dass sie passiv werden, sich zurückziehen und bestimmte Situationen vermeiden – womit sie, aus Sicht der KVT, die Depression eher aufrechterhalten als bewältigen.

Um dieses Denken zu durchbrechen, gibt ein Therapeut dem Klienten eine Hausaufgabe auf: Genau soll er beobachten und protokollieren, wie er sich tagsüber bei verschiedenen Aktivitäten gefühlt hat. Wie erging es ihm beim Aufstehen? Beim Frühstücken? Arbeiten? Einkaufen? Elternabend? Ziel ist, dass der Klient sehr wohl Unterschiede in seinem Empfinden bemerkt, mögen sie auch klein sein. Diese gilt es dann zu verstärken, indem man zum Beispiel öfter zum Pilates geht, sich mehr in die Badewanne legt oder häufiger ein Hörbuch anhört. Die Klienten sollen lernen, dass sich ihre Gefühle wenigstens ein bisschen verändern, wenn sie aktiv handeln, statt »erlernt hilflos« zu bleiben. Dadurch verbessern sie ihre soziale Kompetenz und schaffen es, ihre (verschüttet geglaubten) Fähigkeiten zu nutzen. Sie machen also die Erfahrung, dass ihr Verhalten ihre Emotionen beeinflusst.

In der KVT analysiert man zuerst die eigenen negativen Gedanken, dann geht es darum, sich zu fragen, wie realistisch sie sind. Wer den Job verliert, kann Arbeitslosengeld, Hartz IV oder Sozialhilfe beantragen. Doch Wissen allein reicht nicht. Angstpatienten hilft es wenig, wenn ihnen jemand sagt, dass die öffentlichen Plätze in Deutschland ziemlich sicher sind. Raucher wissen ganz genau um die gesundheitlichen Folgeschäden, trotzdem schaffen es viele nicht aufzuhören. Deshalb ermuntert und begleitet der Therapeut den Patienten durch eine bestimmte Fragetechnik (»sokratischer Dialog«), sodass dieser anfängt nachzudenken, Verhaltensmuster infrage stellt und schließlich selbst zu neuen Einstellungen kommt. Zum Beispiel: Vielleicht war meine Kollegin gar nicht kurz angebunden, weil sie mich nicht mag, sondern weil sie privat Stress hat.

Die neuen Bewertungen probiert man zuerst in der Therapie aus, mittels Gesprächen und Rollenspielen, dann setzt man sie in seinem eigenen Leben um: »Du wirkst angespannt – bist du sauer auf mich, oder belastet dich etwas?« Vielfach geht es darum, zu lernen, Nein zu sagen und zu seinen Bedürfnissen zu stehen. Für die KVT sieht die Bewältigung der Depression in Kurzfassung so aus: Wenn ich mithilfe eines erklärenden und anleitenden Therapeuten lerne, anders zu denken und zu empfinden, kann ich auch anders handeln. Wenn ich anders handle, verändern sich auch meine inneren Überzeugungen.

Eine Behandlung findet im Sitzen statt. Sie dauert in der Regel zwischen fünfundzwanzig und achtzig Stunden, bei einer einmaligen Sitzung von fünfzig Minuten in der Woche.

Tiefenpsychologisch fundierte Psychotherapie (TP)

Bei einer TP sollen nicht nur die Symptome behandelt werden, sondern man will auch die tiefer liegenden Ursachen der Erkrankung herausfinden. Die Therapie fokussiert einen bestimmten, unter der depressiven Symptomatik liegenden Konflikt: Eine Frau ist verzweifelt, weil ihr Mann nur noch auf Pornoseiten im Internet surft, anstatt mit ihr zu schlafen. Die ersehnte Teamleitung bekomme nicht ich zugesprochen, sondern ein deutlich jüngerer Mann, der auch viel weniger qualifiziert ist. Eine Patientin reibt sich völlig auf mit der Entscheidung, ob sie ihren Vater ins Altersheim geben oder selbst pflegen soll. Bei jedem Beispiel geht es – typisch depressiv – um Trennung und Verlust.

Tiefenpsychologen gehen davon aus, dass das aktuelle Erleben immer mit Emotionen aus der Kindheit verknüpft ist: Die Frau, deren Mann sich jeder Berührung und Zärtlichkeit entzieht, leidet unter Umständen – unbewusst – noch immer darunter, dass ihre Mutter, eine ambitionierte Oberärztin, kaum zu Hause war, selten mit ihr kuschelte und sie auf ihrem Weg alleingelassen hat. Die bewussten Gefühle (jetzt) haben die unbewussten (früher) massiv reaktiviert, und zusammen sind sie so schwer aushaltbar, dass die Patientin als Reaktion an einer Depression erkrankt. Die kindlichen, die »alten« Gefühle haben sehr häufig mit einem frühen Verlust zu tun, mit Enttäuschung, mit Kränkungen, mit Defiziten bei der Entwicklung einer stabilen Persönlichkeit und in den zwischenmenschlichen Beziehungen, vor allem zu den Eltern. Als ein Kernpunkt wird in der TP dabei folgender, ebenfalls unbewusster Konflikt gesehen: Jeder Mensch möchte autonom sein, ist aber auch abhängig von anderen. Aus diesem Grund ist die tiefenpsychologische Sicht auf Menschen, ihre Probleme und ihre Heilung immer auf innere Prozesse gerichtet, auf das, was sich »psychodynamisch« da ereignet. Das äußere Erleben und das innere Empfinden bedingen einander, genauso wie die Beziehung zu sich selbst und zu anderen. Die Technik der TP besteht darin, die unbewussten Emotionen, Gedanken, Erlebnisse und verdrängten Konflikte gemeinsam aufzudecken, um dann die heutigen, damit in Verbindung stehenden Schwierigkeiten mit diesem Wissen besser bewältigen zu können.

Eine Freundin von mir hat zwei Jahre lang eine TP gemacht. Ihre Symptome waren Angst (bezogen auf die Arbeit) und eine leichte, aber jahrelang andauernde depressive Verstimmung. Ihre Therapeutin fand schnell heraus, was sie schon wusste: dass sie besonders im Job sehr perfektionistisch war. Es gelang ihr nicht, Aufgaben zu delegieren und insgesamt einen weniger hohen Anspruch zu haben, auch wenn ihr einleuchtete, dass sie eigentlich nicht alles hundertprozentig machen musste. Doch warum war sie so? Es stellte sich heraus, dass ihr unbewusstes Vorbild ihr Vater war, ein extrem engagierter Lehrer, Oberstudiendirektor, der – wie ihr erst in der Therapie klar wurde – allerdings oft auch überfordert war. Unbewusst hatte sie seinen Leistungsgedanken ebenso verinnerlicht wie die Panik vor dem Versagen. Doch von selbst wäre sie nie darauf gekommen, denn ihr Vater verhielt sich seiner Tochter gegenüber, wenn er da war, äußerst liebevoll und war ja auch beruflich erfolgreich. Ihr Verhalten (perfektionistisch) und ihre Symptome (Angst) spiegelten ihren seelischen Konflikt wider. Auf der einen Seite wollte sie so sein wie ihr Vater und hätte sich nie getraut, den herzensguten Papa zu kritisieren (abhängig). Auf der anderen hatte sie erlebt, dass er besonders viel Wert auf gute Schulnoten legte, nur in den Ferien nicht angespannt und gestresst war und an Bluthochdruck litt. In diese Fußstapfen wollte sie nicht treten (Autonomie-Bestreben). Das Unbewusste bewusst zu machen, war der erste Schritt. Dann konnte sie sich eingestehen, dass es weder ihr noch ihrem Vater gut ging mit der Ambition, immer alles fehlerlos zu machen. Die Therapeutin bestärkte sie darin, sich zu erlauben, menschlich zu sein, und zollte ihr große Anerkennung, wenn ihr das gelang.

Gestützt durch diese Erfahrungen, probierte sie das mehr und mehr aus: Der Behandlerin offenbarte sie, dass sie lieber das Magazin *Landlust* las als die *Frankfurter Allgemeine Zeitung*, gern mehr Urlaub haben wollte als mehr Geld – und dass sie Schuldgefühle gegenüber ihrer Schwester hatte, weil sie erkannte, dass sie immer das Lieblingskind ihres Vaters gewesen war. Schließlich konnte sie den neu gewonnenen Mut umsetzen und ihm sagen, dass sie die ihr angebotene Führungsposition nicht annehmen würde, weil sie die Arbeit zu sehr belaste und sie sich außerdem ein Baby wünsche. Ihr Vater konnte ihre Entscheidung akzeptieren. Und siehe da: Erst verschwand der Druck und recht schnell auch die Angst. Zwar fand sie es anfangs schwer, auszuhalten, dass sie doch keine der modernen Powerfrauen war, die Kind und Karriere spielend unter einen Hut bekommen. Doch die Erleichterung darüber, keine Panikattacken mehr zu haben, zu spüren, dass sowohl sie als auch ihr Vater positive wie auch negative Eigenschaften haben dürfen, dass sie authentisch sein kann und trotzdem gemocht und geliebt wird, war größer.

Die Tiefenpsychologie will also durch die Aufdeckung von unbewussten Konflikten und die stützende Hilfe der therapeutischen

Beziehung die Symptome der Erkrankung lindern und ihre Ursachen beseitigen.

Die Behandlung findet im Sitzen statt, bei ein bis zwei Terminen à fünfzig Minuten in der Woche. Bei einer TP werden von der Krankenkasse in der Regel maximal hundert Sitzungen bezahlt.

Analytische Psychotherapie (PA)

Diese Behandlung konzentriert sich ganz auf die Beziehung zwischen Therapeut und Patient. Hier eine Kostprobe aus einer meiner Sitzungen aus der Selbstpsychologischen Psychotherapie, die eine zeitgemäße Variante der PA ist:

Monatelang dazu ermutigt, auszudrücken, wie ich mich fühlte, fragte ich:»Dr. Weston, ist mit uns alles okay?«

Schweigen.»Wieso? Glauben Sie, dass etwas nicht in Ordnung ist?«, erwiderte er mit ernstem Blick.

Sofort kam ich mir vor wie in einer Prüfung, fühlte mich getadelt. Bestimmt hatte ich etwas Unpassendes gesagt. Also stammelte ich: »Ich weiß nicht, aber wenn Sie das so sagen, habe ich den Eindruck, Sie kritisieren mich.«

»Ich will Sie nicht kritisieren«, meinte er nachdrücklich.»Es ist mir aber wichtig, zu verstehen, wie Sie zu dem Eindruck kommen, es sei nicht alles okay.«

Erleichtert atmete ich auf und sagte:»Sie wirken irgendwie angespannt.«

Zu meiner Überraschung antwortete er:»Ihr Gefühl ist zutreffend, ich habe im Moment sehr viel zu tun und bin deshalb etwas gestresst. Es hat aber nichts mit Ihnen zu tun.«

Beruhigt ging ich nach Hause. Doch wirkte Dr. Weston wieder einmal abwesend, streng oder unzugänglich, kochte die Panik, dass unsere Beziehung instabil sein könnte, erneut in mir hoch. Deshalb kamen wir in einem weiteren Gespräch abermals an diesen Punkt, und Dr. Weston fragte: »Wie kommt es, dass Sie das, was ich ausstrahle, unweigerlich auf sich beziehen?«

Bei mir kam an: Sie sind ja total egoman, es dreht sich nicht die ganze Welt um Sie! Also entschuldigte ich mich, was er ungeduldig wegwischte, mit dem Hinweis, dass es doch darum ginge, dieses Verhalten zu verstehen. Doch ich kam nicht drauf. Mit Dr. Weston beleuchtete ich deshalb das Unbewusste: Offenbar waren meine Emotionen in diesem Fall noch die eines Säuglings. Babys empfinden sich nämlich als Teil der Mutter, erst mit vier, fünf Jahren wissen kleine Kinder, dass sie mit anderen Menschen zwar emotional verbunden sind, aber ein eigenes Selbst haben. Da ich, ein seelischer Säugling, nur aus Bruchstücken bestand, noch kein stabiles Selbst hatte, fühlte ich mich grundsätzlich mit anderen verschmolzen. Das erklärte auch, warum mir das Leid jedes Obdachlosen, jedes Rollstuhlfahrers und jeder Blinden so naheging, als wäre es mein eigenes. Deshalb bezog ich die Anspannung von Dr. Weston auf mich. Jahrelang musste ich am eigenen Leib erfahren, dass die Beziehung von ihm aus stabil ist, auch wenn er mal verkrampft, mal ungeduldig und mal fordernd ist. Heute frage ich ihn nur noch selten: »Alles okay?«

In der Analyse ist die Beziehung zwischen Analytiker und Analysand nicht nur die Grundlage, auf der dann die Technik zum Tragen kommt, sondern sie ist die Technik selbst. Wenn man die therapeutische Beziehung versteht und ihre bewussten und unbewussten Anteile analysiert, findet man heraus, warum der Klient die Welt durch eine bestimmte Brille sieht, sich so fühlt, wie er sich fühlt, und warum er sich und seine Beziehungen innerhalb und außerhalb der Behandlung so gestaltet, wie er es tut. Analytiker wollen das ganze Selbst und nicht nur Symptome (KVT) oder

Teilaspekte (TP) behandeln. Die tief sitzenden, unbewussten Probleme sollen in der therapeutischen Beziehung durch Übertragung und Gegenübertragung erneut aufleben – so hatte ich furchtbare Angst, verlassen zu werden, und klammerte mich deshalb an Dr. Weston, als sei er meine Mutter, ohne die (ohne den) ich nicht leben konnte. In der Fachsprache heißt das Regression.

Nun gilt es, sich zusammen das Unbewusste fortlaufend bewusst zu machen: Die Angst vor dem Verlust ist ein verdrängtes, aber berechtigtes Gefühl aus meiner Kindheit, denn meine Mutter ist ja tatsächlich gestorben. Da die Beziehung zu ihr instabil, aber trotzdem sehr eng war, war ich sehr von ihr abhängig und mein eigenes Ich nur bruchstückhaft ausgebildet. Mein Gefühl, dass etwas von mir mit ihr gestorben war, mein Selbst nur aus Splittern bestand und ich allein nicht lebensfähig war, ist in der Subjektivität meiner Geschichte zutreffend. In der Beziehung zu Dr. Weston lebte ich die Empfindungen, die eigentlich meiner Mutter gegolten hätten (Trauer, Liebe, Wut), aus, und wir reflektierten, was sich zwischen uns abspielte und warum. Da Dr. Weston eine bessere Mutter war als meine eigene und dazu Therapeut, konnte ich mich seelisch von dem in seiner Reifung stehen gebliebenen kleinen Kind zu einer selbstbewussten Erwachsenen entwickeln. Statt depressiv zu sein, stand ich immer mehr zu meinen Gefühlen, hielt sie aus und achtete auf meine Belastungsgrenzen, so banal das auch klingt. Mit diesen positiven Erfahrungen – und denen, die noch kommen werden, zum Beispiel, dass die Trennung von Dr. Weston sehr schwer, aber überlebbar sein wird – bin ich besser gerüstet für Freundschaften und Partnerschaften, aber auch für die Kränkungen, Verluste und Abschiede in der Zukunft.

Die analytischen Psychotherapien sind ebenso wie die Tiefenpsychologie aus der von dem österreichischen Arzt Sigmund Freud (1856–1939) entwickelten klassischen Psychoanalyse entstanden. Viele seiner Erkenntnisse sind heute noch gültig, manche heftig umstritten, einige wurden eindeutig widerlegt. Früher lag man mehrere Stunden die Woche über Jahre auf der Couch und sprach unzensiert aus, was einem so einfiel (freie Assoziation). Der Therapeut, in der Funktion einer Projektionsfläche, einer »leeren Leinwand«, saß außerhalb des Blickfelds, schwieg überwiegend und äußerte nur selten eine Deutung, zum Beispiel zu einem Traum. Sein Fokus lag auf den unterdrückten sexuellen Trieben. Diese orthodoxe Form ist heute selten, dafür gibt es inzwischen etliche unterschiedliche Versionen von analytischen Therapien. Sie haben gemeinsam, dass es immer um die Aufdeckung von unbewussten Gefühlen, Gedanken und verdrängten Erinnerungen geht, meist aus den ersten Lebensjahren. Denn heute weiß man sicher, wie entscheidend jeder Mensch durch die schon im Säuglingsalter entstehenden Beziehungen geprägt wird, besonders durch die zur Mutter. Daher geht die PA davon aus, dass diese – oft existenziellen – Lebenserfahrungen psychische Erkrankungen wie Depressionen zu einem entscheidenden Teil mit verursachen. Dadurch, dass Unterbewusstes zugänglich wird, tauchen oft heftige Emotionen wie Ekel, Hass, Scham oder Schuldgefühle wieder auf. Der Behandler bekommt dann die Gefühle ab (Übertragung), die man früher nicht ausleben konnte. Kleine Kinder sind so abhängig von ihren Eltern, dass sie sich an unfähige, überforderte, gewalttätige oder kranke Bezugspersonen anpassen. Dadurch können sie entscheidende Entwicklungsschritte zur Entwicklung eines gesunden Ichs nicht machen. Diese Schritte gilt es, nun mit dem Analytiker zu erleben (Nachreifung). Der bietet außer der Übertragung und Gegenübertragung parallel auch eine authentische Beziehung an. Lässt es beispielsweise zu, dass der Patient ihm so wichtig wird, dass er persönlich betroffen wäre, wenn der sich umbringt.

In der analytischen Therapie geht der Patient mit dem Behandler eine gleichermaßen persönliche wie professionelle therapeutische Beziehung ein. Daran, wie diese sich gestaltet, können beide die unbewussten Konflikte des Patienten erforschen. Durch das besondere Miteinander werden bisher fehlende seelische Entwicklungsschritte möglich. Das Erleben des Patienten ändert sich, weil er neue Beziehungserfahrungen macht – zum Beispiel, dass er von seinem Therapeuten nicht verlassen, nicht ignoriert und/oder ausgelacht wird. Die Behandlung findet meist im Liegen statt, bei zwei bis drei Sitzungen à fünfzig Minuten in der Woche. Eine Psychoanalyse bezahlt die Krankenkasse in der Regel bis zu einem Umfang von dreihundert Stunden.

Musiktherapie: Nicht jede Frau kann gut über ihre Gefühle reden

Eine ambulante Musiktherapie wird nur in Ausnahmefällen von der Krankenkasse bezahlt, dennoch gibt es drei gute Gründe, sich mit ihr zu beschäftigen:

1. Musiktherapien stehen hier stellvertretend für alle nonverbalen Therapien, ganz gleich ob Ergo-, Tanz- oder Konzentrative Bewegungstherapie. Es ist nachgewiesen worden, dass Depressive von ihnen profitieren können. Nicht von ungefähr werden sie bei Aufenthalten in der Psychiatrie und in der Psychosomatik angeboten.
2. Etliche haben Vorurteile gegen diese Art von Therapien, wollen nicht auf einem Instrument spielen, malen oder basteln. Was soll das bringen, fragen sie sich. Oder sie haben Angst, sich zu blamieren. Keiner aber wird eine Musiktherapie peinlich finden, wenn man sie erklären kann.
3. Depressiven fällt es oft sehr schwer, über Gefühle zu sprechen und sie zum Ausdruck zu bringen, insbesondere ältere Frauen sind davon betroffen. Für diese Menschen ist eine Musik- oder auch eine Ergotherapie eine hervorragende Alternative.

Musik beruhigt, verbessert die Laune, heilt. Unsere Hörzellen sind die empfindlichsten Empfänger, die wir haben, noch vor dem Seh- oder Tastsinn. Und Gefühle werden am unmittelbarsten übers Ohr ausgelöst, weil die Hörkanäle direkt mit dem Thalamus (Teil unseres Zwischenhirns) und dem limbischen System (unser »Gefühlszentrum« im Gehirn) verbunden sind. Musik rührt an tiefe Schichten unserer Persönlichkeit – schon im Mutterleib, als wir noch im Fruchtwasser schwammen, hörten wir den Herzschlag der Mutter, die Töne und Geräusche, die durch ihren Atem, ihre Stimme, ihre Darmgeräusche und ihre Knochen erzeugt wurden. Töne wirken aber nicht nur auf die Seele, sondern auch auf das vegetative Nervensystem, sie beeinflussen die Herz- und die Atemfrequenz. Deshalb wird Musik beispielsweise auch erfolgreich zur Rehabilitation von Herzkranken, bei Komapatienten und Frühchen eingesetzt.

Töne und Klänge sind für uns also deshalb so wichtig, weil Musik die Verbundenheit von Körper und Seele unterstützt, das Mit-sich-eins-Fühlen. Und genau das ist ja bei einer Depression aus dem Lot gekommen.

Wie aber funktioniert eine Musiktherapie? Es geht dabei um das Hören von Musik, aber auch darum, aktiv zum Musizieren motiviert zu werden. Ich selbst habe diese Form der Therapie während meines ersten Klinikaufenthalts kennengelernt. Auf den vielen Instrumenten, die es dort gab, konnte man sofort losspielen. Normalerweise spricht man am Anfang der Stunde über das, was jeden einzelnen Patienten gerade bewegt. Danach folgt der Hauptteil, in dem Musik gemacht wird – der Therapeut spielt selbstverständlich auch mit –, in dieser Zeit wird nicht geredet. Anschließend spricht man darüber, was jeder in der musikalischen Phase erlebt hat. Wichtig für das Setting ist die Improvisation. Viele Patienten sagen: »Ich kann aber gar kein Instrument spielen.« Darum geht es jedoch nicht. Geräusche erzeugen kann jeder.

Ob das Spiel im landläufigen Sinn schön klingt, ist nicht wichtig. Tatsächlich entsteht manchmal eine wunderbare Improvisation, manchmal tönt es erst einmal nur wie Krach. Hauptsache ist jedoch, dass mit der Musik Gefühle ausgedrückt werden, sodass man etwas über sich erfährt, auch über die eigene Position in der Gruppe beziehungsweise über das Miteinander mit dem Therapeuten. Passe ich mich an, oder reiße ich das Solo an mich? Geht mein Instrument unter, oder spielt es eine alles beherschende Rolle? Bin ich mit den anderen in Kontakt, spielen wir zusammen oder jeder für sich? Im anschließenden Gespräch versucht man, dem Gefühlten auf die Spur zu kommen. Was löst meine Musik in mir aus? Erinnert sie mich an etwas? Wie ging es mir mit der Musik des anderen? Mit dem gemeinsamen Spiel? Die Musik wird zu einem Symbol, hier bildet sich ab, was in einem selbst und in der Gruppe passiert. Mithilfe der Musik kann das spürbar gemacht werden, und dann wird es oft leichter, auch darüber zu sprechen.

Das Schöne an nonverbalen Therapien ist: Hier kann man viel ausprobieren. Man muss nichts leisten, es gibt kein Richtig oder Falsch, man kann spielerisch experimentieren. Wie sich das anfühlt, beschreibe ich in dem nachfolgenden Protokoll, das ich nach meinen Erinnerungen während meiner ersten stationären Wochen anfertigte, aber auch während meiner noch folgenden Krankenhausaufenthalte:

Von geheimen Gefühlen – meine eigene Musiktherapie

Ich werde nie vergessen, wie die Musiktherapeutin – sie trug weiterhin wallende Gewänder, nur in unterschiedlichsten Farben – in einer der ersten Stunden sagte, mein Spiel auf dem Kontrabass hätte sich angehört wie ein Wimmern. Damit hatte sie exakt beschrieben, wie ich mich während des Musizierens gefühlt hatte – aber das war geheim! Dass ich mich wie ein wimmerndes, von seiner Mutter verlassenes Baby empfunden hatte, konnte ich nicht mal mir selbst zugestehen, geschweige denn jemand anderem. Zu fest verankert war in meinem Kopf die Härte, die mein Vater mir eingestanzt hatte. »Disziplin, Heide, Disziplin«, das sagte er andauernd. Und nun hatte die Musiktherapeutin mein innerstes Gefühl entdeckt, das Wimmern. Ich war schockiert, glaubte, mich verraten zu haben. Und gleichzeitig war ich überrascht und dankbar, dass jemand mitbekam, wie ich mich wirklich fühlte. Dass mich jemand wirklich hörte.

Auch bei der zweiten Erkenntnis erschrak ich. Die Therapeutin und einige Mitglieder der Gruppe sagten mir, sie hätten sich von meinem Spiel total an die Wand gedrückt gefühlt, ich hätte ihnen den Raum genommen. Sofort war ich in Tränen aufgelöst. Mein Vater war extrem dominant, und Dominanz war deshalb für mich etwas Schlimmes. So wollte ich keinesfalls sein. Noch furchtbarer wurde die Situation für mich, weil ich selbst überhaupt nicht das Gefühl hatte, den anderen Raum wegzunehmen. Im Gegenteil. Ich fühlte mich ohnmächtig und hilflos; für mich war klar, dass mein Leid sowieso niemand mitbekam.

Aus dieser Stunde lernte ich sehr viel. Nämlich dass ich – leider – in höchster Not äußerst bedrängend werden kann. Wie ein Kind, das sich aus Angst panisch an die Mutter klammert und sie nicht mehr loslässt. Wenn Eltern so sind wie mein Vater, schütteln sie dieses klammernde Kind einfach ab – und es fühlt sich ohnmächtig, so wie ich mich immer gefühlt hatte. Trifft man dagegen – wie in der Therapie – auf Menschen, die einem zugewandt sind, kann man einen Schritt zurückgehen, muss nicht mehr klammern und kann trotzdem immer noch eindrücklich seine Not schildern. Mit dem entscheidenden Unterschied, dass der Schmerz ernst genommen wird.

So konnte ich dann auch nach einiger Zeit meinen Wunsch verstehen, den ich oft in der Musiktherapie erzählte: Am liebsten würde ich in einer Band spielen – so wie ich mir eine Band vorstelle. Alle sind gleichberechtigt, keiner wird untergebuttert. Alle musizieren für sich – und zugleich miteinander. Alle sind unterschiedlich, aber gehören dennoch zusammen. Jeder hat sein Solo, doch keiner ist der alleinige Star. Manchmal entstand tatsächlich so eine Art Konzert. Das war immer wunderbar, und es machte mich sehr glücklich, daran teilzuhaben. Es war das genaue Gegenteil zu dem, wie es früher bei mir zu Hause war.

Überrascht war ich, als die Musiktherapeutin mir klarmachte, dass ich mich immer für Instrumente mit einem möglichst großen Resonanzkörper entscheiden würde. Der Kontrabass, das Klavier oder die Pauke. Es stimmte, ich spielte kaum ein anderes Instrument. Zusammen fanden wir heraus, dass es für den tiefen Wunsch steht, jemand möge sich für mich interessieren. Ich wünschte mir – auch lange Zeit heimlich –, von jemandem ganz viel Widerhall zu bekommen. Wie bei Eltern, die sich von bunt hingekritzelten Bildchen über den Teddy bis hin zu den Schleich-Tieren in der Badewanne für alles interessieren.

Inzwischen gibt es in meinem Krankenhaus einen neuen Musiktherapeuten. Durch ihn erfuhr ich: Meine engsten Beziehungen sind immer die Zweierbeziehungen. In Gruppen habe ich oft das Gefühl, dass ich eine graue Maus bin, die neben den anderen verblasst und schließlich unsichtbar wird. Wenn ich aber mit jemandem in einem Duo spiele, entsteht oft eine große Nähe, entwickelt sich ein Frage-Antwort-Spiel, oft ein sehr vertraut klingendes Zwiegespräch oder ein durchscheinender, zarter Dialog. Die Atmosphäre im Raum verändert sich, sie scheint sich aufgrund des gemeinsamen Spiels zu verdichten. Ich kann Emotionalität geradezu fühlen, und ich weiß inzwischen, dass die Zuhörenden sie auch wahrnehmen. Im Gegensatz zum sonstigen Leben muss ich diese Nähe nicht fürchten. Es ist ja »nur« Musik. Niemand kommt mir zu nah, und trotzdem entfaltet sich zwischen mir und dem anderen eine ergreifende Intimität. Musiktherapien bieten Raum, Gefühle gemeinsam auszuhalten, darunter auch eine Traurigkeit, die so groß ist, dass man sie sonst kaum ertragen kann.

➤ Kontakt und Nähe durch Musik

Ein Interview mit der Diplom-Musiktherapeutin Susanne Metzner, die als Professorin an der Hochschule Magdeburg-Stendal lehrt.

Frau Professor Metzner, für wen eignet sich Musiktherapie?
Die Frage lässt sich umgekehrt leichter beantworten: Für diejenigen, die mit Musik gar nichts anfangen können, eignet sich wohl eine andere Therapieform eher. Allerdings muss man noch hinzufügen, dass in der Psychotherapie eine gute therapeutische Beziehung für einen Erfolg den größeren Ausschlag gibt als die Methode oder das Medium, das zum Einsatz kommt.

Kann es mir als Depressiver auch helfen, wenn ich alleine Musik höre?
Bei einer depressiven Verstimmung greifen viele Menschen intuitiv in ihre »musikalische Hausapotheke«. Das heißt, sie suchen eine Musik aus, die zu ihrer Stimmung passt und die sie als angenehm und passend empfinden. Auf diese Weise entsteht beim Hören das Gefühl, verstanden und gut aufgehoben zu sein, sodass Selbstzweifel oder Antriebslosigkeit gelindert werden können.

Wie wirkt Musiktherapie bei depressiv erkrankten Menschen?
Diese Frage lässt sich pauschal nicht wirklich beantworten, weil die Menschen sehr verschieden und die Ursachen und Ausprägungen der depressiven Erkrankung unterschiedlich sind. Eine gute Therapie wird immer die individuelle Situation einer Patientin zum Ausgangspunkt nehmen. Während es für die eine Patientin hilfreich sein mag, in der Musiktherapie die eigene Kraft und vielleicht lange schon unterdrückte Impulsivität an einem Schlagzeug zu entdecken, gewinnt eine andere Patientin im musikalischen Zusammenspiel mit der Therapeutin eine Vorstellung davon, wie schwer es ist, miteinander in Kontakt zu kommen und ihn zu halten. Wünsche nach Nähe und Geborgenheit stehen Hemmungen und Verlassenheitsgefühlen gegenüber. Beiden

genannten Beispielen ist gemeinsam, dass mithilfe des Musizierens die Achtsamkeit für sich selbst geweckt wird, für Wünsche und Ängste, für wichtige Lebensereignisse und die derzeitige Lebenssituation. Dies ist wichtig, weil der depressive Mensch unter dem Gefühl der Sinnlosigkeit und der Entfremdung vom eigenen Leben leidet. Eines der wichtigsten Therapieziele besteht darin, das eigene Leben wieder in die Hand nehmen zu können. Bei sehr schweren Depressionen kommt zu den Hauptsymptomen ein verändertes Zeiterleben hinzu. Hier kann Musik, die sich ja in der Zeit abspielt, dabei helfen, das innere Tempo, den eigenen Rhythmus wiederzufinden. Das ist oft sehr mühsam, weil die Angst zu versagen und die eigenen Ansprüche, dass das schnell gelingen müsse, mächtige Hinderungsgründe darstellen. Der Vorteil von Musik ist ihre Wandelbarkeit und Vielseitigkeit. Aber es ist auch manchmal eine einfache Melodie, die zu rühren vermag und die Hoffnung vermittelt, dass es auch wieder sonnigere Zeiten geben wird. Gerade einen depressiven Menschen kann dies wiederum traurig stimmen. Aber wer unter einer Depression leidet, hat auch Grund zum Trauern. Musik lässt manchmal Tränen hochkommen, aber sie ist für viele Menschen zugleich Trostspenderin.

Haben Sie in der Musiktherapie bei depressiven Frauen Typisches beobachten können?

Frauen sind trotz ihrer Depression oft bereit, sich auf etwas Neues einzulassen, auch wenn nicht gleich klar ist, was dabei herauskommen soll. Das kann von Vorteil sein, wenn es darum geht, sich aus dem Gefängnis der Depression zu befreien.

Ein gesetzliches Schlupfloch für einen schnelleren Therapieplatz

• Noch ein Tipp: Sehr oft müssen Patienten monatelang auf einen Therapieplatz warten, in den neuen Bundesländern und in der Provinz kann es länger als ein Jahr dauern. Doch es gibt ein gesetzliches Schlupfloch – geregelt im Sozialgesetzbuch (SGB) –, mit dem man die Chance hat, früher einen Platz zu bekommen. Folgendes ist dazu notwendig: Man muss mittels eines Attests vom Arzt nachweisen, dass man dringend eine Psychotherapie braucht. Sie muss »unaufschiebbar« und »notwendig« sein. Dazu muss man schriftlich belegen, dass man versucht hat, bei mehreren Therapeuten mit Kassenzulassung einen Platz zu bekommen, jedoch ohne Erfolg. Man hat dafür einen approbierten Psychotherapeuten gefunden, der keine Kassenzulassung, aber einen freien Therapieplatz hat. Vor dem Beginn der Therapie kann man bei der Krankenkasse einen Antrag stellen, ob sie die Kosten der Sitzungen erstattet, die man selbst vorstrecken müsste. Lehnt die Kasse den Antrag auf Kostenübernahme letztlich doch ab, kann man Widerspruch einlegen. Wird der abgeschmettert, gibt es die Möglichkeit, vor dem Sozialgericht zu klagen. Es wird dann im Einzelfall entschieden. Der Nachteil ist, dass das Prozedere für depressive Patienten sehr anstrengend ist. Man kann aber Verwandte, Freunde und soziale Träger fragen, ob sie einem helfen. Denn ob man in drei oder erst in zwölf Monaten mit der Therapie beginnen kann, macht einen gewaltigen Unterschied.[33]

Der Irrtum der Zwei-Jahres-Regel

• Hartnäckig hält sich das Gerücht, dass man nach einer beendeten Psychotherapie erst zwei Jahre später bei der Krankenkasse eine weitere Therapie beantragen kann. Richtig ist, dass in den ersten zwei Jahren ein Gutachter eingeschaltet werden muss. Versuchen kann man es also.[34]

Die Kasse zahlt ambulante Ergotherapie

• Eine ambulante Ergotherapie kann (anders als die Musiktherapie) als Krankenkassenleistung vom Arzt verordnet werden.[35]

13 Reine Nervensache –
Pendlerin zwischen drinnen und draußen

Dienstag, 4. März 2008, 24. Tag: Jeder muss sich an die Regeln halten
Angespannt saß ich im Gruppenraum auf meinem pinkfarbenen Kunststoffstuhl, zusammen im Kreis mit den anderen Patienten. Wir waren zu zehnt, vier Männer und sechs Frauen, die meisten in Jogginghosen und Hausschuhen. An der Wand hing ein Druck von Claude Monets »Impression, Sonnenaufgang«, Schiffe im Nebel, auf dem Wasser bricht sich das Licht der aufgehenden Sonne. Dr. Müller leitete die neunzigminütige Gesprächsgruppentherapie. Außerdem nahm noch Frau Wulf teil. Die Schwestern und Pfleger hier in der Klinik geben nicht nur Pillen aus, sie sind zudem für bestimmte Patienten oder Patientengruppen zuständig. Ein kurzer Blick durchs Fenster nach draußen: Am Himmel lagen die Wolken übereinander wie graue Decken. Drinnen kochte die Stimmung. Wieder einmal stand mein Verhalten im Mittelpunkt.

»Es ist eine Frechheit, dass du nicht pünktlich aufstehst. Wenn das jeder machen würde.« Dies sagte meine Zimmernachbarin Katja, eine gut aussehende Mittvierzigerin, die als Einzige immer Trachtenmode trug.

»Wir haben auch keinen Bock, um halb acht schon zum Frühstück zu gehen, und tun es trotzdem.« Katja wurde unterstützt von Uwe, einem Dachdecker mit Stiernacken und kräftigen Pranken.

»Begreift ihr denn nicht, dass ich nicht aufstehen kann?«, erwiderte ich, bemüht, mich zu verteidigen. »Es geht nicht darum, dass ich zu bequem bin, um das Bett zu verlassen. Warum glaubt ihr mir das nicht?«

»Du ziehst dich immer raus, wir sind aber eine Gruppe«, bemerkte Elin. Mir fiel auf, dass sie ihren Kurzhaarschnitt umgefärbt hatte, an diesem Tag trug sie Platinblond. Stand ihr das? Die Gruppe holte mich schnell in die Gegenwart zurück. Von allen Seiten hagelte es auf mich ein. Ich wurde massiv attackiert, und so fühlte ich mich auch: persönlich angegriffen. Mein Herz raste, mein Mund war ganz trocken, unter den Achseln brach der Schweiß aus. Am liebsten hätte ich um mich geschlagen. Vor allem aber war ich überrascht, dass ich Ärger dafür bekam, dass ich mich nicht immer exakt an alle Regeln hielt. Von den Patienten wohlgemerkt, nicht vom Personal. Während die anderen sich noch weiter über mich ereiferten, schweiften meine Gedanken wieder kurz ab. Es war genau das passiert, was ich mir an meinem ersten Tag in der Klinik geschworen hatte zu vermeiden: Ich hatte mich verletzbar gemacht. Doch das schien unvermeidlich, denn Streit gehört hier zum Programm. Auf dieser Station wird psychodynamisch gearbeitet, was bedeutet, dass das Zusammenleben mit den anderen Patienten Teil der Therapie ist. Man soll voneinander lernen, sowohl von den gemeinsam gemachten positiven Erfahrungen wie auch von den Konflikten.

Eine Grundregel in der Psychotherapie ist es, dass in der Beziehung zum Therapeuten genau die Probleme auftauchen, die man auch sonst mit seinen Mitmenschen hat. Ob sich jemand nun immer unterordnet oder keine Nähe erträgt, arrogant ist oder leicht einzuschüchtern, ein Alphatier oder ein Mitläufer – es spiegelt sich in der therapeutischen Beziehung wider. Mit dem Therapeuten kann man dann daran arbeiten und neue, insgesamt bessere Erfahrungen machen, die in der Zukunft umzusetzen sind. Was sich in einer ambulanten Therapie zwischen zwei Menschen abspielt, betrifft auf der Station alle, die dort leben und arbeiten: also zwanzig an Persönlichkeitsstörungen, posttraumatischen Belastungsstörungen, Essstörungen, Depressionen, Ängsten und/ oder Zwängen leidende Patienten, drei Ärzte, einen Psychologen, drei Krankenschwestern, drei Pfleger, einen Sozialarbeiter und drei Fachtherapeutinnen. Da jagt eine Auseinandersetzung die nächste, es ist ein Hexenkessel der Gefühle – und ich befand mich immer noch mittendrin. Denn der Schlagabtausch in der Gesprächsgruppentherapie ging weiter.

Ich sagte: »In einer Gruppe muss es doch möglich sein, dass Einzelne anders sind.« Langsam wurde ich bockig. Was ging es die anderen eigentlich an, ob ich nun pünktlich zum Frühstück kam oder nicht? Ich erntete augenblicklich Gegenwind: »Jeder hier muss sich an die Regeln halten. Hör doch mal auf damit, ständig Ausreden zu erfinden.«

Schon oft war ich heulend aus der Therapie gelaufen, weil ich so gekränkt und verletzt war. Jetzt war es wieder so weit: Mir schossen die Tränen ins Gesicht, und ich verließ den Raum. Ich fühlte mich, als hätte man mich überhaupt nicht wahrgenommen.

Wie hatte es nur dazu kommen können? Wieso war es nicht bei jenem Klinikaufenthalt im Sommer 2006 geblieben, wieso mussten noch viele in den nächsten Jahren folgen? Weil sich während meiner ersten stationären Behandlung das bestätigte, was ich seit meiner Kindheit geahnt hatte: Ich bin ernsthaft seelisch krank. Meine Depression ist chronisch. Als ich das fünfzehnte Mal auf einer psychiatrischen Station war, habe ich aufgehört zu zählen. Mit der Klinik trat eine neue Welt in mein Leben, die meine alte nachdrücklich verändert hat. Ich bin zu einer Pendlerin geworden. War ich früher jedoch monatelang »auf Station«, sind es dank der guten Therapie bei Dr. Weston heute nur noch Wochen. Zuerst war ich fast die Hälfte des Jahres da, aktuell sind es, aufs Jahr verteilt, etwa drei Monate. Meinen Freunden schicke ich dann immer eine SMS: »Mir geht's nicht gut, muss wieder ins Krankenhaus. Melde mich, wenn's besser läuft.« Am Anfang hagelte es prompt Antworten, in denen stand: »Gute Besserung«, »Mensch, das tut mir aber leid« oder »Halt die Ohren steif«. Mit den Jahren wurden sie weniger. Denn dass ich in die Psychiatrie muss, ist für meine Freunde und mich etwas Normales geworden. Heimlich wünsche ich mir, immer noch so umsorgt zu werden wie beim ersten Mal: mit vielen Besuchen, Briefen, Karten, Päckchen und Anrufen. Denn für mich ist jeder Aufenthalt im Krankenhaus weiterhin ein Ausnahmezustand.

Mittwoch, 5. März 2008, 25. Tag: Mit Geschwistern im Kinderheim
Der Tag hatte einen seltenen Höhepunkt: Meine Freundin Katrin kam zu Besuch. Wir haben uns 1997 bei einem Praktikum beim Fernsehen kennengelernt. Sie ist zweiundvierzig, groß und schlank, hat kurze dunkle Haare, braune Augen und eine überaus freundliche Ausstrahlung. An diesem Nachmittag brachte sie frisches Obst mit. Ich freute mich sehr über ihr Kommen und war schon ganz kribbelig, ihr zu erzählen, wie es mir ging. Wir setzten uns ins Erdgeschoss in die Cafeteria, ein an drei Seiten verglaster Raum mit Servietten und künstlichen Blümchen auf den Tischen. Weder der Service noch das Essen konnte uns erfreuen. Der Kuchen war noch am besten. Ich erinnerte mich daran, dass eine Patientin einmal treffend gesagt hatte: »Wir sind hier nicht im Hilton!«

Bevor ich etwas sagen konnte, fragte Katrin, wie es denn bei diesem Aufenthalt so laufen würde.

Voller Wut berichtete ich ihr von der Gesprächsgruppentherapie: »Sie waren schon wieder alle gegen mich. Weil ich es oft nicht zum Frühstück schaffe. Jeder Tag beginnt für mich mit Panik, und ich kann dann einfach nicht aufstehen. Aber die Patienten nehmen mir das nicht ab.«

Katrin blickte mich erstaunt an. »Warum regst du dich eigentlich so auf? Warum interessiert dich, was sie sagen?«

Ich fühlte mich unverstanden und versuchte, Katrin das Stationsleben zu erklären: »Drinnen kommt es schneller zum Streit, und den zu führen, ist viel härter als eine Auseinandersetzung mit Freunden. Es tut sehr weh, wenn jemand sagt: ›Von dir fühle ich mich immer an die Wand gedrängt‹ oder ›Deine Art nervt einfach total‹.« Mehrfach wollte ich die Station verlassen, weil ich mich ausgestoßen und weggebissen fühlte. Nicht nur Katrin, auch andere Freunde sind immer wieder überrascht, dass der Kontakt mit den Patienten so intensiv ist. Da führt man erbitterte Kontroversen mit Menschen, die man vor zwei Wochen noch gar nicht kannte. Vordergründig geht es meist um Pünktlichkeit, ums Aufräumen oder um soziales Verhalten. Nach der Erfahrung in meiner ersten Musiktherapiestunde habe ich Jahre gebraucht, viele Tränen geweint und noch mehr Wortgefechte durchgestanden, um zu begreifen, was sich hinter diesen Konfrontationen verbirgt. Ein Grund ist, dass sich viele lieber in einen Streit darüber stürzen, wie dreckig der Aufenthaltsraum ist, als sich mit ihren eigenen, schmerzhaften Problemen auseinanderzusetzen. Dann finden in der Morgenrunde Diskussionen statt wie diese:

»Leute, ich hab die ganze Woche aufgeräumt, ich bin nicht eure Putzfrau.« (Katja)

»Du lässt es ja auch keinen anderen machen. Wenn ich meine Teetasse wegräumen will, warst du schon wieder schneller.« (Elin)

»Ach, jetzt bin ich schuld daran, dass du zu langsam bist?« (Katja)

In solchen Situationen war ich meist genervt. Immer diese Zankereien über Nebensächlichkeiten, die nichts bringen außer Frust, so dachte ich lange. Bis ich begriff: Die Welt hier drinnen ist wie ein Kinderheim. Die meisten Patienten scheinen verletzte, vernachlässigte, im engen und im weiteren Sinn misshandelte Kinder zu sein. Alle sind außerordentlich empfindlich und extrem leicht zu kränken. Man tritt sich ständig gegenseitig auf die Füße. Die meisten Depressiven, die ich kennengelernt habe, fühlen sich wie ich: wertlos, klein und unbedeutend. Und aus diesem Grund geht es immer nur vordergründig um die Spülmaschine oder den Raucherraum.

Ich brauchte so lange, um das zu erkennen, weil viele eine stabile Fassade haben und gut schauspielern können. Eine große Anzahl depressiver Menschen wirkt nach außen sehr belastbar, aber eben nur nach außen. In die Psychiatrie gelangen sie deswegen in der

Regel erst nach jahrelangem Leid. Sie sind dann bedürftig, seelisch ausgehungert. Sie brauchen, genau wie ich, ganz viel Anteilnahme, ganz viel Aufmerksamkeit. Und um diese konkurrieren wir miteinander. Wir sind wie Geschwister, die eifersüchtig darüber wachen, dass der andere nur ja nichts bekommt, was man selbst auch nicht erhält. Nie werde ich vergessen, wie einmal eine Patientin in der Gruppentherapie zu mir sagte:

»Na ja, ich muss zugeben, dass ich dich nicht mag, weil ich so neidisch auf dich bin.«

Ich glaubte, nicht richtig gehört zu haben. »Neidisch? Worauf, in Gottes Namen, soll man denn bei mir neidisch sein?«

»Du kannst dich immer so gut ausdrücken. Und wenn wir abends fernsehen, kennst du immer die Schauspieler und Regisseure.«

Ich war sprachlos und fühlte mich wie vor den Kopf geschlagen. Weder das eine noch das andere war für mich etwas Besonderes. Aber dieser knappe Dialog war eine große Lektion für mich: Es gibt Menschen, die mich beneiden. Eben wie ein Geschwisterkind. Darauf wäre ich von allein nicht gekommen. Ich kannte den Neid nur bei mir selbst. In jeder Gruppe fand ich immer jemanden hübscher, charmanter und klüger als mich. Das Gefühl, von Eifersucht zerfressen zu werden, weil eine bestimmte Frau in der Gruppe beliebter ist als ich, oder schlanker, war mir nicht fremd. In der Draußen-Welt beobachtete ich das an den Kindern meiner Freunde. Sie verhalten sich offen so, wie es die Patienten im Verborgenen tun: missgünstig, im ständigen Wettstreit miteinander. Neid ernte ich in der Klinik auch, weil ich scheinbar, von außen gesehen, noch viel kann. Dabei empfinde ich mich meist als Schwächling. Doch die Patienten schätzen mich häufig ganz anders ein, viele finden mich stark und durchsetzungsfähig. Zwischen dem, wie ich mich fühle, und dem, was ich ausstrahle, klafft ein riesiger Unterschied. Das geht sehr vielen Patienten so, doch sie fallen bei mir genauso auf die Fassade herein wie ich bei ihnen. Auch ich wirke fast immer stärker, selbstbewusster und gesünder, als ich bin. Welche Qualen mich das kostet, sieht man nicht.

Donnerstag, 6. März 2008, 26. Tag: Spaghetti all' Arrabbiata oder Schweinenacken
Pünktlich um halb eins schlurften die Patienten nacheinander in den Speisesaal zum Mittagessen. Dort stand ein langer Tisch aus hellem Furnierholz, links an der Wand brummte ein Kühlschrank, auf dem Fensterbrett welkte ein Basilikum in einem Plastiktopf vor sich hin. Aus einem grauen Radio ertönte Popmusik. Während sich jeder an der Durchreiche zur Küche aus den eckigen Plastikschalen mit den Speisen den Teller füllte, sagte mindestens einer: »Mahlzeit!« Ich fühlte mich wie unter Arbeitern in einer Kantine und ging einen für mich tragbaren Kompromiss ein: »Mohltied!«, sagte ich auf Plattdeutsch.

Ansonsten wurde kaum gesprochen. Viele kamen gerade aus einer Therapie und waren davon noch völlig in Anspruch genommen. Das Essen an sich konnte einem aber auch die Laune verderben und animierte nicht zu Gesprächen. Mir hingen die ewig gleichen Gerichte wie fetter Schweinenacken mit brauner Soße, faden Kartoffeln und zu weichen Möhren schon am ersten Tag zum Hals heraus. Zwanzig Minuten müssen wir am Tisch sitzen bleiben, eine der vielen Stationsregeln. Zu Hause kann ich zu den Mahlzeiten wenigstens lesen oder fernsehen. Ich koche mir normalerweise ein Thaicurry, ein Tabouleh, Spaghetti all' Arrabbiata oder mache mir ein Vollkornbrot mit Ziegenkäse. Wahrscheinlich bin ich einfach verwöhnt. Es gibt nämlich auch Patienten, die das Essen auf der Station gut finden – sie sind aber in der Minderheit.

Freitag, 7. März 2008, 27. Tag: Ein Kastensystem, mitten in Deutschland
Morgenrunde. Beide Kleingruppen, also insgesamt zwanzig Patienten, saßen mit einem Krankenpfleger im Gruppenraum. Jetzt

standen die pinkfarbenen Stühle an der Wand, nicht im Kreis in der Raummitte. Draußen prasselte der Regen. Drinnen war es vor allem eng, alle hockten dicht aufeinander; die Stimmung war angespannt. Vasili, vierzig, ein Mechaniker, groß und dünn, kam zu spät. Am liebsten hätte ich laut in die Runde gerufen:»Seht ihr! Ich bin nicht die Einzige, die unpünktlich ist!«Doch ich war ja gar nicht dran. Gerade erzählte Lara, zwanzig, Krankenschwester, zwei Piercings durch die Unterlippe, wie es ihr vom gestrigen Abend bis heute früh ergangen war:»Ich bin spät ins Bett, weil ich sowieso nicht einschlafen kann. Die Nacht war dann um vier Uhr zu Ende. Jetzt fühle ich mich wie gerädert. Ich gebe weiter.« Als Nächstes sprach Mohammad, dreißig, Polier. Seine Eltern stammten aus dem Iran. Dank seiner Fröhlichkeit und seiner großen schwarzen Knopfaugen war er der Liebling der Station.»Ich hab auch schlecht geschlafen«, berichtete er. Dann folgte Agnieszka, einundvierzig, sie arbeitete als Zugbegleiterin und hatte einen kleinen Sohn. Sie sagte:»Mir geht es heute genauso mies wie gestern.«

Ich sah in die Runde und stellte wieder einmal fest: In der Klinik lebe ich zusammen mit Menschen, mit denen ich im Draußen wenig zu tun habe, mit Elektrikern, Sekretärinnen oder Verkäuferinnen. Zu Hause treffe ich die Freundin, die zur Kosmetikerin geht. Im Krankenhaus treffe ich die Kosmetikerin. Das fiel mir auch auf, als ich nach der Morgenrunde kurz mit Katrin telefonierte. Am Ende des Gesprächs fragte ich sie:»Was machst du heute Abend?«

»Ach«, erwiderte sie,»ich gehe ins Spa, und danach habe ich mir einen Termin bei der Massage gegönnt. Und du?«

»Wir gucken *Wer wird Millionär?*«

Dass ich zu Hause in einer bestimmten sozialen Schicht lebe, wurde mir erst bewusst, als ich die bunt gemischte Welt des Krankenhauses kennenlernte. Meine Freunde sind Journalisten, Anwälte, Ärzte oder Lehrer, sie machen Öffentlichkeitsarbeit oder nennen sich auf ihrer Visitenkarte»Supply Chain Manager«. In der Welt, in der ich tätig bin, in den Verlagen, sieht es nicht anders aus. Dort arbeiten fast ausschließlich gut aussehende, schlanke, gepflegte, nach der aktuellen Mode gekleidete Menschen im Alter zwischen dreißig und fünfzig. Als der Boyfriend-Cut in war, trugen ihn alle Frauen, genauso wie den schlammbraunen Nagellack von Chanel oder Gladiatoren-Sandalen. In der edel gestylten Kantine sitze ich mit Kolleginnen zusammen und spreche über Themen wie diese:

»Was haltet ihr vom neuen Gesetz zur Vorratsdatenspeicherung?«

»Wie ist denn dieses Jahr die Diät-Strecke gelaufen?«

»Bei dawanda.com hab ich eine supercoole Bluse gekauft.«

»Bald läuft der Film zu *Sex and the City* an – wollen wir da nicht hingehen?«

In dieser Welt fühle ich mich oft wie in einer Blase. Die Patienten in der Klinik dagegen entsprechen viel mehr dem deutschen Durchschnitt. Man trifft Menschen in jedem Alter, mit allen nur erdenklichen Berufen und aus jeder sozialen Schicht. Cool und trendy sind die wenigsten. In den Verlagen sind die »Kasten« klar getrennt: Türkinnen sieht man vorwiegend unter den Putzfrauen, dunkelhäutige Afrikaner ausschließlich in der Küche. Wenn einer meiner Kollegen eine zweite Muttersprache hat, ist das Französisch oder Griechisch. Auf der Station dagegen gibt es viele Migranten aus der Türkei und Spätaussiedler aus Polen oder der ehemaligen Sowjetunion. Die Unterschiede zeigen sich nicht nur am Einkommen und an den Interessen, sondern vor allem an der Lebensweise. Die Menschen, die ich draußen kenne, Freunde und Bekannte, Chefs und Kollegen, kochen täglich frisch mit viel Gemüse und Bio-Fleisch, trinken nur maßvoll Alkohol und treiben viel Sport. Auf der Station drängeln sich die Patienten im Raucherraum. Von meinen Freunden und Kollegen raucht kaum noch jemand. Draußen haben die Menschen, mit denen ich zusammenkomme, ein leichteres Leben, und das sieht man ihnen auch an. In der Klinik treffe ich Menschen mit schlechten Zähnen, mit Behinderungen und welche, die im Rollstuhl sitzen. Hier bin ich dankbar, dass ich nicht so perfekt sein muss wie draußen. Denn drinnen bin ich durchschnittlich hübsch und eine von vielen, die dick ist. Das ist da ganz normal. Unter meinen Freunden und zwischen den Kollegen bin ich dagegen die Einzige, die dick ist. Ich falle damit auf wie ein bunter Hund. Wenn ich jemandem aus meinem Berufsleben begegne, schäme ich mich immer dafür, wie ich aussehe. Auf der Station kann ich mich entspannen, dort ist es weniger wichtig, was man arbeitet und welche Statussymbole man sich leisten kann. Ob man sich versteht, hängt von ganz anderen Kriterien ab.

Während dieses Aufenthalts in der Psychiatrie mochte ich Karl am liebsten. Wir trafen uns nach meinem Telefonat mit Katrin auf dem Flur und redeten ein wenig. Er war Anfang vierzig, groß und kräftig, von Beruf Altenpfleger, allerdings nur noch in Teilzeit – der Rücken. Im linken Ohr trug er einen kleinen Ring, auf seinem Arm war großflächig ein Drache tätowiert. Ich mochte ihn, weil er in der Therapie immer bereit war, seine Gefühle zu reflektieren. Außerdem interessierten wir uns für die gleichen Dinge: skandinavische Krimis und das deutsche Pop-Duo Ich + Ich.

»Na, was hast du jetzt vor?«, fragte er mich.

»Ich werde ein bisschen Tagebuch schreiben«, sagte ich. »Und du?«

»Ich muss mit meiner Frau über die Geburtstagsfeier meiner Schwiegermutter sprechen«, antwortete er. »Mir graut jetzt schon davor.«

Ich legte ihm kurz die Hand auf die Schulter.

»Na dann, viel Erfolg.«

Samstag, 8. März 2008, 28. Tag: Leistungsträger und scheinbar Schwache
Birgit rief an. Sie ist die Ausnahme: Auch während meines siebten Klinikaufenthalts telefonierten wir täglich. Und über jeden einzelnen Anruf freute ich mich riesig.

»Hej, Heide, ich wollte nur mal hören: Kommst du zurecht?«, fragte sie.

»Ich wollte dir doch noch von der Visite erzählen«, plapperte ich gleich los. »Dr. Steinhausen war wieder unglaublich. Er hat tatsächlich zu mir gesagt: ›Frau Fuhljahn, das Leben ist nun mal kein Zuckerschlecken.‹«

»Du, es tut mir leid, ich muss jetzt zur Probe, kann ich dich abends um sieben anrufen?« Birgit litt auch am Wochenende oft unter Zeitnot.

»Ja, gern. Hast du denn keine Vorstellung?«, fragte ich.

»Nein, ich hab endlich mal frei«, sagte Birgit. »Ich ruf dich dann später an!«

Birgit arbeitete damals am Theater. Wie alle Menschen, die ich draußen kannte, leistete sie beruflich überdurchschnittlich viel. Alle meine Freunde arbeiten hart, lange, hoch konzentriert, unter enormen Anforderungen. Sie beherrschen anspruchsvolle PC-Programme, reisen viel und haben dicht getaktete Termine. Für sie ist es normal zu sagen: »Heute Abend muss ich dringend noch einen Schriftsatz fertig machen« oder »Übermorgen fliege ich nach Shanghai« oder »Um 17 Uhr ist eine Sitzung mit dem Vorstand«. Sie gehen auch sonntags ins Büro und haben ein Gehalt, in dem die Überstunden mit eingeschlossen sind. Auf der einen Seite beeindruckt mich das sehr. Auf der anderen fühle ich mich oft klein und schwach neben ihnen. Nach diesen Maßstäben leiste ich sehr wenig, arbeite nur phasenweise und klammere mich verzweifelt daran, überhaupt auf dem ersten Arbeitsmarkt zu bleiben. Nach den Maßstäben der psychisch Kranken dagegen bekomme ich tatsächlich noch viel auf die Reihe. Genau wie die anderen Patienten. Sie leisten nämlich drinnen Überdurchschnittliches, indem sie ihre aktuelle Krise zu bewältigen versuchen.

Das Leben von vielen ist oft so beeinträchtigt, dass sie nicht mehr Vollzeit oder überhaupt arbeiten können. Sie müssen sich mit Krankenkassen, Rententrägern und Behörden herumschlagen.

Viele haben ein Burnout-Syndrom, doch nicht der beruflichen Art, sondern der privaten. Sie mussten sich beispielsweise um ein mehrfach behindertes Kind kümmern und außerdem um die an Alzheimer erkrankte Mutter. Oder um einen noch vom Zweiten Weltkrieg traumatisierten Großvater. Oder alles zusammen. Und das mit weniger Kraft, weil sie schwer depressiv sind. Wobei das eine oft das andere bedingt. Viele Patienten erwecken in mir ein Gefühl der Bewunderung. Was die alles bewältigen! Für mich sind sie die eigentlichen Leistungsträger.

Sonntag, 9. März 2008, 29. Tag: Mitgefühl, ein kostbares Gut
Abendrunde. Äußerlich war alles wie immer: Gruppenraum, pinkfarbene Stühle, zehn Patienten, die von ihrem Wochenende berichteten. Viele davon waren nach Hause gefahren, zu ihren Familien; ich war in der Klinik geblieben. Draußen war es schon dunkel, wir zogen die grauen Lamellenvorhänge auf, um trotzdem ein Gefühl von Helligkeit zu bekommen. An diesem Tag saß bei uns eine Krankenschwester, die ein bisschen aussah wie ein Punk mit ihrem kurzen, aber deutlichen Irokesenschnitt. Sie fragte viel und führte mit jedem einen minutenlangen Dialog. Etliche Schicksalsschläge kamen wieder ans Licht:

»Mit meinem Partner konnte ich wieder nicht schlafen. Mit sechzehn hat mich mein damaliger Freund vergewaltigt.«

»Meine Tochter hat gestern den ganzen Tag gehustet, ich werde dann immer gleich panisch. In ihrem ersten Lebensjahr wurde sie achtzehnmal operiert.«

»Als ich meinen Vater am Samstag mit dem Holz hantieren sah, stieg alles wieder in mir hoch. Er hat mich früher immer mit dem Kaminbesteck geschlagen.«

Die Krankenschwester sagte, in dieser Runde gehe es ja viel um Machtlosigkeit, ums Ausgeliefertsein, eine Erfahrung, die die meisten aus der Gruppe sicher teilen würden. In der Tat: Ich habe mich in meinem Leben schon oft hilflos gefühlt. Dass es den anderen auch so geht, verbindet und tröstet. Mitgefühl ist kostbar. Doch manchmal ist die Krankheit, der Leidensweg der anderen Patienten, kaum zu ertragen. An diesem Sonntag hörte ich wieder von so schweren Schicksalen, dass ich weinen musste. Ich wusste, dass ich in den nächsten Tagen über die Frau nachdenken würde, von der ich gerade erfahren hatte, dass sie mit sechzehn vergewaltigt wurde. Ich würde das schwer von mir fernhalten können. Nachts würde ich deswegen Panikattacken haben. Denn ich fühle mich wie ein Kind, dem ein krankes Geschwister anvertraut wurde und das davon völlig überfordert ist. Und ich schäme mich dann auch oft für mich. Denke, dass ich nicht so viel jammern sollte über mein kleines Schicksal. Ich treffe häufig Patienten, denen nach meinem Gefühl viel Schlimmeres passiert ist als mir. Und da will ich mich hinstellen und sagen, ich kann schon das Zuhören nicht aushalten? Ich fühle mich dann häufig erbärmlich, als wäre es eine Ausrede. Man sagt ja, Dicke brauchen ihren Körperumfang wie einen Schutzpanzer. Wenn ich Bilder von mir in der Kunsttherapie male, erscheint da immer ein kleines, mageres Mädchen. So fühle ich mich. Nicht wie eine große, erwachsene, dicke Frau. Die ich aber bin.

Montag, 10. März 2008, 30. Tag: Wer bin ich – und wenn ja, wie viele?
Ergotherapie. Der Raum im ersten Stock war groß wie ein Atelier, er sah aus wie der Kunstsaal einer Schule. Die Holztische hatten bunte Farbsprengsel, in der Ecke stand ein Tonofen. Die Wände waren gepflastert mit unterschiedlichen Bildern: große, kleine, schwarz-weiße, bunte, abstrakte, naturalistische, kubistische. Die Schränke waren voller Möglichkeiten, sich kreativ auszudrücken: Pastell- und Ölkreiden, Speckstein, Ton, Flechtmaterial, Aquarellfarben, Wachs- und Buntstifte. Wir sollten heute aus Zeitschriften eine Collage basteln. Die Therapeutin, kurze, mausgraue Locken umrahmten ihr sommersprossiges Gesicht, stellte uns außerdem

ein Thema: »Wer sind Sie? Was haben Sie für schlechte Seiten – aber vor allem: was für gute? Was ist an Ihnen positiv? Was zeichnet Sie aus?«

Ich fühlte mich gehemmt. Wenn das Feedback der Gruppe nur halbwegs zutraf, war ich unpünktlich, unzuverlässig und herrisch. Was mochten eigentlich meine Freunde an mir? Ich beschloss, erst einmal in den Zeitschriften zu blättern und mich inspirieren zu lassen. Manche Patienten suchten gemeinsam nach Fotomotiven und gedruckten Worten. Sie redeten und lachten miteinander, während sie sich die verschiedene Magazine vornahmen. Drinnen entstehen innerhalb einer Gruppe oft sehr enge Gemeinschaften. Viele Patienten treffen zum ersten Mal Menschen, die sie verstehen, weil sie an einer ähnlichen Krankheit leiden. Sie fühlen sich einander sehr schnell sehr eng verbunden. Sind sie untereinander, lästern sie so ausgiebig wie damals in der Schule. Dieses enge Kollektiv entsteht allerdings ohne mich. Ich habe diese Nähe draußen, mit meinen Freunden. Drinnen bin ich sehr unsicher, wie ich mit den anderen umgehen soll, ich beherrsche ihre Sprache bis heute nicht besonders gut. In den Behandlungen ist ein Therapeut dabei, dann fühle ich mich gleich viel sicherer.

Viele Patienten dagegen reagieren erst mal abwartend, müssen erst Vertrauen zum Therapeuten fassen. Die meisten haben überhaupt das erste Mal Kontakt mit Psychotherapie, deshalb suchen sie auch unter den Patienten, den »Gleichgesinnten«, Halt. Bei mir ist es genau umgekehrt. Der Rahmen mit den Therapeuten ist genau abgesteckt, ich vertraue darauf, dass bestimmte Grundregeln eingehalten werden. Dass sie mich nie beleidigen oder unter der Gürtellinie angreifen werden. Was nicht ausschließt, dass sie einen manchmal ganz schön heftig mit unbequemen Dingen konfrontieren. Im Gegensatz dazu muss man mit den Mitpatienten die jeweiligen Spielregeln erst herausfinden. Davor fürchtete ich mich.

Viele von ihnen waren dann wortkarg, als es darum ging, am Ende der Ergotherapie, im Beisein der Therapeutin, die eigene

Collage den anderen vorzustellen. Meine zeigte grüne Augen, einen Teddybär, das Wort »schreiben« und eine Jacht. Allerdings hätte ich am liebsten etwas Relativierendes hinzugefügt. Denn nach meinem Gefühl war ich weder eine gute Journalistin noch konnte ich gut segeln. Was konnte ich überhaupt gut?, überlegte ich. Diese Frage wird mich wohl noch lange begleiten. Vielleicht müsste ich sie mal der Gruppe stellen ... O Gott, ich hatte Angst davor. Hoffentlich würde den anderen überhaupt etwas Positives zu mir einfallen.

Dienstag, 11. März 2008, 31. Tag: Die kleine Raupe Nimmersatt
Gesprächsgruppentherapie. Draußen blühten die Schneeglöckchen und lilafarbene Krokusse. Die Bäume waren immer noch ohne Blätter, bis auf die Blumen war alles grau in grau. Drinnen war an diesem Tag meine Sprache mal wieder Thema. Es hat mich all die Jahre verblüfft, dass es meinen Mitpatienten so wichtig ist, wie ich spreche. Die, die mich mögen, sagen: »Du kannst die Dinge so gut auf den Punkt bringen.« Die, die mich ablehnen, finden mich in meinem Sprechen überheblich, dramatisch und verurteilend.

Während dieses Aufenthalts hatte ich am meisten Probleme mit Daniela. Sie war fünfundzwanzig, groß und schlank, trug eine randlose Brille und einen praktischen Kurzhaarschnitt. Neben ihrem Theologiestudium engagierte sie sich ehrenamtlich für die Umwelt. Wie immer saß sie kerzengerade, hatte die Füße in den Mephisto-Schuhen überkreuzt und die Hände gefaltet. Es fehlte nur noch der Rosenkranz. Heimlich, für mich, nannte ich sie »Die Märtyrerin« – weil sie immer so tapfer tat und doch ihr Leid so zelebrierte. Das ging mir auf die Nerven. Wie ich in der Therapie herausfand, lag das daran, dass sie mich an meine Mutter erinnerte. Ich kann so eine demonstrative Hilflosigkeit seit meiner Kindheit nicht mehr ertragen – und meine Wut darüber bekam an diesem Tag Daniela ab. Die war davon genervt, was und wie ich sprach.

201

»Du nimmst einfach den ganzen Raum für dich in Anspruch, für mich bleibt gar nichts mehr übrig«, sagte sie. »Immer bist du so dominant. Deinetwegen kann ich den Aufenthalt hier für mich gar nicht richtig nutzen.«

In Sekunden war ich auf hundertachtzig. »Ich habe genau vier Minuten gesprochen, ich achte ja mittlerweile schon auf die Zeit«, entgegnete ich. »Wenn du willst, kannst du genauso lange reden. Du tust es nur nicht.«

»Ach, es reicht doch schon, wie du etwas sagst«, antwortete sie. »Immer bist du so drastisch.«

Als ich das erste Mal hörte, dass andere allein durch die Art, *wie* ich etwas sage, das Gefühl haben, ich nehme ihnen den Raum zum Sprechen, war ich gleichermaßen gekränkt und erstaunt. Ich hatte nicht das Empfinden, dass ich anderen etwas wegnahm. Und es verletzte mich tief, dass ich als so unersättlich wahrgenommen wurde. Ich fühlte mich wie die Raupe Nimmersatt – und das war furchtbar. Drinnen war ich natürlich in der Gesprächstherapie im Vorteil, weil Sprache mein Beruf ist. Doch das wurde mir erst nach Jahren bewusst, weil außerhalb dieser Therapie ja ständig untereinander gequasselt wurde. Aber weil das Reden vereinnahmend sein kann, gibt es genau aus diesem Grund die nonverbalen Therapien, in denen wir uns über ein anderes Medium als die Sprache ausdrücken, wie die Musik, Ton oder Farben.

In meinem Freundeskreis falle ich mit meiner Redeweise nicht weiter auf. Am Anfang, nach den ersten Malen in der Klinik, fragte ich meine Freunde, ob ich irgendwie anders spreche. Alle schüttelten den Kopf. Meine Freundinnen und ich sind es gewohnt, uns über unsere Gefühle zu unterhalten. Wir tauschen uns ständig über Befindlichkeiten aus. Mir fällt es meistens leicht, ihnen gegenüber meine Emotionen auszudrücken, ebenso gegenüber den Therapeuten. Auf der Station ist es jedoch für viele Patienten ein Anfang, ihre Gefühle – besonders vor den Ärzten und Psychologen – in Worte zu kleiden. Sie sitzen in den Gruppen und sagen: »Geschlafen habe ich heute schlecht. Es geht mir so lala. Ich gebe weiter.« Ich dachte immer: Warum nutzen sie die Zeit nicht? Hier kann man endlich reden. Warum wollen die das nicht? Das war nicht sehr einfühlsam von mir. Aber mir war nicht klar, dass viele erst mühsam lernen mussten, über die eigenen Gefühle zu sprechen. Vor einer Gruppe von fremden Menschen von seinen privaten Angelegenheiten zu erzählen, die hochkommenden Emotionen dabei auszuhalten, vielleicht zu weinen, das muss man erst einmal wagen.

Egal, mit wem ich spreche, ich gehe meistens schnell ins Detail, versuche, möglichst konkret und anschaulich zu formulieren – eine Folge meines Studiums und meiner journalistischen Arbeit. Außerdem dachte ich immer: Dass mein Vater mich nicht versteht, liegt daran, dass ich mich nicht richtig ausdrücken kann. Also habe ich schon von Kindheit an sprachliche Präzision trainiert. Ich kann mich nicht erinnern, dass mich mein Vater fragte, wie es in der Schule war. Was ich in den Ferien machen wollte. Warum ich mich in meiner Ballettgruppe nicht wohlfühlte. Daher rede ich heute eher zu viel als zu wenig. Ich bin so dankbar, dass mir jemand zuhört, mich verstehen will. Ich musste erst lernen, dass es bei Weitem nicht allen Patienten so geht. Ich kenne die Angst, nicht verstanden zu werden, sehr gut. Doch nichts sagen zu wollen, ist mir fremd.

Mittwoch, 12. März 2008, 32. Tag: »Da haben Sie viel für sich erreicht!«
Musiktherapie. In der Eingangsrunde sagte jeder kurz etwas über die eigene momentane Verfassung. Mir fiel auf, dass viele darüber sprachen, was sie nicht konnten: in einen Bus einsteigen zum Beispiel. Es gibt Menschen, die können keine U-Bahn betreten, keine Straßenbahn, keinen Bus. Sie müssen immer mit dem Auto fahren. Andere erzählten in der Runde, sie schafften es nicht, längst überfällige Konflikte auszutragen. Oder das Einkaufen war ein Problem, weil sie keine Menschenmassen aushalten konnten. Heute

war ich zur Abwechslung mal nicht wütend auf Daniela, sondern sie tat mir leid, als sie sagte:»Gestern Abend habe ich versucht, mit dem Fahrstuhl zu fahren – ohne Erfolg.« Vasili war als Nächster dran. Er meinte, dass er in der Gruppe etwas ansprechen wolle, was ihm schwerfalle. Er sagte:»Würde jemand beim Essen den Platz mit mir tauschen? Seit dem Überfall kann ich nicht mehr mit dem Rücken zur Tür sitzen.« Er war im vergangenen Jahr von einer Gruppe Neonazis zusammengeschlagen worden, so viel wusste ich. Mohammad bot sich sofort an, genau wie ich. Die Musiktherapeutin lobte Vasili dafür, dass er sein Problem angesprochen hatte:»Da haben Sie viel für sich erreicht.« Die Runde ging weiter. Ich hörte aufmerksam zu und dachte wieder einmal: Uns ist oft nicht klar, dass wir zwar unsere Defizite haben, aber gleichzeitig viel können – nämlich Leid ertragen. Wir sind zäh, belastbar und ausdauernd. Wer sagt, Depression ist eine Schwäche, hat keine Ahnung. Die»Schwäche« ist meist der Zusammenbruch, wenn es ohne Medikamente, Therapie und/oder Klinik nicht mehr geht.

Donnerstag, 13. März 2008, 33. Tag:»Sorgen Sie gut für sich!«
Morgenrunde. Die Sonne strahlte durch die Lamellen. Karl sollte heute entlassen werden. Er bekam von uns eine Postkarte mit einem Kleeblatt und vielen guten Wünschen darauf. Die Krankenschwester, die mit uns in der Runde saß, trug eine Lederjacke mit Nieten, Jeans und schwarze Biker-Stiefel. Sie fragte Karl, was er aus den drei Monaten seines Aufenthalts mitnehmen würde. Karl dachte einen Moment nach und sagte dann:»Ich kann heute schon viel besser für mich sorgen!« Einige grinsten.»Für sich sorgen« ist ein geflügeltes Wort vom Personal.

Die Krankenschwester hakte nach:»Und was genau verstehen Sie darunter?«

»Ich nehme jetzt Antidepressiva«, sagte Karl.»Wenn ich mal was nicht schaffe, frage ich meine Frau oder meine Schwester, ob sie mir helfen. Einmal die Woche habe ich mich zum Autogenen

Training angemeldet. Und einen Termin beim Sozialpsychiatrischen Dienst in unserem Stadtteil habe ich auch schon vereinbart.«

Von der Krankenschwester kam prompt ein Lob:»Sehr gut, da haben Sie viel gelernt. Alles Gute für Sie!«

Nach der Morgenrunde verabschiedete ich mich von Karl. Wir umarmten uns fest, tauschten E-Mail-Adressen aus.»Du wirst mir fehlen«, sagte ich. Nachdem Karl weg war, ging ich in mein Zimmer. Ich legte mich aufs Bett und dachte darüber nach, was er in der Morgenrunde geäußert hatte. Auch ich konnte inzwischen um Hilfe bitten. Auch nachdrücklich, wenn es sein musste. Konkret bedeutete das, dass ich Kontakt zu Therapeuten oder Pflegern suchen würde, sollte es mir schlecht gehen. Ich würde um Medikamente bitten oder um ein Gespräch oder um beides. Das konnte ich während meines ersten Aufenthalts in der Psychiatrie noch nicht. Es war für mich eine berauschende Erfahrung, dass ich dazu ermuntert wurde, um Unterstützung zu bitten. Endlich musste ich nicht mehr alles allein aushalten.

Um elf Uhr fand die Visite statt, mit Dr. Steinhausen, außerdem nahm noch die»Bezugskrankenpflegerin«daran teil, also die Schwester, die für mich zuständig war. Zu dritt saßen wir im Gruppenraum auf den pinkfarbenen Stühlen, in einem kleinen Kreis. Der Oberarzt – Dr. Freud in Jeans – blickte auf seine Mappe, lehnte sich nach vorn und kam dann wie immer direkt zur Sache: »Frau Fuhljahn, wie ich höre, erscheinen Sie morgens nicht zum Frühstück.«

»Ich habe panische Angst«, erklärte ich.»Wirklich. Ich bin dann so gelähmt, dass ich nicht aufstehen kann.«

Dr. Steinhausen sah mich sehr bestimmt an und sagte:»Hier ist der richtige Ort, um gegen die Angst anzugehen. Das erwarte ich von Ihnen. Was können Sie tun, und wie können wir Ihnen helfen, dass Sie aufstehen? Was brauchen Sie?«

Während ich das Gespräch mit dem Oberarzt im Kopf vor- und zurückspulte, ging ich nach draußen, um in Ruhe nachdenken zu können. Drinnen wird das Personal in sehr kurzer Zeit für die Patienten extrem wichtig. Im Positiven wie im Negativen: Viele Patienten schwärmen für ihren Arzt – oder verabscheuen ihn. Die Therapeuten, Schwestern und Pfleger erleben einen in abgrundtiefer Verzweiflung, wenn man sich nicht mehr verstellen und nicht mehr stark sein kann. Sie sehen einen mit fettigen Haaren, im Schlafanzug, unkontrolliert weinend oder in einem Wutanfall, den man zu Hause so nicht ausleben würde. Für viele Patienten ist es das erste Mal, dass ihnen jemand von A bis Z zuhört, sich für ihre Not interessiert und ihnen aufrichtig helfen will. Es ist für viele aber auch das erste Mal, dass sie mit unbequemen Wahrheiten konfrontiert werden – wie zum Beispiel mit der Tatsache, dass sie mitverantwortlich sind, wenn ihnen gekündigt wird. Wer vorher das Bild hatte, der Arbeitgeber wäre an allem schuld, schließlich hat der einen ja rausgeschmissen, fühlt sich schnell auf den Schlips getreten, wenn jemand fragt: »Und was haben Sie dazu beigetragen, dass Sie Ihren Job verloren haben?« So entstehen nicht nur unter Patienten, sondern auch mit dem Personal relativ schnell enge Beziehungen. Meine Freunde draußen können oft nicht verstehen, dass mir das Mitarbeiterteam in der Klinik so wichtig ist. Es kommt immer wieder vor, dass mich ein einziger Satz eines Therapeuten für einen ganzen Tag aus der Bahn wirft: »Legen Sie doch nicht immer alles auf die Goldwaage!« Oder aber für einen ganzen Tag stabilisiert: »Ja, für Sie ist es neu, dass Sie etwas geschenkt bekommen, ohne sich anstrengen zu müssen. Sie können unsere Hilfe aber ruhig annehmen.« Auch ich habe inzwischen meinen Lieblingspfleger und meinen Lieblingstherapeuten.

Freitag, 14. März 2008, 34. Tag: Des Rätsels Lösung
Gesprächsgruppentherapie. Draußen strahlte zur Abwechslung mal die Sonne. Dr. Müller trug einen dunkelblauen Strickpullover. An diesem Tag wollte ich mich trauen und um ein Feedback bitten – ich verstand weiterhin nicht, warum mich so viele nicht

mochten. Ein Krankenpfleger hatte mir in einem Einzelgespräch geraten, der Gruppe von meinen Gefühlen zu erzählen, anstatt mich auf eine Diskussion über Pünktlichkeit einzulassen. Wie so oft war es unangenehm, zuerst die Rückmeldung der anderen zu hören:

»Immer bekommst du eine Extrawurst.«

»Du bist ganz oft zu spät.«

»Wenn du an der Reihe bist, redest du ohne Punkt und Komma« – das sagte natürlich Daniela.

Es fiel mir sehr schwer, nicht zurückzuschlagen und den anderen unter die Nase zu reiben, wann sie sich nicht an die Regeln gehalten hatten. Dennoch versuchte ich zu benennen, was in mir vorging: »Es ist furchtbar, das alles von euch zu hören. Es tut mir total weh, wenn ihr so was sagt.«

Die anderen waren verwundert, dass ich so gekränkt war. Dr. Müller forderte alle auf, zu äußern, wie sie sich fühlen, wenn ich nicht pünktlich erscheine. Es ging dabei wieder um das leidige Frühstücksthema. Es kam Erstaunliches zutage. Ich dachte immer, ob ich da bin oder nicht, das wäre doch egal. Was ich tat, betraf nur mich. Ich lernte in dieser Sitzung, dass ich, unabhängig davon, wie ich es wahrnahm, von den anderen als Teil der Gruppe gesehen wurde. Manchen war es per se wichtig, bei Gruppenterminen geschlossen versammelt zu sein. Diese Patienten waren sehr pflichtbewusst, fleißig und hatten hohe Ansprüche an sich und andere. Im gesunden Zustand sind es häufig Menschen, die eigene Wünsche zurückstellen und sich für andere aufopfern. Es störte sie als Sache an sich, wenn sich jemand nicht an die Vorschriften hielt. Andere waren neidisch, weil ich mich traute, gegen die Regeln im Bett liegen zu bleiben, was sie eigentlich auch gern getan hätten.

Dr. Müller ergriff nach diesen Bekundungen das Wort. Es ging ihm darum herauszufinden, was hinter dem ganzen Streit steckte.

»Frau Fuhljahn, Sie schaffen es eigentlich bei jedem Aufenthalt hier, den ganzen Ärger Ihrer Mitpatienten auf sich zu ziehen«, sagte er. »Ob Sie nun unpünktlich sind oder viel reden oder was auch immer. Das ist etwas, was Sie selbst verursachen. Warum machen Sie das? Wollen Sie unbedingt im Mittelpunkt stehen?«

Selten war ich so ertappt worden. Ich wurde knallrot, der Schweiß brach aus allen Poren, und ich wäre wieder am liebsten aus dem Raum gerannt. Aber dieser Tag war der Tag der Wahrheit, das hatte ich beschlossen. Ja, ich wollte gern im Mittelpunkt stehen! Es war mir sehr peinlich, das zuzugeben. Doch von früher kannte ich es nur, völlig unsichtbar zu sein – wie im Heim – oder von allen gemobbt zu werden – wie im Internat. Unbewusst hatte ich Angst, das fanden wir gemeinsam heraus, dass ich auf der Station genauso ein Schattenleben führen würde wie damals im Heim. Die Angst war sogar so groß, dass ich lieber dafür sorgte, dass mich die anderen nicht mochten, als dass ich überhaupt nicht wahrgenommen wurde. Ich konnte es besser aushalten, wenn sich alle über mich aufregten, als dass ich überhaupt nicht beachtet wurde. Für mein Verhalten hatte ich mich nicht bewusst entschieden, aus dem Handeln heraus hatte ich es unbewusst inszeniert.

Genau so funktioniert eine psychodynamisch arbeitende Therapie: An einer konkreten aktuellen Situation soll herausgefunden werden, was diese mit der Vergangenheit zu tun hat, die uns maßgeblich prägt und sich im Jetzt widerspiegelt. Mit dem so gewonnenen Wissen bekommt der Patient die Chance, dass sich seine Gefühle und sein Verhalten verändern – und kann dann neue Erfahrungen machen. In meinem Fall heißt das: In den ersten vier Jahren war ich in der Klinik meistens total unbeliebt, danach hatte ich ein, zwei Jahre die Position eines Außenseiters inne, heute bin ich einigermaßen integriert. Ich träume allerdings immer noch davon, einmal die beliebteste Patientin der Station zu sein.

14 Wie es sich anfühlt, wenn man nur noch sterben will

Manchmal gehe ich über die Straße, inmitten von Passanten, und wünsche mir, dass mich ein Bus überfährt. Ich schwelge in Tagträumen, in denen mir ein Arzt sagt, dass ich Magenkrebs habe und sterben werde. Dann wäre endlich alles vorbei – und ich hätte keine Schuld. Perfekt. Wenn es nur nach mir und meinem Gefühl ginge, ich würde mich sofort umbringen. Mindestens sechs Monate im Jahr geht es mir so. Doch ich kann nicht anders, als mir auch Gedanken um meine Freunde zu machen. Und um deren Kinder. Meine Patentochter ist sechzehn. Darf ich ihr das antun? Manchmal hasse ich mich dafür, dass ich meinem Bedürfnis, mich töten zu wollen, nicht einfach nachgeben kann. Immer bin ich die Große, Vernünftige, die Erwachsene. So schreibe ich im Kopf lange Abschiedsbriefe, in denen ich meinen Freunden erkläre, warum ich nicht mehr kann. Dass ich die aktuellen Schmerzen nicht mehr ertrage und das Leid in meinem Horrorleben sowieso nicht mehr. Dass ich es einfach nicht mehr aushalte.

Ja, die Zeiten, in denen es okay ist, werden mehr. 2006 war es nur ein Monat. 2007 auch. 2008 waren es zwei. 2009 schon drei. 2010 immerhin vier Monate. 2011 schon sechs. Doch obwohl es besser wird, so ändert es nichts an der Tatsache, dass es mir den Rest des Jahres dreckig geht. Meine Grundstimmung ist mies. Ich bin immer traurig. Alles strengt mich über die Maßen an. Die Tage, an denen ich die Kraft für ganz normale Dinge habe, sind so selten. Ich kann dann nicht früh aufstehen, duschen, mich eincremen, Zähne putzen, mich schminken, Frühstück zubereiten, arbeiten, mir Mittagessen machen, wieder arbeiten, Brote schmieren, essen und abends zum Sport gehen. Meine Energie reicht immer nur für Versatzstücke davon.

Ich muss nicht auf die Malediven fliegen oder direkt an der Außenalster wohnen. Alles, wovon ich träume, ist ein stinknormales Leben mit alltäglichen Sorgen und einem ausgeglichenen Gemütszustand. Denn ich weiß, dass ich mit meinem Leid sehr anstrengend bin. Nicht umsonst verlassen mich immer wieder Freundinnen deswegen. Inzwischen ist der Mensch, dessentwegen ich die Schachteln mit den Tabletten, die ich schon in der Hand halte, schließlich doch weglege, mein Therapeut, Dr. Weston. Denn ihm kann ich mich am meisten so zumuten, wie ich wirklich bin: wahnsinnig aggressiv, empfindlich wie eine Mimose, ständig jammernd und klagend, über Monate hoffnungslos und immer gierend nach Zuneigung und Aufmerksamkeit. Das hält nur ein Professioneller aus. In den Phasen, in denen ich sterben will, geht das alles in meinem Kopf umher. Ich wäge ab, zerreiße mich in dem Für und Wider. Und dann kommen wieder die Fantasien mit dem Bus. Ich wäre dann tot, müsste keine Verantwortung mehr für mich übernehmen und hätte endlich meine Ruhe. Denn ich will doch nur, dass es aufhört.

Solange das nicht passiert, überlege ich ganze Tage, wie ich mich am besten umbringen könnte, verbringe Nächte im Internet. Foren gibt es genug, doch keine klaren Angaben. Ich spiele im Kopf eine Option nach der anderen durch. Wie jemand, der eine Diät macht und immer nur ans Essen oder Nichtessen denkt. Die Pulsadern aufschneiden? Eine Möglichkeit, aber eine Riesensauerei. Zu heftig für den, der mich findet. Erhängte sehen auch schrecklich aus. Wenn ich nur ein Auto hätte, vom Kohlenmonoxid bekommt man eine rosige Gesichtsfarbe. Eins mieten? Aber wo dann hinfahren, ich habe ja auch keine Garage. Und was für einen Schlauch bräuchte ich? Also Medikamente. In die Schweiz zu fahren, kann ich mir leider nicht leisten. Also muss ich anders herausfinden, wie viel Tabletten ich einnehmen muss. Antidepressiva sind in der Überdosis meist nicht tödlich. Mittlerweile weiß ich ziemlich genau, was ich nehmen müsste. Doch es bleibt ein Restrisiko. Wie viel ist genug? Wie viel ist todsicher? Was ist, wenn mich doch jemand findet und ich im Krankenhaus ein Gegengift bekomme? Wie lange muss ich also irgendwo liegen, damit ich nicht zurückgeholt werden kann? In der Woche geht es nicht, da merken es meine Freunde zu schnell. Also Samstag oder Sonntag. In einem Hotelzimmer? Beachten die Zimmermädchen auch ganz sicher das »Bitte-nicht-stören«-Schild? Soll ich vorher meine gesamte Wohnungseinrichtung verkaufen, damit niemand sich später darum kümmern muss? Müsste ich nicht auf jeden Fall erst alle meine Schulden zurückzahlen? So grüble ich mich unter Hochdruck durch den Tag.

Schon oft war ich sehr knapp davor, eine garantiert tödliche Überdosis zu nehmen. Ich glaube, ich habe es bisher nicht getan, weil es ein einsamer Akt ist. Wenn ich mir Robert Enke auf den Schienen vorstelle – schrecklich. Beim Sterben allein zu sein, das ist mit das Schlimmste, was ich mir vorstellen kann. Also tröste ich mich am Ende des Tages, im Halbschlaf, mit dem Bild, dass ich unheilbar krank bin und alle an meinem Bett sitzen, während ich einschlafe. So müsste ich in diesem Moment nicht allein sein, wäre aber endlich erlöst. Eine berauschende Fantasie. Manchmal träume ich auch davon, dass der Chefarzt meiner Klinik mich tötet. Ich stelle mir dann vor, dass er mir eine Spritze setzt und damit endlich zugibt, dass mein Leid zu schwer ist, um damit zu leben. In meiner Vorstellung würde es ihm nicht viel ausmachen. Im Gegenteil, er würde mich ja erlösen. Meine Vorstellungen unterscheiden sich sehr von der Realität, immerhin weiß ich das.

Weil mich die Gedanken des Für und Wider zerreißen, wünsche ich mir oft, ich wäre nie geboren. Wenn ich richtig verzweifelt bin, sehne ich mich nämlich so sehr nach meiner Mutter, dass ich es kaum aushalten kann. Ich sehne mich danach, getröstet, gewiegt und ins Bett gebracht zu werden. Ich könnte dann vor Schmerz laut schreien. Der Gedanke, dass ich, wäre ich nie geboren, nicht den Tod meiner Mutter hätte erleben müssen, erscheint mir ebenfalls wie eine Erlösung. Ich wünsche es mir dann so sehr, dass ich vor dem Einschlafen tief in diese Fantasie eintauche und mir ganz genau ausmale, was ich alles *nicht* erlebt hätte. Im Halbschlaf gehe ich nacheinander die lange Kette der traurigen Ereignisse in meinem Leben durch. Sie reicht bis heute, ein lebenslanger, zermürbender Kampf. Ich muss aushalten, dass ich kein geborgenes Elternhaus hatte. Dass sich meine erste große Liebe von mir getrennt hat. Auch die zweite. Dass ich, weil ich krank bin, schon mehrfach meinen Job verloren habe. Dass sich mittlerweile etliche Freunde von mir losgesagt haben. Dass ich nicht halb so viel leisten kann wie ein normaler Mensch. Dass ich deshalb finanziell nicht gut dastehe. Und so vieles mehr.

Ich muss mich aushalten, aber das ist oft kaum möglich. Und ich bin es manchmal so leid, dass ich nur zu gern mein Leben dafür hergeben würde. Wenn ich es denn nur zurückgeben könnte.

Manchmal packt mich aber auch die Wut. Was haben sich meine Eltern nur dabei gedacht, mich in die Welt zu setzen? Ich bin für niemanden existenziell wichtig. Und war es nie. Das ist mein ganzes Drama. Hätte ich doch nur eine Klagemauer. Eine Stelle, wo ich hingehen und mich beschweren könnte. Es ist nicht fair! Nicht gerecht! Und die Depressionen sind so was von überflüssig! Ihretwegen ist immer irgendetwas mit mir. Immer brauche ich was. Trost. Aufmerksamkeit. Geld. Unterstützung. Wann bin ich schon mal leicht und unbeschwert? Oder wenigstens: normal? Es gab bislang nicht ein einziges Jahr, in dem ich nur Alltagssorgen hatte. Nicht mal ein halbes. Was wäre mir alles ohne dieses Leben erspart geblieben.

Ich hasse mein Leben. Ich wünschte, ich könnte daraus aussteigen. Oder es wenigstens zurückgeben. Immer muss ich bei mir sein, immer mit mir sein. Ich muss immer aushalten, was ich fühle. Meine Freunde können nach einem Treffen mit mir nach Hause gehen, sich wieder ihrem Leben zuwenden. Bei allem

Mitgefühl können sie mich abschalten, ausschalten. Ich kann das nicht. Wenn ich wach bin, kommt natürlich das »Ja, aber«. Ich will ja leben. Manchmal. Ich habe eine schöne Wohnung. Bin körperlich einigermaßen gesund. Es gibt Menschen, die mich sehr gern haben. Die ich sehr liebe. Ich habe inzwischen ein gutes therapeutisches und medikamentöses Netz. Doch dann kann ich es kaum ertragen, dass meine Freunde so ein normales Leben haben und ich nicht. Alle machen Karriere, bekommen Kinder, kaufen Wohnungen oder bauen Häuser. Ja, auch Teile meines Lebens sind wirklich gut. Dafür bin ich sehr dankbar. Aber ich würde all das sofort hergeben, um keine Depressionen und eine normale Familie zu haben. Wenn ich könnte, würde ich mich sofort selbst zur Adoption freigeben. Hin und wieder betrachte ich heimlich die Eltern von Freunden und denke: Bitte, nehmt mich! Und fühle mich dann wie ein Heimkind, das hofft, jenes Ehepaar, das sich gerade im Kinderheim umschaut, würde sich unter all den vielen Kindern für es entscheiden. Doch wer würde mich nehmen? Wer würde mich wollen? Auch dafür ist es zu spät.

Wer bringt sich um und warum?

Laut Angaben des Statistischen Bundesamts nahmen sich 2010 in Deutschland 10 021 Menschen das Leben, davon 7465 Männer und 2556 Frauen. Diese Zahlen entsprechen den Einwohnern einer Kleinstadt. (An Verkehrsunfällen starben im selben Jahr weniger Menschen, insgesamt 3812 Personen, noch viel weniger an Mord und Totschlag, nämlich 690.)[36] Zu den erfassten Suiziden kommt noch eine Dunkelziffer von rund 25 Prozent. Die mit großem Abstand häufigste Methode, sich selbst zu töten, ist das Erhängen beziehungsweise Ersticken. An zweiter Stelle folgen Vergiftungen (Medikamente, Drogen), danach kommt ein Sturz in die Tiefe.

Selbstmorde und Selbstmordversuche sind seit Jahrzehnten ein Tabu. Allein die Vorstellung, sich selbst zu töten, ist für die meisten Menschen furchtbar und unheimlich. Dazu kommen enorme Scham- und Schuldgefühle bei denen, die es versucht haben. Kein Wunder: Suizide waren gesellschaftlich lange ein Verbrechen und religiös geächtet.

Von Vorurteilen belastet sind vor allem Suizidversuche. Immer noch sagen viele: »Das war doch *nur* ein Hilfeschrei. Die Person meint das gar nicht ernst.« Doch genau das Gegenteil ist der Fall. Je häufiger jemand versucht, sich umzubringen, desto wahrscheinlicher ist ein späterer Selbstmord. Manche wollen einfach nicht mehr denken und fühlen, sich nicht mehr quälen müssen, wollen eine Pause haben von ihrem Leben. Andere finden sich selbst unerträglich. Wurde der Suizidversuch durch den Verlust eines Menschen (Scheidung, Trennung) ausgelöst, wendet der Verlassene nicht selten seine Aggressionen gegen den, der weggegangen ist, unbewusst gegen sich selbst. Aus psychologischer Sicht ist das vollkommen logisch: Durch den Abbruch einer Beziehung ist der Patient in seiner Seele so gekränkt (narzisstische Krise) und verletzt, dass er eine mörderische Wut entwickelt. Da die innere Abhängigkeit von dem, der gegangen ist, aber extrem groß ist, richtet er seine negativen Gefühle lieber gegen sich: Weil er Angst hat, sein Zorn könnte den anderen zerstören, umbringen. Trennungsschmerzen sind bei vielen so groß, dass sie stärker sind als der natürliche Überlebenswille.

Alle, die mit ihrem Leben hadern, haben gemein, dass sie den momentanen oder schon länger andauernden Schmerz nicht mehr aushalten. Sie sehen keinen anderen Ausweg mehr, als zu sterben – und damit gleichzeitig auf ihr Leid aufmerksam zu machen. Sie wünschen sich, dass sich die Situation verändert, dafür nehmen sie den Tod in Kauf. Jeder Suizid ist deshalb eine verzweifelte Tat, damit sich etwas ändert. Es ist der Aufschrei: »Ich kann nicht mehr, ich halte es nicht mehr aus.«

Unabhängig von den Gründen: Jeder, der versucht, sich zu töten, ist ein Hochrisikopatient mit einer hohen Rückfallquote. Trotz einer Behandlung im Krankenhaus unternimmt fast jeder Dritte (rund 35 Prozent) meist schon wenige Monate nach dem ersten Versuch einen weiteren. Jeder Zehnte davon stirbt letztlich.[37] Es sind überwiegend Männer, die den Freitod wählen, dreimal so viel wie Frauen.[38] Vollendete Suizide sind am häufigsten bei Männern zwischen sechzig und fünfundachtzig Jahren. Die Gründe liegen darin, dass Männer, wie gesagt, ihre (scheinbar) schwachen Seiten schwerer akzeptieren können. Sie setzen sich kaum mit ihren Gefühlen auseinander und holen sich nur selten Hilfe. Der Todeswunsch ist deshalb oft ihr einziger Appell. Das gilt besonders für Suizide in mittleren Jahren. Frauen zwischen fünfundzwanzig und vierzig sind vor einem Selbstmord auch deshalb besser geschützt, weil sie vielfach für ihre Kinder Verantwortung tragen wollen – das ist ein wichtiger Schutzmechanismus. In jungen Jahren, im Alter zwischen fünfzehn und vierundzwanzig, sieht es allerdings anders aus, da ist bei jungen Frauen die Zahl der Suizidversuche größer als bei gleichaltrigen Männern.[39] Und nahezu jeder zweite Suizidversuch einer Frau wird heute von einer Frau im Alter über sechzig Jahre begangen.[40]

Fast alle psychischen Erkrankungen, also Depressionen, Süchte, Persönlichkeitsstörungen oder Psychosen, sind mit einer erhöhten Suizidgefahr verbunden. Gerade bei Depressiven wirkt die Krankheit wie ein Filter auf das Leben, der alles sinnlos und hoffnungslos erscheinen lässt. Die Betroffenen haben oft das Gefühl, dass sie sowieso nichts wert, nur eine Last sind. Für sie selbst und für die Welt scheint es das Beste zu sein, wenn sie nicht mehr leben.

Das Risiko für einen Suizid ist bei ihnen etwa dreißigmal höher als bei der allgemeinen Bevölkerung. Rund zehn Prozent der sehr schwer Depressiven, die stationär behandelt werden müssen, sterben bei einem Selbstmordversuch. Bei leichteren Depressionen sind es bis zu vier Prozent.[41]

Wer mit sich und seinem Leben hadert, tut das – meistens unbewusst! –, weil sich der aktuelle Schmerz mit quälenden Gefühlen aus der Kindheit oder Jugend kombiniert. Mit Lebens- und Entwicklungskrisen, die emotional nicht so verarbeitet werden konnten, wie es für ein »dickes Fell«, für ein stabiles Selbst, wichtig gewesen wäre. Solange im Leben alles einigermaßen glattläuft, fallen die vorherigen Krisen oft gar nicht besonders auf. Selbstzweifel, Enttäuschung oder Verlustängste können ganz gut gemanagt werden. Doch in einem emotionalen Ausnahmezustand wie einer Scheidung kommen die Gefühle aus der Vergangenheit mit aller Macht zurück. Die können an den frühen Tod des Vaters geknüpft sein, an eine ablehnende Mutter oder an einen sadistischen Lehrer. Die Empfindungen von früher werden durch die heutige Situation reaktiviert, sie verschmelzen miteinander – und belasten doppelt.

Viele Menschen sind suizidal aufgrund von Ereignissen, die von den meisten mehr oder weniger gut bewältigt werden. Da stellt sich die Frage: Warum zerbricht beispielsweise die eine Frau an etwas, was die andere, bei ähnlichen Bedingungen, aushalten kann? Die Gründe finden sich tatsächlich fast immer in der Vergangenheit, nicht selten in der Kindheit. Es muss sich dabei allerdings nicht ausschließlich um ein frühkindliches Trauma handeln, es können auch Erlebnisse wie Mobbing im Sportverein sein, eine Tante, die vom Kopf abwärts gelähmt ist und deshalb rund um die Uhr gepflegt werden muss, oder ein Outing der eigenen Homosexualität, der nicht mit Akzeptanz, sondern mit Ablehnung begegnet wird. Sicher ist, dass sich die Gründe für eine suizidale Krise immer in der inneren, seelischen Welt und deren Verletzungen finden.

Wenn die Seele mit dem Konflikt aus aktuellen und alten Gefühlen nicht fertigwird, diese einen großen inneren Kampf heraufbeschworen haben, beginnt oft eine Auseinandersetzung mit sich selbst, die unerträglich ist. So kann eine Frau bei einer Trennung zwar objektiv feststellen, dass vieles in der Ehe längst nicht mehr gut war und dass nach einer Trauerphase das Leben weitergeht. Im Inneren aber fühlt es sich vielleicht so an, als ob man grundsätzlich gescheitert wäre. Als ob man nicht von seinem Ehepartner, sondern von der Mutter verlassen wurde – was für jeden Menschen schwer auszuhalten ist. Der erwachsene »Kopf« (aktuelle Gefühle) und der innere »Bauch« (alte Gefühle) ringen dann äußerst quälend miteinander. Was es noch schwerer aushaltbar macht, ist, dass den meisten Menschen diese innere Dynamik aus aktuellen und alten Gefühlen in der Regel nicht einmal bewusst ist. Sie wird aber daran sichtbar, wie sich jemand verhält. Die einen verdrängen und stürzen sich in die Arbeit. Andere sitzen lethargisch das ganze Wochenende auf dem Sofa, von einer Depression gelähmt. Manche nehmen stark ab, können sich auch seelisch nicht »füttern«, sich nichts Gutes tun. Vielleicht aus Schuldgefühlen heraus, dem Gedanken, versagt zu haben. Andere nehmen massiv zu, hungern seelisch und körperlich nach Trost und Bemutterung. Einige reden überhaupt nicht über das, was sie bedrückt, andere haben nur noch das eine Gesprächsthema.

Doch längst nicht jede Frau, die mit vielen Krisen im Leben zu kämpfen hat, will sich deswegen umbringen. Nochmals gefragt: Wie kommt das? Wer psychisch stabil ist und gelernt hat, mit Krisen und Schicksalsschlägen umzugehen, hat normalerweise bestimmte Eigenschaften. Wie ein gesundes Selbstvertrauen. Den Glauben daran, selbst etwas bewirken zu können und das auch zu wollen. Ziele, die einem sinnvoll erscheinen. Eine realistische Sicht auf das Leben mit seinen Veränderungen und trotzdem eine hoffnungsvolle Haltung dazu. Sich selbst wichtig zu nehmen und sich gut um sich zu kümmern, ist dazu ein unentbehrlicher Stützpfeiler, der gerade Frauen häufig schwerfällt. Sie nehmen Familie und Beruf oft wichtiger als sich selbst.

Das Wichtigste für ein psychisch gesundes Leben sind – ich kann das aus eigener Erfahrung bestätigen – gute zwischenmenschliche Beziehungen, und zwar von Geburt an. Sie sind ein Schutz davor, sich jemals das Leben nehmen zu wollen.

Suizidale Signale verstehen und rechtzeitig handeln

Sehr viele Depressive denken darüber nach, sich das Leben zu nehmen, mehr oder weniger konkret. Sie sind immer ambivalent. »Ich will leben«, sagen sie den einen Tag, den anderen: »Ich will so nicht mehr leben, ich will sterben, einen anderen Ausweg gibt es nicht.« Oder es kann sein, dass eine Frau Hilfe sucht, diese aber gleichzeitig ablehnt oder entwertet: »Das bringt ja eh nichts.« Auch gegensätzliche Gefühle wie Liebe und Hass sind sehr häufig. Weitere auffällige Symptome sind andauernde Schlaflosigkeit, permanente Erschöpfung und ein deutlicher Mangel an Konzentration. Suizidalität ist eine extreme psychische Krise, die meistens mit Hoffnungslosigkeit, Verzweiflung, Sinnlosigkeit, Scham, Schuldgefühlen sowie Ärger und Wut verbunden ist.

Wer meint, jemanden zu kennen, der selbstmordgefährdet ist, sollte das ansprechen. Manchmal ist es allerdings schwer zu erfassen, wie ernst die Situation ist – gerade wenn die Person nicht von sich aus darüber redet. Doch es gibt auch indirekte Hinweise. Am deutlichsten zeigt es sich bei Frauen, wenn sie sich zurückziehen. Wenn sie ihre Freundinnen nicht mehr treffen wollen oder jede Einladung ablehnen. Wenn sie das, was sie immer mit Freude gemacht haben – wie Rad fahren oder im Garten arbeiten –, auf einmal nicht mehr mögen und sich nur noch zu Hause aufhalten und das Nötigste erledigen. Weitere Alarmzeichen sind Selbstverletzungen, beispielsweise das Ritzen mit Rasierklingen, sowie Wechsel von Aggressionen zu Depression und umgekehrt.

Praktische Hilfe kann dann so aussehen, dass man die betroffene Person fragt, was sie sich wünscht, sie ermuntert, das ohne falsche Scham oder Rücksicht zu sagen. Manch einer hilft es, wenn man sie bemuttert, ihr beispielsweise einen heißen Kakao macht, sie ins Bett bringt und wartet, bis sie eingeschlafen ist. Andere sind dankbar, wenn sie jemand ablenkt, zum Beispiel mit einem Kinobesuch. Die allermeisten profitieren davon, wenn ihnen jemand geduldig zuhört, wenn jemand mit ihnen die schrecklichen Gefühle wie Verzweiflung, Angst oder Wut aushält.

Manchmal werden konkrete Sterbefantasien geschildert. Viele sind dann sehr verunsichert und fragen sich, wie sie reagieren sollen. Ganz wichtig: Wenn jemand solche Fantasien oder sogar konkrete Pläne erzählt, ist das immer ernst zu nehmen! Aber es ist die Aufgabe von professionellen Helfern, letztlich einzuschätzen, ob die Situation buchstäblich todernst ist.

Wer mit Sterbefantasien konfrontiert wird, sollte über die eigenen Empfindungen reden, die das Gehörte in dem Moment auslöst. Schildern, dass man sich Sorgen macht, die Not der Freundin mitbekommen hat. Vorwürfe (»Das ist eine Todsünde«) und Bagatellisierungen (»Jeder hat mal eine schlechte Phase«) wirken kontraproduktiv und helfen so gut wie nie! Auch Ratschläge oder eigene Erfahrungen (»Bei mir wirkt Baldrian immer super«) führen meist eher dazu, dass die betroffene Person sich weiter zurückzieht. Viel besser ist es, ihr vorzuschlagen, jemanden aufzusuchen, der sich mit Suizidalität auskennt. Wer das Gefühl hat, die Freundin nicht allein lassen zu können, sollte auch darüber mir ihr sprechen, ihr sagen: »Das alles macht mir Angst, bitte, lass uns zusammen irgendwo hingehen, wo du mit jemandem reden kannst, der dir besser helfen kann als ich.«

Viele Betroffene fürchten sich davor, dass sie, suchen sie eine Klinik auf, dort sofort eingesperrt werden. Doch das ist sehr selten der Fall. Nur weil jemand an Suizid denkt, wird er oder sie nicht gleich zwangseingewiesen, das weiß ich auch aus eigener Erfahrung! Über die Notaufnahmen der großen beziehungsweise der spezialisierten Krankenhäuser ist das Gespräch mit dem Psychiater oder dem Psychotherapeuten vom Dienst immer möglich – ohne dass man deswegen gleich stationär bleiben muss. Dabei kann man einen Teil der seelischen Last loswerden und sich Rat holen, wie es am besten weitergehen kann. Für manche ist es auch befreiend, wenn sie hören: »Sie haben eine Depression, eine Krankheit, die auch auf einer Fehlfunktion Ihres Neurotransmittersystems im Gehirn beruht, die man aber gut mit Medikamenten behandeln kann.« Auch die Mitarbeiter der Telefonseelsorge sind therapeutisch geschult und rund um die Uhr erreichbar.

Wenn sich jemand partout nicht helfen lassen will, so sollte man nachfragen, was für ein Gefühl der Vorschlag, sich professionelle Hilfe zu holen, ausgelöst hat. Abweisung? Unverständnis? Angst, weggesperrt zu werden? Wenn diese Person sich plötzlich ganz anders verhält, ihre Stimmung sich aus nicht nachvollziehbaren Gründen deutlich verbessert und sie ganz ruhig und gelassen wird, kann das ein Zeichen dafür sein, dass sie sich für den Tod entschieden hat und nun erleichtert ist, dass die Phase der Zerrissenheit endlich vorbei ist.

Wenn jemand ankündigt, später Tabletten nehmen oder sich die Pulsadern aufschneiden zu wollen, muss sofort gehandelt werden. In diesen Fällen ist es ratsam, den Notarzt und die Polizei zu rufen, auch wenn die Freundin vielleicht wütend wird und dieser Augenblick kaum auszuhalten ist. Die allermeisten wollen sich einige Wochen später nicht mehr umbringen – sodass die Betroffenen die Hilfeaktion nicht mehr übel nehmen, sondern, im Gegenteil, dankbar dafür sind. Man muss wissen, Suizide geschehen vorwiegend impulsiv, aus einem Affekt heraus. Ebenso muss man wissen: Eine Frau, die sich umbringt, will ihre Beziehungen kappen. Für Freunde und Verwandte ist es deshalb wichtig, gerade die Verbundenheit zu betonen. Wenn es möglich ist, sollte man all die scheinbaren Selbstverständlichkeiten sagen: »Du wirst geliebt und gebraucht. Du darfst nicht sterben, das wäre schrecklich.«

Bei länger andauernden depressiven Phasen sollte die Sorge um den anderen auf mehrere Schultern verteilt werden. Jeder muss darauf achten, wie viel er von dem Leid aushalten kann, wo die eigenen Grenzen sind. Dabei kann es sinnvoll sein, sich selbst Unterstützung zu holen, in der Familie, bei Freunden oder auch professionell.

Als Suizidgefährdete muss man sich ebenfalls über einiges klar werden. So lässt sich nicht alles mit Liebe heilen, was gerade Frauen oft genug glauben. Eine Depression ist auch nicht »nur« eine Form von Traurigkeit, die durch genügend Fürsorge wieder weggeht, es ist eine sehr ernst zu nehmende Krankheit.

➤ Hilfe, wenn man mit dem Leben hadert

Noch ein weiteres Mal befrage ich Dr. Reinhard Lindner, Oberarzt für Gerontopsychosomatik und Alterspsychotherapie im Albertinen-Haus in Hamburg, diesmal zum Thema Suizid.

Ich hadere mit meinem Leben, habe aber Angst vor der Psychiatrie. Wo finde ich Hilfe?

Beratungsstellen für Krisen gibt es bei den Kirchen – und die sind liberaler, als man denkt. Für die ganz akute Not ist die Telefonseelsorge rund um die Uhr erreichbar. Außerdem gibt es Angebote von gemeinnützigen Trägern.

Wie kann ich jemandem helfen, der nicht mehr leben will?

Was ich Angehörigen immer wieder sage: Es gibt Hilfe! Lassen Sie sich nicht in den hoffnungslosen Strudel des Suizidalen stürzen. Machen Sie sich schlau, welche Unterstützung es in Ihrer Nähe gibt. Und versuchen Sie, dem Betroffenen zu vermitteln, dass sein Problem vielleicht darin besteht, gut für sich zu sorgen.

Meine Freundin sagt: Am Sonntag bringe ich mich um. Wie reagiere ich?

Wenn Sie das Gefühl haben, das würde Ihnen das Herz brechen: Sprechen Sie es aus! Es ist sehr wertvoll, wenn es einen Menschen gibt, der nicht möchte, dass der andere stirbt. Drängen Sie außerdem darauf: »Hol dir Hilfe!« Wenn sich bis Samstagabend nichts verändert, rufen Sie die Polizei. Die Betroffenen kommen nicht immer direkt ins Krankenhaus, sondern in manchen Bundesländern erst zum psychiatrischen Notdienst. In jedem Fall kommt es erst einmal zu einem Gespräch mit einem Fachmann.

Aber folgt am Ende doch die Zwangseinweisung?
Nur im extremen Ausnahmefall! Und eine Zwangseinweisung heißt auch nicht, dass ein Mensch monatelang eingesperrt wird. Meistens werden Suizidgefährdete nicht lange festgehalten, Freiheit ist bei uns ein hohes Gut. Es sind oft nur vierundzwanzig Stunden, für acht oder zehn Tage braucht ein Richter erhebliche Gründe. Der Patient kann auch einen Anwalt hinzuziehen. Natürlich ist jemand, der festgehalten wird, gekränkt und ärgerlich. Aber die meisten verstehen später, dass dies zwar ein einschneidender, in dieser Situation aber notwendiger Schritt war.

15 Von schmerzhaften Abschieden und treuen Seelen – Freundschaften in der Krankheit

Wenn ich im Krankenhaus bin, also mehrmals im Jahr, wünsche ich mir, dass mich viele Freunde wenigstens am Wochenende besuchen. Doch ich habe begriffen, wie aufwendig das ist, gerade mit Job und Kindern, zumal die Klinik ja nicht in Hamburg liegt. Und dass ich meine Freunde nicht überlasten darf, wenn ich sie behalten will. Sehr deutlich wurde mir das an einem trüben Februartag 2009. Ich hörte den Postboten im Hausflur und zog einen Brief aus dem Türschlitz. Als ich den beigefarbenen Umschlag in der Hand hielt, wusste ich Bescheid. Mein Herz blieb einen Moment stehen, und mir wurde ganz kalt. Ich war mir sicher – konnte allerdings nicht sagen, warum –, dass Abigail sich mit diesem Brief von mir als Freundin verabschieden würde. Und so war es. Sie schrieb: »Deine Krankheit ist so schwer, dass ich sie nicht mehr mit dir tragen kann. Deshalb breche ich den Kontakt hiermit ab, weil er mir schadet.« Das zu lesen schmerzte sehr. Ausgerechnet Abigail, mit der ich schon lange befreundet war und die ich so gern hatte. Wir kannten uns noch aus der Lehrzeit bei der Hamburger Bank, sie war gleich bei der ersten Begegnung offen und freundlich gewesen. Nun dieser Brief. Ich war tieftraurig, doch vor allem schämte ich mich. Was für ein anstrengender Mensch musste ich sein, dass sich ausgerechnet Abigail von mir trennen wollte? Mein Vater hatte offenbar doch recht: Ich bin für andere eine Zumutung.

In anschließenden Gesprächen mit Freunden und meinem Therapeuten legte sich meine Scham ein bisschen. Doch das fiese Gefühl, zu schwer zu sein, eine Belastung zu sein, ist geblieben. Seitdem ich den Brief von Abigail bekommen habe, achte ich noch

223

mehr darauf, bei Treffen mit Freunden nicht nur von mir und nicht nur von meinem Elend zu erzählen, sondern auch den anderen Raum zu geben. Eigentlich fällt mir das leicht, denn es interessiert mich immer, was bei ihnen passiert. Als ich einmal mit einer Freundin ins Kino ging, erzählte sie mir auf dem Weg dorthin, dass sie schwanger sei. Ich freute mich riesig für sie. Dennoch weiß ich: Meine Sicht auf die Welt ist verzerrt, da ich stets vom Schlimmsten ausgehe und alles schwarzmale. Im Zusammensein mit Freunden versuche ich die positiven Dinge zu sehen und zu benennen – doch das fällt mir oft schwer.

Eine Depression kann man nicht sehen wie einen gebrochenen Arm oder einen Stock, an dem man gehen muss. Auch deswegen ist es leicht, die Krankheit zu bagatellisieren. Jeder ist mal schlecht drauf, trauert wegen einer Trennung oder eines Todesfalls. So etwas gehört zum Leben dazu, und nahezu jeder muss da durch. Und doch ist der Unterschied zwischen Krankheit und Gesundheit riesig.

Vor Kurzem sagte ein Freund zu mir: »Ich habe auch manchmal schlechte Tage, so wie du.« Und ich dachte: Du hast keine Ahnung. Eine Depression ist eine schwere, manchmal lebensbedrohliche Erkrankung – und überhaupt nicht vergleichbar mit den üblichen Hochs und Tiefs. Doch weil sie so unsichtbar ist, bekommt mancher Erkrankte von Verwandten und Freunden, Chefs und Kollegen viel weniger Verständnis als ein Patient beispielsweise mit einem Bandscheibenvorfall – obwohl er oder sie viel stärker leidet.

Ich hatte insofern Glück, als dass die Gründe für meine Depression für viele meiner Freunde nachvollziehbar waren. Meine Lebensgeschichte ließ ihnen meine Krankheit verständlich erscheinen. Doch wer ein »normales« Leben führt, scheinbar unter keinen großen Problemen zu leiden hat und trotzdem depressiv ist, hat es nicht so leicht, Anerkennung zu finden. Trotz der Nachvollziehbarkeit meiner Erkrankung musste ich erfahren, dass mich etliche Freundinnen verließen. Nicht nur Abigail. Auch Camille.

Ich bekam eine E-Mail von ihr. Sie schrieb: »Du bist immer so negativ. Wenn wir uns getroffen haben, ging es mir hinterher häufig schlechter. Dem möchte ich mich nicht mehr aussetzen.«

Camille hatte ich vor Jahren in einer Hamburger Klinik kennengelernt. Sie war zehn Jahre älter als ich und mit ihrem dunklen Pagenkopf, den blauen Augen und ihrer sportlichen Figur sehr attraktiv. Sie litt ebenfalls an Depressionen, dazu auch an einer Persönlichkeitsstörung. Wenn sie davon erzählte, wie sie sich fühlte, hatte ich immer das Gefühl, sie besonders gut zu verstehen. Doch der Weg, den sie wählte, um keinen Kontakt mehr mit mir zu haben, war mir fremd. Warum hatte sie nicht mit mir geredet, wo wir doch sonst immer alles ausgetauscht hatten? Und genauso fremd war mir ihr Begriff von Freundschaft. Für mich gehört zu einer Freundschaft, dass man in ihr auch über Probleme sprechen kann – wenn es denn nicht bei jedem Treffen vorkommt. Trauer und Schmerz sind nicht aus dem Leben auszuklammern. Doch Camille konnte das – indem sie sich von mir lossagte.

Die schmerzhafteste Trennung war aber die von Claudia. Über zwei Jahre habe ich versucht, diese Freundschaft zu retten, doch am Ende ging es nicht mehr. Claudia hatte Sorge, dass ich ihre Zwillingssöhne Jan und Kai dazu »missbrauchen« könnte, meine Stimmung aufzuhellen. Sie dachte, ich könnte sie dazu benutzen, dass sie mich aufmuntern müssten. Das waren ernste Vorwürfe gewesen, und lange hatte ich mich gefragt, ob an ihnen etwas dran sein könnte. Unbewusst, denn mit Absicht hätte ich das auf keinen Fall getan.

Ich war oft bei Claudia zu Besuch gewesen. Sie war alleinerziehend, und so spielte ich mit den Jungs, während sie kochte. Von Anfang an war ich hingerissen von Kai und Jan. Immer wenn ich mit ihnen zusammen war, schienen sie sich in meiner Nähe wohlzufühlen. So war ich auch extrem verletzt, dass Claudia mir zutraute, ich würde ihre Kinder auf diese Art und Weise »missbrauchen«. Typisch für mich: Ich wollte mit ihr darüber reden, ich hoffte, dass das etwas klären könnte. Einmal besuchte sie mich allein, und ich versuchte von ihr zu erfahren, was sie – außer der Sorge um ihre Söhne – gegen mich hatte.

»Während ich dich treffe, ist alles gut. Aber wenn du dann weg bist, werde ich furchtbar wütend auf dich«, sagte sie.

»Aber warum?«, fragte ich verzweifelt.

»Ich weiß es nicht.«

»Du lässt mich am ausgestreckten Arm verhungern«, bemerkte ich und weinte. »Wie soll ich etwas an meinem Verhalten ändern, wenn du mir nicht mal sagen kannst, was dich stört?«

Claudia schwieg.

Nach diesem Gespräch trafen wir uns nicht mehr – es schien sinnlos zu sein –, sondern tauschten nur noch E-Mails aus. Regelmäßig fragte ich nach, wo wir standen und wie es weitergehen würde. Claudia vertröstete mich so oft – »Ich habe gerade zu viel Stress im Job, um mich mit unserer Freundschaft zu beschäftigen« –, dass ich den Kontakt irgendwann abbrach. Nie wieder hat mich eine Freundin so verletzt wie sie. Heute kann ich verstehen, dass sie vielleicht Furcht davor hatte, dass ihre kleinen Söhne meine Depression nonverbal mitbekommen könnten. Deshalb habe ich Maren und Katrin gefragt, wie sie das sehen – denn mit ihren Kindern verbringe ich viel Zeit. Sie finden meinen Umgang mit ihnen vollkommen in Ordnung, darüber bin ich froh.

Doch wenn sich diese drei Frauen auch von mir wegen meiner Krankheit getrennt haben, so sind das Ausnahmen. Insgesamt habe ich großes Glück gehabt, die anderen Freunde stehen fest zu mir. Ohne sie würde ich das alles nicht durchstehen. Und wenn sie nicht wären, hätte ich es definitiv nicht bis heute geschafft. Ich glaube, ein Grund, warum sie zu mir gehalten haben, liegt darin, dass wir miteinander reden können. Ich kann mit ihnen über das sprechen, was mich belastet. Sie können mit mir darüber sprechen, dass sie die Last manchmal kaum aushalten können. Wir muten uns einander zu – und halten das gemeinsam aus. Viele haben schon oft zu mir gesagt, dass sie sich hilflos fühlen. Dabei hilft mir jeder Einzelne so sehr! Ich empfinde die anderen überhaupt nicht als hilflos.

Manche, so habe ich in Gesprächen erfahren, denken, es müsste eine viel praktischere Unterstützung sein, und sind erstaunt, dass es das gemeinsame Aushalten ist, was am meisten hilft. Wenn man den Job verliert, die Krankenkasse keine weitere Therapie bewilligt – manchmal ist die Situation einfach beschissen, und es bringt nichts, das beschönigen zu wollen. Es ist dann ungeheuer erleichternd, wenn jemand den Ernst der Lage anerkennt. Manchmal gibt es keine Lösung – oder zumindest erst einmal keine. Es ist dann tröstlich, wenn jemand das mit einem erträgt, auch die Schwere der Situation oder sogar die Hoffnungslosigkeit. Es ist ermutigend, nicht allein zu sein mit dem ganzen Mist, es nicht alles die ganze Zeit allein aushalten zu müssen. Konkret heißt das, dass meine Freundin Wibke meine Hand hält, mich in den Arm nimmt und mit mir redet. Es hilft sehr, dass ich in schweren Phasen täglich mit Birgit telefonieren kann, manchmal mehrmals am Tag. Es tröstet mich, wenn Maren für mich Fischstäbchen brät und ich mit ihr und ihren Kindern zu Abend essen kann. Wenn Christine mich ins Kino einlädt oder ins Café. Wenn ich reden darf wie ein Wasserfall und Tessa mir eine Stunde lang ununterbrochen zuhört.

Was nie hilft, sind, wie gesagt, Sätze dieser Art: »Das wird schon wieder.« Oder: »Jeder hat mal einen schlechten Tag.« Sie bagatellisieren nur das Elend. Für mich klingen sie, als wolle jemand indirekt sagen: »Ist schon nicht so schlimm.« Ich empfinde mein Leid aber als schlimm, und es tut mir weh, wenn das nicht anerkannt, sondern abgewertet wird. Von anderen an einer Depression Erkrankten weiß ich, dass es ihnen genauso geht. Wenn jemand sagt: »Kopf hoch«, ist das oft der Versuch, trösten zu wollen. Doch es tröstet nicht. Trost kann ich nur empfinden, wenn ich die Anerkennung erfahre, dass es schwer ist. Was immer hilft, ist, wenn einer meiner Freunde zu mir sagt:»Es tut mir leid, dass es dir so schlecht geht.« Oder: »Ich kann dich verstehen.« Oder: »Das ist aber auch traurig!« Ich kann spüren, dass die Anteilnahme ernst gemeint ist – und ich fühle mich dadurch tatsächlich getröstet. Was ebenso hilft, ist jede weitere Form von Aufmerksamkeit. Wenn mich jemand umarmt und festhält. Wenn mir jemand zuhört und intensiv mit mir spricht. Wenn mir jemand eine E-Mail oder eine SMS schickt mit den Worten: »Ich denk an dich!« Wenn mich jemand an seinem Leben teilnehmen lässt. Wenn wir gemeinsam etwas unternehmen. Miteinander eine DVD ansehen finde ich genauso großartig, wie zusammen eine Pizza zuzubereiten. Ich bin wie ein Terrier: Ich will immer mit. Einmal musste ich Weihnachten in der Klinik zubringen. Ich habe mich riesig über die Pakete und Besuche gefreut, das hat mir den Aufenthalt viel leichter gemacht.

Ich kenne die Situation meiner Freunde nicht: Ich weiß nicht, wie es ist, gesund zu sein und eine depressive Freundin zu haben. Daher habe ich zwei meiner Freundinnen gebeten, aufzuschreiben, wie sie die Freundschaft mit mir erleben. Wibke habe ich ausgesucht, weil sie so stabil ist. Egal was passiert, auf ihre Stärke kann ich mich verlassen. Sie kennt mich in besseren und schlechteren Phasen, zu Hause und in der Klinik. Was bislang auch immer geschehen ist, Wibke stand mir jedes Mal zur Seite. So eine Freundin wünsche ich jedem in der Not.

Meine depressive Freundin Heide
Von Wibke Hein, fünfunddreißig, kaufmännische Angestellte

Eine depressive Freundin zu haben ist eigentlich nicht viel anders, als eine nicht-depressive Freundin zu haben. Ich höre zu, wenn Heide über Probleme reden will, gebe Meinungen ab, wenn sie gefragt sind, bestärke sie, wenn sie unsicher ist, freue mich, sie zu treffen, und schätze es, wenn sie an meinem Leben interessiert ist. Vielleicht habe ich Glück mit meiner depressiven Freundin? Heide hat sicherlich existenziellere Probleme als andere und braucht vielleicht häufiger stärkende Worte oder länger ein offenes Ohr. Aber grundsätzlich gehört das doch ohnehin zu jeder Freundschaft dazu, und wer rechnet da schon groß nach?

Von Heide bekomme ich das Feedback, dass meine Einstellung zu Freundschaften und zum Leben nicht selbstverständlich ist. Ich finde aber, dass es eigentlich nichts Selbstverständlicheres gibt, als in einer Freundschaft füreinander da zu sein. Aber das gemeinsame Aushalten von schwierigen Situationen, das Anteilnehmen und Zuhören sind vielleicht total unterschätzte Komponenten. Ich muss mich manchmal selbst zügeln und meinen »blinden Aktionismus« etwas bremsen, wenn ich dem Impuls folgen will, etwas Konkretes, Sichtbares zu tun, wenn es Heide schlecht geht. Dabei ist es für mich viel leichter, nichts zu tun und einfach nur den Schmerz mit auszuhalten. Es ist auch das, was Heide mir immer wieder zurückmeldet: Für sie ist es ungemein wichtig, dass ihre Freunde die Situation mit ihr zusammen durchstehen.

Sie legt viel Wert darauf, dass nicht nur ihre Freunde für sie da sind, sondern sie auch, soweit es ihr möglich ist, für ihre Freunde da ist. Vielleicht hat sie sogar einen besonderen Sinn dafür, wie wichtig es ist, Anteilnahme zu zeigen und Wertschätzung auszusprechen, weil sie selbst so viel davon braucht. Jedenfalls kann ich mich nicht beklagen, dass ich in dieser Freundschaft zu kurz komme.

Sicher, über den Gesprächen mit Heide liegt immer eine etwas dunklere Wolke als bei denen mit anderen, denn es sind schließlich schwerwiegende Probleme, die mit ihr gewälzt werden. Es findet sich auch nicht für jedes Problem gleich eine Lösung. Doch fast jedes lässt sich analysieren und durch eine Betrachtung aus verschiedenen Perspektiven, durch neue Fragestellungen, durch Segmentierung in kleinere Teilprobleme ein bisschen besser verstehen und manchmal sogar bewältigen.

Gut, vielleicht kann ich das so sehen, weil Heide schon einige Jahre in ihrer Depression steckt, eine Therapie macht und seit Langem sehr offen über ihre Krankheit redet. Ich habe mich wahrscheinlich schon sehr daran gewöhnt. Wenn ich jedoch zurückblicke, kann ich mich daran erinnern, dass es Momente gab, in denen ich mich sehr hilflos gefühlt habe. Dann, wenn ein weinendes Wrack bei mir auf dem Sofa saß, die Situation (meiner damaligen Ansicht nach) scheinbar ausweglos war, ich ein ungutes Gefühl hatte, sie mit ihrem Kummer alleinzulassen, in Sorge war, dass sie sich womöglich etwas antun könnte.

Heide schätzt eine neutrale Situation häufig nicht als eine solche ein, sondern geht immer vom Schlimmsten aus. Das ist zwar manchmal seltsam, aber ich verstehe, warum das so ist. Hat man sehr häufig erlebt, dass man von wichtigen Menschen verletzt, gedemütigt oder im Stich gelassen wird, muss es schwer sein, ein Urvertrauen zu haben. Traurig macht mich oft, dass es nicht möglich ist, meinen eigenen Optimismus einfach zu übertragen. Selbst wenn Heide rational versteht, dass A, B oder C mit gleicher Wahrscheinlichkeit eintreffen könnten wie ihre Worst-Case-Fantasie, es auch Menschen gibt, die ihr was Gutes und nichts Böses wollen, lässt sich der Pessimismus nicht einfach wegpusten. Dass ich die Krankheit nicht einfach ausknipsen kann, ist für mich das wohl größte Problem in dieser Freundschaft.

Suizidgedanken
Jedes Mal war ich sehr erschrocken, wenn Heide mir ihre sehr konkreten Selbstmordgedanken mitteilte. In meiner heilen Welt hatte ich ausgeblendet, dass so etwas in meinem Umfeld passieren könnte. Aber durch Gespräche habe ich die Gründe dafür nachvollziehen können. Und ich kann verstehen, dass es für Heide diese Lösung gibt, wenn sie ihr Leben nicht mehr ertragen kann. Dazu muss ich mir aber Verletzungen aus meiner eigenen, sorglosen Kindheit vorstellen, um den Hauch einer Ahnung von dem Schmerz und der Verzweiflung zu bekommen, die sie empfindet, wenn sie es nicht mehr aushält.

Eigentlich hatte ich weder Angst, dass sie es wirklich tun würde, noch war ich sauer, dass sie den Suizid als legitime Lösung sieht. Ich habe nie wirklich daran geglaubt, dass sie den letzten Schritt gehen wird. Ich hoffe immer, dass doch noch alles gut wird. Vielleicht aus Selbstschutz, weil es für mich ein großer Schlag wäre, sie zu verlieren. Ohne wirklich zu wissen, wie ich reagieren würde, wenn sie es täte, habe ich das Gefühl, ich würde es akzeptieren, sehr um sie trauern, aber letztlich verstehen, dass sie alles versucht hat und keine Kraft mehr hatte.

Therapie
Ich bin froh, dass Heide hartnäckig ist und ihre Interessen so gut vertreten kann, denn sonst hätte sie wohl kaum die Therapie erhalten, die sie heute hat. Die jahrelangen Kämpfe um den richtigen Therapeuten und die richtigen Medikamente waren sehr aufreibend und sind es noch. Mich macht es wütend, dass es in unserem Gesundheitssystem so schwierig zu sein scheint, eine Therapie zu bekommen, wenn man sie braucht. Gerade jemand, der depressiv ist, hat meist nicht das Selbstbewusstsein und die Kraft, für die richtige Behandlung zu kämpfen.

Bei Heide ist es so, dass sie in ihrem Therapeuten auch die Elternrolle verkörpert sieht. Das erscheint mir logisch und unmöglich zugleich, ist es ja eine zeitlich begrenzte und professionelle Beziehung, die zwischen einem Therapeuten und seinem Patienten besteht. Dennoch erhält sie nach einigen Jahren einen derart hohen Stellenwert, dass ein Ende der Therapie kaum denkbar ist. Für mich ist es sehr schwer nachvollziehbar, dass man eine derart enge Beziehung zu einem Therapeuten entwickeln kann. Vor allem macht es mir Schwierigkeiten, dass ein ständiges Thema in der Therapie wohl die Therapie selbst ist. Ist die Frequenz tatsächlich ausreichend? Ist es in Ordnung, in jeder Sprechstunde anzurufen? Ist es für Heide zumutbar, vier Wochen Pause zwischen den Terminen bei ihrem Therapeuten zu haben? Wie und wann gestalten wir den Abschied beziehungsweise das Ende der Therapie? Ab und zu habe ich meine Zweifel, ob das wirklich weiterhilft, schlussendlich bin ich aber ein Laie und kann das »Arbeitsverhältnis« nicht wirklich beurteilen.

Es ist schwer, Fortschritte zu erkennen, aber ich sehe schon, dass Heide sich zwar selbst immer noch sehr schlecht fühlt, dass es aber bei ihr eine Besserung gibt. So zum Beispiel interpretiere ich ihren plötzlich aufgetretenen Hass auf ihren Lieblingstherapeuten durchaus als pubertierendes Verhalten. Das wäre ein großer Entwicklungsschritt in ihrer Eltern-Kind-Beziehung!

Klinik
Als Heide das erste Mal aufgrund ihrer Depression im Krankenhaus war, empfand ich das als sehr irreal. Die Vorstellung von einer Psychiatrie war irgendwie unheimlich, doch sie dort zu sehen war kaum anders, als wenn man jemanden in der Klinik besucht, der eine OP hatte.

Für mich ist diese Klinik nach vielen noch folgenden Aufenthalten zur Normalität geworden. Ich bin etwas unschlüssig, ob das gut oder schlecht ist. Einerseits finde ich es gut, dass die Psychiatrie für mich an Schrecken verloren hat. Viele der Patienten sind nicht wirr, sondern so wie Heide. Und mittlerweile habe ich begriffen, dass Depressionen sehr verbreitet sind und es völlig normale Menschen trifft, denen man die Krankheit höchst selten anmerkt.

Andererseits finde ich es etwas bedenklich, dass es für mich inzwischen schon zu einer Selbstverständlichkeit geworden ist, dass Heide alle paar Monate dorthin muss. Ich muss mir dann jedes Mal klarmachen, dass die Situation für sie unerträglich geworden ist, sodass sie sich ihr Leben nicht mehr allein zutraut, es allein nicht mehr zu Hause aushalten kann.

Grundsätzlich ist diese Klinik für mich aber positiv besetzt. Wenn Heide dort ist, weiß ich zwar, dass sie heftige Auseinandersetzungen durchstehen muss und sich permanent Gedanken macht, weil sie nicht arbeiten kann, aber ich denke, dass sie dort gut aufgehoben ist. Ich mache mir dann weniger Sorgen.

Selbstbild und Fremdbild

Nach allem, was ich von Heide über ihr Selbstbild gelernt und natürlich auch von ihr erklärt bekommen habe, also wie stark die Diskrepanz zwischen ihrem Selbst- und dem Fremdbild in ihrer Therapie ist, kann ich es trotzdem immer noch nicht fassen, dass ihre Wahrnehmung so ist, wie sie ist. Neben einer sicherlich tieftraurigen und verletzten Seele sehe ich so viele tolle Eigenschaften, die sie für ihre Umwelt wertvoll machen, dass ich es manchmal fast nicht glauben kann, wie unsichtbar und unbedeutend sie sich fühlt. Was mich am meisten beschäftigt, ist ihre unnachahmliche Art und Weise, Freundschaften zu pflegen und Interesse für das Leben ihrer Freunde offen zu zeigen. Sie selbst ist der Ansicht, dass sie ihren Freunden vor allem eine Belastung ist und dass sie am liebsten permanent kleine Geschenke mitbringen würde, um bloß nicht in irgendjemandes Schuld zu stehen. Sie kann sich sonst gar nicht vorstellen, dass man sie einfach gern mag.

Sorgen und Hoffnung

Latent mache ich mir immer Sorgen um Heide. Gerade wenn ich selbst im Stress bin und ein paar Tage lang mal alles außerhalb meines engsten Alltags ausblende, muss ich an sie denken: Hoffentlich geht es ihr nicht gerade jetzt schlecht, wo ich so wenig Zeit habe.

Am schlimmsten ist es, wenn ich sie telefonisch nicht erreichen kann. Zwar ist es in der Vergangenheit so gewesen, dass sie häufig Bescheid gesagt hat, wenn sie »mal wieder kurz vor der Klinik« war, aber ich habe doch immer ein bisschen Angst, dass sie vielleicht irgendwann einmal Ernst mit ihren Suizidgedanken macht und ein völlig anderes Verhaltensmuster einschlägt, damit sie keiner »rettet«. Bei dem Gedanken wird mir ziemlich mulmig, und ich hoffe, dass ich dann einen sechsten Sinn habe, vielleicht ihre Absichten telepathisch mitbekomme, um noch etwas tun zu können. Aber was? Zu ihr fahren? Den Notruf wählen? Sie ins Krankenhaus bringen? Ihr zuhören und ihren Wunsch respektieren? Ich weiß es nicht.

Vielleicht vertraue ich zu sehr darauf, dass diese Situation nicht eintreten wird. Ich glaube einfach fest daran, dass sie es schaffen kann. Ich sehe sie nämlich in zwanzig Jahren vor mir sitzen, zufrieden mit ihrem Leben. Die Depressionen werden sicherlich immer eine schmerzhafte Erinnerung sein, aber im Nachhinein wird sie es leichter nehmen und sehr stolz auf sich sein, dass sie so lange durchgehalten und so intensiv an sich gearbeitet hat. Ich glaube, sie wird sich sehr für andere engagieren. Sie wird das ganze Wissen und ihre Erfahrung aus dieser Zeit nutzen und sie anderen zur Verfügung stellen. Damit auch die nicht ihre Hoffnung verlieren.

Ich freue mich schon sehr auf diese Zeit.

Mit meiner Freundin Tessa habe ich von 2003 bis 2005 zusammen volontiert, seitdem sind wir befreundet. Ich bat sie, etwas zu schreiben, weil ich mir vorstellen kann, dass sich viele so fühlen wie sie, wenn sie mit einer Freundin wie mir konfrontiert sind. Ich weiß, dass ich sie belaste, dass sie streckenweise unsicher ist und überfordert. Tessa hilft mir besonders durch ihre Empathie. Sie ist so mitfühlend, dass sie sich sofort im Klaren darüber ist, was ich brauche – und sie kann das auch aussprechen. Das ist Fluch und Segen zugleich: Tessa kann sich so gut einfühlen, dass ich mich total verstanden fühle. Sie ist dadurch aber auch so nah bei mir, dass es sie selbst belastet. Sie muss aufpassen, nicht selbst traurig und hoffnungslos zu werden.

Gemeinsam aushalten
Von Tessa Randau, siebenunddreißig, Journalistin

Wenn mein Handy klingelt und ich auf dem Display sehe, dass Heide anruft, ist da immer ein Gefühl der Sorge. Geht es Heide wieder schlecht? Ist sie zu Hause oder ist sie in der Klinik? Das sind die Gedanken, die innerhalb vom Bruchteil einer Sekunde durch meinen Kopf schießen. Sorgen, die in unserer Freundschaft leider Alltag geworden sind. Als ich Heide kennenlernte, kam sie mir ausgesprochen tough vor.

Gebildet, selbstbewusst, sportlich – das waren die Attribute, die ich ihr damals zuordnete. Zum ersten Mal gespürt, dass Heide krank ist, habe ich, als sie ihre neue Liebe traf. Philipp. Zunächst eine Affäre ohne feste Absichten, die immer mehr zu einer obsessiven Liebe wurde. Heide und ich gingen manchmal zusammen laufen. Und dann erzählte sie mir von Philipp. Wie unendlich tiefgehend ihre Gefühle seien, wie bereichernd ihre Gespräche, wie sehr sie jede Minute mit ihm genoss. Es klang nach Wolke sieben, und ich glaube, so war es zu diesem Zeitpunkt auch. Ich habe sie damals sehr beneidet, aber ganz tief in mir hegte ich auch erste Zweifel. Ist das noch normal? Kann eine Beziehung überhaupt über längere Zeit solch einen hohen Level halten? Oder muss nicht irgendwann der tiefe Fall kommen? Er kam.

Heide hatte Philipp die Luft zum Atmen genommen, weil sie keine Grenzen kennt. Das ist zumindest meine Interpretation. Ich habe nie mit Philipp über seine Beweggründe gesprochen.

Auf die Trennung folgte Heides erster Zusammenbruch. Ich war damals nicht mehr in Hamburg und habe ihn nur am Rande miterlebt. Habe die Schilderungen von Freundinnen gehört, die eine hysterisch schreiende Heide – die damit drohte, sich etwas anzutun – in die Notaufnahme brachten. Es war ein wahnsinniger Schock. So extrem hatte noch nie eine Freundin auf eine Trennung reagiert. Und doch kam es nicht völlig unerwartet.

Beim ersten Mal hatte ich noch große Hoffnung. Heide braucht viel Zuwendung, und dann wird es irgendwann wieder. Vielleicht erst in sechs oder acht Monaten. Und in einem Jahr ist sie bestimmt wieder die Alte. So naiv war ich damals noch. Ich schrieb E-Mails, rief an – und wir verabredeten, dass Heide mir beim nächsten Treffen in Hamburg von ihrer Kindheit erzählt, über die ich bis zu diesem Zeitpunkt noch gar nichts wusste. Das haben wir dann auch gemacht. Und danach habe ich vieles besser verstanden. Philipp war Heides Ersatzdroge, für eine Familie, die sie nie hatte.

Nach dem Gespräch ging es Heide schlecht, sie musste Beruhigungsmittel nehmen. Und auch ich habe richtige Angst bekommen. Es war, als hätten wir mit Streichhölzern gezündelt und fast einen Flächenbrand verursacht. Heide ist direkt danach wieder in die Klinik gefahren, und ich war sehr froh darüber, die Verantwortung für sie abgeben zu können.

Die nächsten Jahre sind in meiner Erinnerung verwischt. Heide ist in dieser Zeit zu einer »Drehtürpatientin« geworden (den Begriff habe ich von ihr gelernt). Immer wieder gab es Phasen, in denen es ihr besser ging – und dann Auslöser, die einen neuen Absturz provoziert haben. Heute weiß ich, dass Heide niemals geheilt werden kann, das war mir nach dem ersten Zusammenbruch noch nicht klar. Dafür sind die Wunden der Kindheit einfach zu tief. Aber ich habe immer noch die Hoffnung, dass sie ein zufriedenes, glückliches Leben haben kann. Die Hoffnung ist kleiner geworden, jeder Rückfall ist ein Dämpfer. Aber sie ist noch da.

Ich glaube an Heide, will, dass sie weiterlebt. Will für sie da sein und sie weiter begleiten. Aber ich gebe zu, das ist nicht leicht. Am Anfang, bei ihrem ersten Zusammenbruch, war ich verzweifelt, weil man als Außenstehender so wenig aktiv helfen kann. Man kann trösten, gut zureden, mit ihr einen schönen Tag verbringen, aber man kann ihr nicht den Schmerz abnehmen. Heide hat damals gesagt: »Du hilfst mir schon sehr, wenn du meine Krankheit mit mir aushältst.« Heute weiß ich, was sie meinte.

Ich halte mit ihr aus, denn ich bin in der sehr positiven Situation, es auch zu können. Weil ich die nötige Distanz zu ihr habe. Räumlich – und damit auch emotional. Heide kann sehr maßlos sein. Viel fordern. Sie sucht Nähe. So zwingend, dass sie die Menschen, die sie am meisten liebt, von sich wegtreibt.

Heide hat mir einmal eine ihrer größten Sehnsüchte mit einem sehr einprägenden Bild beschrieben: Oft fühlt sie sich wie ein Baby, das in einem Tragetuch ganz eng am Bauch der Mutter mitgenommen werden möchte. Ihre Sehnsucht nach Mutterliebe, Mutterwärme ist unendlich groß, fast unstillbar. Diese Liebe sucht sie überall – und muss damit scheitern. Niemand kann sie ihr geben. Aber ich habe das

Glück, dass sie es bei mir nicht einfordert. Und ich glaube, deshalb funktioniert unsere Freundschaft auch so gut.

Natürlich habe ich Schuldgefühle. 2011 hatte sie wieder einen heftigen Zusammenbruch, da hat sie eine Überdosis Schlaftabletten genommen. Als ich davon erfuhr, war mein erster Impuls: Ich fahre hin. Ich kann Heide in solch einer Situation nicht alleinlassen. Sie braucht jetzt jede Form von Unterstützung von ihren Freundinnen. Von denen, die noch können, weil ein Teil im Lauf der Jahre einfach die Kraft verloren hat.

Es wäre nicht leicht gewesen zu fahren. Ich habe ein kleines Kind, renoviere gerade ein Haus, gehe arbeiten, weiß im Moment oft selbst nicht, wo mir der Kopf steht. Aber Heide wäre es wert gewesen. Warum ich dennoch nicht gefahren bin? Weil ich Angst hatte. Angst davor, ihre Abgründe nicht aushalten zu können. Hilflos vor ihr zu stehen, wenn sie schreit und weint. Sie nicht beruhigen zu können. Vielleicht mit ansehen zu müssen, wie sie sich vor meinen Augen etwas antut. Angst vor einer Verantwortung, die ich nicht tragen kann. Angst davor, dass mich der Strudel ihrer negativen Gefühle selbst mit in den Abgrund reißt.

So wie bei einer anderen gemeinsamen Freundin, die nach Heides zweitem Zusammenbruch nachts mit schrecklichem Herzrasen aufwachte. Eine Panikattacke, die mehrere Stunden lang anhielt. Diese Freundin deutete sie als Warnsignal ihres Körpers. Als inneres Stoppzeichen, das sagt: »Bis hierhin und nicht weiter.« Und hat sich daraufhin ganz bewusst zurückgezogen. Ich verstehe sie gut. Heide hat ihr oft von ihren Verstümmelungsfantasien erzählt, hat sie dann hysterisch schreiend angerufen und angefleht, sie in die Notaufnahme zu fahren. Hat eine Nähe bei ihr gesucht, die eine Freundschaft bei Weitem übersteigt. Auch ich könnte das nicht leisten. Will es nicht leisten, weil es mich selbst kaputtmachen würde.

So versuche ich, trotz fünfhundert Kilometern Distanz, an ihrer Seite zu bleiben. Simse, schreibe E-Mails und telefoniere mit ihr. Will ihr zeigen, wie oft ich an sie denke. Wie wichtig sie mir ist. Wie gern ich sie habe. Wie leid es mir tut, dass sie so viel aushalten muss. Wie gut ich sie in vielem verstehen kann. Wie sehr ich mir wünsche, dass es besser wird. Und spüre, dass ich etwas bewirken kann. Denn Heide macht mir Mut, sagt immer wieder, wie gut ihr jedes Wort, jede noch so kleine Geste tut. Sie nimmt mich an die Hand, zeigt mir, was ihr hilft (Anteilnahme) und was nicht (Durchhaltefloskeln), lässt mich mit ihrer Krankheit nicht alleine. Sie macht es mir leicht, eine gute Freundin zu sein.

Und auch Heide ist – trotz ihrer Krankheit – eine tolle Freundin. Eine, die mir viel zurückgibt. Sie kann sehr gut zuhören, interessiert sich für mich, mein Leben, meine Sorgen und Ängste, auch wenn sie, gemessen an ihren, banal erscheinen. Doch solche Gewichtungen macht Heide nicht. Sie nimmt mich ernst, gibt wertvolle Ratschläge. Sie ist nie neidisch und macht mir kein schlechtes Gewissen, obwohl ich alles habe, wovon Heide träumt. Eine liebevolle Familie, eine gute Ehe, eine süße kleine Tochter, einen festen Job, finanzielle Unabhängigkeit. Nie setzt sie mich unter Druck. Reißt keine Zäune ein, sondern ist dankbar für alles, was ich gebe. Und sie hat Verständnis für das, was ich nicht geben kann.

Heide ist eine echte Bereicherung, eine Freundin, auf die ich nicht verzichten will. Und auf die ich auch sehr stolz bin. Denn wenn die letzten Jahre einer Berg- und Talfahrt glichen, sehe ich doch, dass Heide Fortschritte macht. Dass sie kaum noch Fressanfälle hat. Dass es ihr ab und zu gelingt, sich selbst zu mögen. In der Klinik macht sie jetzt eine Intervall-Therapie. Erst lagen nur drei Monate zwischen den Aufenthalten, dann vier. Neulich erzählte sie mir ganz stolz, dass sie ihre nächste Behandlung im Krankenhaus um vier Wochen nach hinten geschoben hat. Sechs Monate stemmt sie allein zu Hause. Das wäre früher undenkbar gewesen.

Und ich bewundere Heide. Dafür, wie sie kämpft. Wie sie versucht, trotz Krankheit ihren Lebensunterhalt selbst zu verdienen. Wie sie sich dagegen wehrt, dass ihre – für sie lebenswichtigen – Therapien gestrichen werden und dass der Staat sie für arbeitsunfähig erklären wollte. Und ich bewundere sie auch dafür, wie sie den Schmerz in ihrem

Inneren aushält. Ich selbst hatte einmal im Leben eine Panikattacke. Sie dauerte nicht lang, und mein Mann war da und stand mir bei. Trotzdem war es schrecklich, etwas, das ich nie wieder erleben will. Heide hat solche Attacken oft. Stundenlang. Und keinen Partner, der sie liebevoll in den Arm nimmt.

Ich wünsche mir, dass das irgendwann wieder anders ist. Dass Heide ein normales Leben führen kann. Ein Leben ohne Selbstmordfantasien. Ohne Klinikaufenthalte. Ohne Hartz IV. Ein Leben, in dem nur das Heute zählt – und nicht mehr vom Gestern überschattet wird.

16 Willkommen in Absurdistan – auf der Geschlossenen, März 2011

Obwohl ich wusste, dass ich meinen Freunden nicht zu viel zumuten durfte, übertrat ich am 30. März 2011 eine Grenze. Was mir heute unendlich leidtut. Wie konnte es nur dazu kommen, dass ich so die Kontrolle verlor? Schon wochenlang ging es mir sehr schlecht. Der Tropfen, der das Fass an diesem Mittwoch zum Überlaufen brachte, war wieder eine entsetzliche Sitzung bei meinem Therapeuten. Danach hatte ich zu viele Tabletten genommen, eine Freundin angerufen, furchtbar geheult und immer wieder gesagt: »Ich will sterben.« Das hatte ihr solche Angst gemacht, dass sie die Polizei rief – und die dann den Rettungsdienst. Das macht es nicht ungeschehen, aber ich habe nicht aus mangelndem Respekt so gehandelt, sondern aus der Not heraus. Ich war wie eine Ertrinkende, die sich an ihrem Retter festkrallt und droht, ihn mit in die Tiefe zu ziehen.

Der Krankenwagen brachte mich in die nächstgelegene Klinik. Dort führten mich die Rettungssanitäter in die Notaufnahme. Kaum saß ich auf einem der Plastikstühle, schlief ich, dank der Überdosis, auch schon ein. Acht Stunden später wachte ich in einem Krankenhausbett wieder auf. Ich hatte einen Clip am Finger, Kabel führten von meiner Brust zu einem piependen Monitor, und eine Manschette quetschte in regelmäßigen Abständen meinen Oberarm zusammen. Eine Krankenschwester erklärte mir, dass ich in der Notaufnahme zur Überwachung läge. Heute wird einem nicht mehr in jedem Fall der Magen ausgepumpt. Denn die größte Gefahr besteht darin, dass die Schlaf- und Beruhigungsmittel das Atemzentrum lähmen und man daran stirbt. Deshalb ist es wichtiger, Herz, Kreislauf, Blut und Atmung zu überwachen. Die Geräte zeigen an, wann es kritisch wird, damit man bei Lebensgefahr künstlich beatmet werden kann. Die Schwester sagte mir, dass ein Psychiater auf mich zukommen würde, danach verschwand sie.

Jetzt war ich wach, und schon war das ganze Elend wieder da. Unentwegt weinte ich, und im Kopf legte ich mir immer wieder neu zurecht, was ich dem Arzt sagen wollte. Vielleicht würde er mich auf der geschlossenen Station unterbringen. Denn dahin kommt man, wenn man eine Gefahr für sich selbst oder für andere ist. Lebensmüde wie ich war, ahnte ich, dass mir das jetzt bevorstand. Sosehr ich mich vor der Geschlossenen fürchtete, meine Angst, dass sie mich entlassen würden, war größer. Denn ich war nach wie vor außer mir. Doch ich hatte Panik, dass ich nicht würde vermitteln können, wie es mir ging. Nach zwei Stunden, die sich ewig lang anfühlten, kam der Psychiater vom Dienst. Er war klein und drahtig, nicht älter als fünfunddreißig, und seine blonden, sorgfältig gestutzten Koteletten reichten ihm bis zum Kinn. Unter dem weißen Kittel sah man Jeans. Er zog sich einen Stuhl heran und setzte sich an mein Bett.

»Frau Fuhljahn, guten Abend«, sagte er. »Was Sie da gemacht haben, war sehr gefährlich. Wie geht es Ihnen inzwischen?«

Ich holte tief Luft und versuchte krampfhaft, die Tränen zurückzuhalten.

»Das Schlimme ist, dass man nicht sehen kann, worunter ich leide«, erklärte ich in meiner Verzweiflung. »Hätte ich einen schweren Verkehrsunfall gehabt, würde ich am ganzen Körper bluten. Jeder wüsste, ich habe Schmerzen. So kann ich Ihnen nur sagen: Mir geht es sehr schlecht. Wirklich.«

Der Psychiater blickte mich mitfühlend an und meinte: »Das bekomme ich schon mit. Sie weinen und wirken völlig aufgelöst. Haben Sie immer noch Suizidgedanken?«

»Ja. Ich habe es heute auch meiner Freundin gesagt, und der erschien die Situation bedrohlich.«

»Ist sie denn lebensbedrohlich?«, fragte er. »Auf einer Skala von eins bis zehn, wobei zehn am schlimmsten ist, wo befinden Sie sich da?«

Diese Antwort zu geben war leicht. »Zehn.« Er sah mich ernst an. »Wären Sie bereit, auf die geschlossene Station zu gehen? Das erscheint mir angebracht.«

Ich überlegte einen Moment und entgegnete dann: »Ja. Nicht gern, aber ja.«

Er nahm mich gleich mit, wir gingen von der Notaufnahme hinüber in die Psychiatrie, die zu meinem Erstaunen in einer schönen alten Villa untergebracht war. Während wir über das Gelände der Klinik liefen – ich hatte einen Armeerucksack dabei, mit den nötigsten Sachen –, dachte ich, dass ich gleich ohnmächtig umfallen würde, weil ich mich so kraftlos fühlte. Um meine Kulturtasche, einen Schlafanzug und Hausschuhe einzupacken, hatte ich gestern eine geschlagene Stunde gebraucht. Immer wieder setzte ich mich auf mein Bett, heulte und hatte das Gefühl, nie wieder aufstehen zu können. Etwas zum Vergnügen, zur Zerstreuung hatte ich schon seit Tagen nicht mehr tun können. Weder lesen noch Musik hören, nicht spazieren gehen. Ich konnte mich auch nicht mehr mit jemandem normal unterhalten. Ich befand mich in einem maximalen Ausnahmezustand. Wie jemand, dem man gesagt hat, dass ein geliebter Mensch gestorben ist, wie ein Fahrer, nachdem er eine Massenkarambolage verursacht hat. In meinem Kopf war nur noch Alarm. Es fühlte sich an wie Sterben, ich lag nach dem Packen, bis der Krankenwagen kam, auf dem Bett, total verkrampft, und hielt mich an meinem Teddy fest. Mein Magen zog sich schmerzhaft zusammen. Mein Körper fühlte sich an, als würde von allen Seiten Druck auf ihn ausgeübt werden. Nachdem ich meine Freundin angerufen und meine Sachen zusammengesucht hatte, konnte ich nichts mehr.

In der Psychiatrie angekommen, begleitete mich der Arzt mit den blonden Koteletten durch einen langen weißen Flur, dann schloss er eine massive Stahltür auf – und hinter uns wieder zu. Jetzt war ich vom ganz normalen Leben getrennt. Vor mir lag ein verwinkelter Flur mit vielen Türen. Ich fühlte mich, als hätte ich meine Freiheit auf- und mich freiwillig in Gefangenschaft begeben. Von der ersten Sekunde an war es eine einschneidende Erfahrung, nicht mehr einfach dahin gehen zu können, wohin man will. Psychiatriemitarbeiter, so lernte ich später, sprechen allerdings lieber vom geschützten Bereich, und tatsächlich sind solche Stationen auch ein Schutz.

Wie angewurzelt blieb ich hinter der Stahltür stehen. Offene Stationen kannte ich ja inzwischen und wusste, dass die nichts mit dem zu tun hatten, was es an Klischees über sie gab. Aber eine geschlossene Abteilung? Kontrollierte überhaupt jemand, was da passierte? Gab man nicht alle seine Rechte auf? Würde mich jemand in eine Gummizelle einsperren? In eine Zwangsjacke stecken? Mir fiel der Film *Einer flog über das Kuckucksnest* ein. Jack Nicholson und die unmenschliche Krankenschwester. Am liebsten wäre ich wieder umgedreht. Als hätte der Mediziner es geahnt, wendete er sich mir zu und sagte freundlich: »Kommen Sie, ich bringe Sie ins Dienstzimmer.«

Das lag in der Mitte der Station und erinnerte an ein großes Aquarium: Es war sechseckig und rundum verglast. Drei Flure gingen davon ab. Obwohl die Decken sehr hoch waren, wirkte es trotzdem eng und beklemmend. Ein Krankenpfleger, der aussah wie Apple-Gründer Steve Jobs, nahm mich in Empfang. Er sagte: »Zu Ihrem eigenen Schutz und zu dem der anderen Patienten muss ich Ihre Taschen durchsuchen und Ihnen alles abnehmen, was Sie oder andere gefährden könnte. Wenn Sie entlassen werden, bekommen Sie die Sachen wieder.« Diese Maßnahme schien einleuchtend, aber ich kam mir trotzdem vor wie eine Verbrecherin. Der Pfleger tastete alle Jacken- und Hosentaschen ab und kontrollierte anschließend meinen grünen Armeerucksack, der neben meinen Füßen stand. Er fand erst einmal nichts, was er als bedrohlich einstufte. Dann sagte er: »Haben Sie Medikamente dabei? Die müssen Sie abgeben.«

Ich nahm meine Beruhigungsmittel aus einer kleinen Seitentasche und gab sie ihm: »Hier, bitte.«

Der Krankenpfleger wühlte bereits in meinem Kulturbeutel. »Nagelschere, Nagelfeile, Rasierer«, murmelte er, als er die drei Gegenstände in die Hand nahm. Ich wollte den Travel Kit schon wieder in den Rucksack stopfen, da meinte er: »Zeigen Sie mal Ihr Deo. Ist das Glas? Das müssen Sie auch hierlassen. Sie können es morgens unter Aufsicht im Dienstzimmer benutzen.«

Er steckte den Deoroller ein. Erst dachte ich: Wow, die nehmen es aber genau. Später stellte sich heraus, dass auf der Station Messer und Gabeln offen herumlagen und man Streichhölzer und Feuerzeuge behalten durfte, um sich eine Zigarette anzünden zu können. Das Badezimmer konnte man auch abschließen. Wer sich also wirklich verletzen oder gar töten wollte, konnte das relativ leicht in die Tat umsetzen. Es war nur eine Frage der Gewalt, die man bereit war sich anzutun. Und eine Frage des Timings. Sicher war die Zeitspanne, in der man Hand an sich legen konnte, relativ kurz, weil man alle paar Stunden zum Essen erscheinen musste – aber es würde gehen. Und tatsächlich kommt es vor, dass sich Menschen in der Psychiatrie das Leben nehmen. Den hundertprozentigen Schutz gibt es auch dort nicht. Vom Verstand her betrachtet war das einleuchtend, vom Gefühl her machte es mir Angst.

Der Arzt überließ mich nun dem Krankenpfleger, der mich links um die Ecke führte, in einen weiteren Flur. Dort stand ein Stahlbett mit weißem Bettzeug hinter einem kittfarbenen Paravent. Er sagte bedauernd: »Es tut mir leid, Sie müssen im Gang schlafen, die Station ist vollkommen überfüllt.«

»Das ist mir völlig gleichgültig«, antwortete ich ehrlich. Wäre es mir zu dem Zeitpunkt besser gegangen, hätte es mich sicher vehement gestört, so ohne jede Privatsphäre zu sein. In diesem Moment aber dachte ich: Hauptsache, ich darf mich irgendwo hinlegen.

Der Pfleger erklärte mir noch, dass die Mitarbeiter in der Nacht alle zwei Stunden herumgehen und die Patienten kontrollieren würden, dann verschwand er. Ich empfand das als tröstlich, war froh, dass jemand auf mich aufpasste. Während ich meinen Pyjama auspackte, kam die erste Patientin auf mich zu. Sie war höchstens achtzehn, dünn, ganz in Schwarz gekleidet und trug ihre grell türkis gefärbten Haare auf der einen Seite kurz, auf der anderen kinnlang. Die Neugierde war ihr an der Nasenspitze abzulesen.

Sie sagte: »Hallo, ich bin Stefanie. Bist du neu?«

Ich versuchte, ein Gesicht zu machen, das nicht zum Plaudern einlud.

»Ja, ich bin Heide«, antwortete ich schließlich. »Hallo.«

»Ich bin schon drei Wochen hier«, erzählte sie ungefragt. »Hab 'ne Überdosis gespritzt. Seit mein Vater sich umgebracht hat und ich aus der Wohnung flog, bin ich obdachlos. Ich penne am Hauptbahnhof. Dorthin gehe ich auch zurück, wenn ich hier rauskomme.«

»Aha«, sagte ich lahm.

Denn wie immer, wenn ich mit solchen Informationen überflutet wurde, wusste ich nicht, was ich sagen sollte. Eine Stimme in mir schrie: »Lass mich in Ruhe, ich kann das nicht ertragen.« Eine andere: »O Gott, das tut mir so leid, du Arme. Wie kann ich dir helfen?«

Mein Notausgang waren dann die alltäglichen Banalitäten.

»Kannst du mir sagen, wo das Klo ist?«, fragte ich.

»Ja, klar, in dem anderen Gang. Du musst es dir aber vom Personal aufschließen lassen.«

»Das ist egal, Hauptsache, ich finde das Klo.« Es war mir wirklich egal. Ich wollte nur noch diese Patientin loswerden und meine Ruhe haben. Normalerweise zeigen einem die Mitarbeiter am Anfang die Station, die einzelnen Räume, an dem Abend war dafür wohl keine Zeit gewesen. Wie ich heute weiß, gehen solche Sachen auf einer geschlossenen Station oft in der Hektik unter.

245

Am nächsten Morgen – ich hatte unruhig geschlafen, weil die ganze Nacht in den Gängen das Licht brannte – saß ich mit den anderen beim Frühstück. Ein eckiger Raum mit mehreren runden Tischen, alles war grau und beigefarben, wirkte alt und abgenutzt. Die Frau mir gegenüber hatte gelbe, verhornte Fingernägel. An der Spitze des Zeige- und Mittelfingers der rechten Hand war die Haut orangefarben vom Rauchen. Ihr standen die Haare vom Kopf ab wie ein Geweih, und als sie sprach, sah ich ihre schlecht überkronten Zähne. Ich ekelte mich und spielte mit dem Gedanken, nicht mehr hierbleiben zu wollen.

Nach dem Frühstück suchte ich das Dienstzimmer auf. Eine Krankenschwester ging einige Pläne durch, sie sah beeindruckend gut aus mit ihren langen, hellblonden Haaren. Mir wurde bewusst, dass ich seit Tagen nicht geduscht hatte. Außerdem war ich noch im Schlafanzug und auf Socken. Ich versuchte ein Lächeln und sagte: »Guten Morgen, ich würde gern meine Tabletten einnehmen. Mein Name ist Heide Fuhljahn, ich bin gestern Abend gekommen.«

»Willkommen auf der Station«, antwortete sie. Wenigstens war sie nicht nur hübsch, sondern auch zugewandt. »Sehen wir mal nach, ob es so stimmt, wie es hier liegt«, fuhr sie fort. »Sie erhalten Fluctin, Seroquel, Zolpidem und Oxazepam?«

»Ja, genau«, entgegnete ich und blickte auf das kleine eingeschweißte Päckchen mit den Medikamenten in ihrer Hand. »Ist das eine 200-Milligramm-Seroquel?«

Sie schaute auf das Tütchen. »Lassen Sie mich mal sehen, die gelbe? Nein, das ist nur eine Hunderter. Warten Sie, ich gebe Ihnen eine zweite, damit Sie die verordneten zweihundert Milligramm einnehmen können.«

Ich nahm die Tabletten entgegen und drehte mich um. »Halt, halt«, sagte die Schwester. »Sie müssen die Medikamente hier einnehmen.«

»Wieso das denn?«, fragte ich pampiger, als ich wollte.

»Damit Sie keine tödliche Dosis horten können.«

Genervt holte ich mir aus dem Essensraum eine Plastikflasche Mineralwasser, ging zurück zum Dienstzimmer und schluckte die Pillen unter den Augen der Stationsmitarbeiterin. Damals störte es mich sehr, nicht selbst über meine Tabletten entscheiden zu können. Heute, mit etwas Abstand, finde ich es richtig, dass das Personal da ein Auge drauf hat.

Als ich das Zimmer verließ, war es acht, und ich hatte noch vier Stunden bis zum Mittagessen. Und nichts zu tun. Panik stieg in mir auf. Deshalb begab ich mich in den Aufenthaltsraum zu den anderen. Vielleicht würde mich das ablenken. Ein großer, dicker Mann im Holzfällerhemd stand summend vor einem kleinen Regal und betrachtete die wenigen Bücher darin. Eine Blondine, Mitte vierzig, schlank und durchtrainiert, saß auf einem olivfarbenen Sofa und blätterte in einer völlig zerlesenen Ausgabe der Zeitschrift *Alles für die Frau*. Neben ihr hockte eine vermutlich Neunzigjährige, deren Gesicht an einen verschrumpelten Apfel erinnerte. Sie sagte immer wieder: »Aber der Guttenberg war doch so ein Netter! Oder? Der war doch so sympathisch.« Keiner antwortete ihr. Zwei weitere hutzelige Frauen saßen stumm auf der zweiten Couch und starrten ins Nichts. Ich setzte mich auf einen schiefergrauen Kunststoffstuhl und sah aus dem Fenster. Wenigstens war es nicht vergittert. Aber wie ich später erfuhr, ließ es sich, wie alle Fenster, nicht öffnen, sondern nur kippen. Niemand beachtete mich. Einerseits war ich froh, nicht wieder eine Horrorgeschichte zu hören, andererseits war es auch nicht schön, ignoriert zu werden. Die Patienten von selbst anzusprechen, traute ich mich nicht, ich wusste nicht, was ich hätte sagen sollen.

Nach einer Weile ging ich deshalb aus dem Aufenthaltsraum wieder in den Flur und legte mich hinter den Raumteiler auf mein Bett. Noch drei Stunden bis zum Mittagessen. Plötzlich klopfte jemand an den Paravent, es war die hübsche Krankenschwester.

»Ich wollte nur mal nach Ihnen sehen«, sagte sie. »Was machen die Suizidgedanken?«

»Sind da, aber nicht akut«, erwiderte ich. »Ich weiß nur einfach nichts mit mir anzufangen.«

Sie nickte mitfühlend und meinte: »Ja, das kommt vor. Vielleicht schlafen Sie ein bisschen? Sollten die Gedanken drängender werden, melden Sie sich bei uns.«

»Ja, mache ich.«

Sie ging, und ich war wieder allein. Schrecklich, diese freie Zeit. Noch schlimmer, als eingesperrt zu sein. Genau wie zu Hause hatte ich auch hier keine Konzentration für irgendetwas und musste den Tag aber trotzdem herumkriegen. Also stand ich wieder auf und suchte im Flur nach dem Schwarzen Brett, an dem sicher das Programm für die Woche hängen würde. Dort bestätigte sich, was ich schon geahnt hatte: Es gab hier keine Psychotherapie, nur ab und an ein paar Beschäftigungsangebote wie eine Genussgruppe. Frustrierend.

Ich ging zurück zu meinem Bett und legte mich hin. Die verbleibenden Stunden bis zum Mittagessen kamen mir ewig vor. Ruhe fand ich nicht, denn die letzte Sitzung bei Dr. Weston ging mir einfach nicht aus dem Kopf. Er hatte mir gesagt, dass er Ende des nächsten Jahres wahrscheinlich in Rente gehen würde. Als ob das nicht schlimm genug gewesen wäre, sagte er zudem völlig kühl: »Wir können uns auch gern früher trennen, wenn Sie sich schon einen neuen Therapeuten suchen wollen.« Sein Wort *gern* hatte mir in der Seele wehgetan, als würde man mir mit einer Rasierklinge die Brust aufschneiden. Abgeschoben fühlte ich mich, abgelehnt, vor die Tür gesetzt. Auch jetzt dachte ich daran, dass er es offenbar nicht erwarten konnte, mich loszuwerden. Kaum eine Viertelstunde lag ich im Bett, und doch hielt ich den Schmerz nicht mehr aus.

Erneut ging ich zum Dienstzimmer und bat um mehr Tabletten. Dafür hatte ich gestern, im Aufnahmegespräch mit dem Psychiater vom Dienst, den sogenannten Bedarf vereinbart. Das sind die Medikamente, die nicht fest angeordnet sind, sondern die man bei Bedarf, also im Notfall, zusätzlich nehmen kann. Das ist auf offenen Stationen nicht anders, daher kannte ich das Prozedere. Bisher habe ich es noch nie erlebt, dass ein Patient mit Medikamenten vollgestopft wurde. Aktuell ist die Rechtslage in Deutschland sogar so, dass die Patienten oder ihr rechtlicher Vertreter vorher zwingend einwilligen müssen, wenn die Ärzte Psychopharmaka geben wollen – eine (späte) Reaktion auf die Zustände im Dritten Reich. Da mir Tabletten bislang meistens geholfen haben, hatte ich immer nach ihnen gefragt.

In jeder Psychiatrie, in der ich bisher war, gingen die Ärzte trotzdem sehr sparsam mit Medikamenten um und wollten mir jedes Mal so wenig wie möglich geben. Daher wusste ich: Um den Bedarf musste ich im Aufnahmegespräch genauso handeln wie um die feste Medikation. Auch gestern Abend war es so gewesen.

»Ich würde gern als Bedarf dreißig Milligramm Oxazepam vereinbaren, dreimal zehn«, hatte ich gesagt.

Der Psychiater mit den blonden Haaren und den blonden Koteletten hatte ein skeptisches Gesicht gemacht und erwidert: »Sie sind eine erfahrene Patientin, Sie kennen das Risiko einer Abhängigkeit. Sie nehmen schon sechzig Milligramm fest, das ist sehr viel. Dann noch dreißig im Bedarf, das sprengt die Höchstmengen. Für ein paar Tage können wir das auf diese Weise handhaben, aber Sie müssen das Benzodiazepin dann auch wieder reduzieren.«

Seine Worte hatten Angst in mir ausgelöst. Aus Erfahrung wusste ich, dass ich manchmal für mehrere Wochen hoch dosiert Beruhigungsmittel brauchte – auch wenn ich »nur« auf einer offenen Station war. Und der Arzt hier wollte mir die zusätzliche Dosis höchstens für ein paar Tage geben – was, wenn das nicht genug sein würde? Ich versuchte kooperativ, aber gleichzeitig auch bestimmt zu sein, und sagte: »Ja, ich weiß. Aber im Moment halte ich den Druck nicht aus. Es muss sein.«

Ich hatte an diesem Abend einen möglichsten hohen Bedarf ausgehandelt, weil ich wusste, dass man nicht alles auf einmal erhalten würde, sondern nur in bestimmten Dosierungsschritten. So bekam ich an diesem Morgen dann auch nur zehn Milligramm Oxazepam extra. Doch auch eine Stunde nachdem ich den Bedarf genommen hatte, ließ meine innere Todesangst, die genauso stark war wie die Todessehnsucht, überhaupt nicht nach. Also ging ich wieder zum Dienstzimmer; ich wollte um ein Gespräch bitten. Die Tür war aber geschlossen, mehrere Mitarbeiter saßen in dem Raum beisammen und redeten. Ich klopfte. Nach einer Weile stand ein Mann auf, machte die Tür einen Spalt weit auf und erklärte mir: »Jetzt passt es nicht, wir machen gerade die Übergabe der nächsten Schicht.«

»Kann ich bitte mit jemandem reden, mir geht es sehr schlecht«, sagte ich.

»Kommen Sie später wieder«, sagte er kurz angebunden und schloss die Tür.

Wie betäubt ging ich in meinen Flur zurück. Ich dachte ernsthaft daran, mir aus den Handtüchern einen Strick zu drehen und mich zu erhängen. Es fühlte sich nicht so an, als könnte ich diesen Zustand noch ein, zwei Stunden aushalten. In meiner Wut und meiner Enttäuschung beschloss ich: So geht es nicht weiter. Bei der nächsten Gelegenheit werde ich darauf bestehen, mit einem Arzt zu sprechen. Dem werde ich sagen, dass ich entlassen werden will. Zu Hause konnte ich wenigstens so viele Medikamente nehmen, wie ich wollte – oder mich umbringen. Letzteres musste ich ihm ja nicht sagen.

Ich legte mich wieder ins Bett und schrieb eine SMS: »Liebe Birgit, bin jetzt in der Geschlossenen. Laufe hier rum wie ein Tiger im Käfig. Therapie gibt's keine, und ich weiß einfach nicht, wie ich aus diesen extremen Gefühlen wieder rauskommen soll. Ich kann einfach nicht mehr.«

Kurze Zeit später piepte mein Handy, ich hatte von Birgit eine Nachricht erhalten. Sie schrieb: »Liebe Heide, wie gut, dass du in die Klinik gegangen bist. Ich weiß, wie ätzend du das findest. Du wirst auch diese Krise überstehen. Halt bitte durch!«

Ich war sehr berührt von Birgits Anteilnahme. Also legte ich das

Telefon unter mein Kopfkissen, rollte mich auf die Seite und nahm meinen Teddy in die Hand. Noch zwei Stunden bis zum Mittagessen. Die Augen geschlossen, den Körper zusammengerollt, tat ich das, was ich in absoluten Notfällen immer mache: Ich malte mir aus, wie ich mich umbringen würde. Allein die Fantasie war eine unglaubliche Erleichterung, denn wenn ich tot wäre, würde ich nichts mehr fühlen müssen. Alles war besser als diese Mischung aus Panik und Verzweiflung.

Endlich war es zwölf Uhr. Die Schichtübergabe würde doch wohl spätestens nach dem Essen beendet sein? Ich ging in den Flur vor dem Dienstzimmer, nahm ein Tablett mit meinem Namensschild und einem abgedeckten Teller aus einem mannshohen Wagen und setzte mich an einen der runden Resopaltische im Speisesaal.

Mir gegenüber hockte eine rundliche, etwa fünfzigjährige Frau mit schwarzen, halblangen Haaren und blauen Augen. Sie trug weiße Verbände um beide Handgelenke. Mein Blick fiel darauf, und ich dachte: Bitte, erzähl mir nichts! Noch ein schweres Schicksal ertrage ich nicht. Als ob sie Gedanken lesen könnte, sagte sie nur: »Hallo, ich bin Hava. Guten Appetit!«

Ich atmete erleichtert aus und antwortete: »Danke, gleichfalls.«

Nach dem Essen machte ich mich abermals auf den Weg zum Dienstzimmer. Die Tür war offen, eine ältere Frau mit Stoppelhaarschnitt saß am Computer und tippte etwas ein. Ich klopfte an den Türrahmen und sagte: »Ich möchte mit dem Arzt vom Dienst sprechen.«

Die Krankenschwester blickte von ihrem Bildschirm auf. »Warum? Die Visite ist morgen. Dort können Sie Ihr Anliegen vorbringen.«

Jetzt hieß es, die Nerven zu bewahren und sich durchzusetzen. Ich versuchte, meiner Stimme einen festen Klang zu geben: »Nein, ich muss heute noch mit ihm sprechen, und zwar so bald wie möglich. Ich möchte entlassen werden.«

Die Frau sah mich durch ihre Hornbrille genervt an. »Was? Sind Sie nicht gerade erst eingetroffen?«

»Ja. Und jetzt möchte ich wieder gehen. Heute.«

Die Frau verzog das Gesicht, griff nach dem Telefonhörer und sagte: »Ich rufe Frau Dr. Kern an, sie kommt dann auf Sie zu. Es kann aber dauern.«

Ich nickte, drehte mich um und ging zurück zu meinem Bett. Würde ich wieder durch die Stahltür in die Freiheit wollen, musste ich ein Gespräch mit dem diensthabenden Arzt führen, das wusste ich von anderen Patienten. Und nahm der eine hohe Suizidgefahr bei mir an, würde er mich nicht gehen lassen. Würde ich aber darauf dringen, dass ich entlassen werde – schließlich war ich freiwillig da –, würde die Klinik einem Richter Bescheid geben. Dieser müsste dann innerhalb einer bestimmten zeitlichen Frist, oft sind es vierundzwanzig Stunden, in der Klinik eintreffen und entscheiden, ob ich die Station verlassen darf oder nicht. Genau geregelt ist das in den Gesetzen zu psychischen Krankheiten (PsychKG) der Bundesländer. Inzwischen war ich mehrere Male in der Geschlossenen, in eine solche Situation bin ich noch nie gekommen.

Als ich mein Bett erreicht hatte, wurde ich aus meinen Gedanken gerissen: Hinter diesem stand jetzt ein weiteres Stahlbett. Es war leer. Doch an den Seiten hingen mehrere handbreite weiße Gurte. Die Schließen auf der einen Seite, die Enden mit den Löchern auf der anderen. Am Kopfende klebte mit Tesa ein DIN-A4-Blatt, auf dem stand »Fix-Bett. Bitte stehen lassen«. Gerade hatte ich mich ein bisschen beruhigt, doch wieder stieg das Entsetzen in mir auf. Hier wurden also wirklich Patienten festgebunden – fixiert – und in ihrer Bewegungsfreiheit stark eingeschränkt. Ich mochte da gar nicht hinsehen. Ich legte mich in mein eigenes Bett und verkroch mich unter der Decke.

Bis heute habe ich nur leere Betten mit Gurten gesehen, nie mit einem Patienten darin. Ich habe auch noch nie erlebt, dass jemand festgeschnallt oder mit einer Spritze betäubt wurde, auch nicht, wenn jemand geschrien, genervt oder randaliert hat. Deshalb hatte ich bislang das Gefühl, dass Fixierung zwar vorkommt, aber wirklich das letzte Mittel der Wahl ist. Rein rechtlich gesehen darf ein Mensch auch nur dann fixiert werden, wenn er für sich oder einen anderen eine unmittelbare Gefahr darstellt. Auch in diesem Fall muss ein Richter innerhalb von vierundzwanzig Stunden kommen und die fachärztliche Anweisung der Fixierung überprüfen. Während ein Patient festgebunden ist, müssen die Mitarbeiter ihn ständig begleiten. Doch auch wenn ich eine solche Situation noch nicht gesehen habe, stelle ich sie mir schrecklich vor.

Um siebzehn Uhr erschien endlich die Ärztin. Ich war schon am Durchdrehen, denn kurz nachdem ich mich hingelegt hatte, schrie eine Frau aus dem Zimmer mir gegenüber: »Hilfe! Hilfe! So helft mir doch!« Immer wieder, alle paar Minuten. Ich wusste nicht, was ich tun sollte. Warum kam niemand? Sollte ich zu ihr reingehen? Und dann? Meine Furcht war zu groß. Also steckte ich den Kopf unter das Kissen und weinte. Heute weiß ich, dass viele Patienten stundenlang schreien oder herumpoltern, indem sie beispielsweise die Bilder von den Wänden reißen oder Stühle gegen die Wand dreschen. Ich habe inzwischen nicht mehr so große Angst vor den Extremen der Mitpatienten wie beim ersten Mal, aber ich halte mich dennoch von ihnen fern.

Als ich mich gerade entschlossen hatte, zum x-ten Mal zum Dienstzimmer zu gehen – dieses Mal, damit jemand der Frau half –, tippte mir die Ärztin an die Schulter. Ich fuhr erschrocken hoch. Sie sah aus wie eine Elfe, hatte ein Puppengesicht, der weiße Kittel reichte ihr fast bis zu den Knöcheln.

»Frau Fuhljahn, Sie wollten mich sprechen«, sagte sie streng.

»Was ist los?«

»Ja, und es ist dringend, aber können Sie bitte auch dieser Frau helfen?«, antwortete ich. »Das ist doch nicht zum Aushalten.«

»Die Pflege hat Frau Schubert im Blick, keine Sorge«, sagte sie.

Sie setzte ein energisches »Wirklich!« nach, als sie meinen skeptischen Blick sah.

Ich konzentrierte mich wieder auf mich. Jetzt war es an der Zeit, meine Trumpfkarte auszuspielen. »Entweder ich gehe jetzt nach Hause, oder Sie geben mir mehr Medikamente«, sagte ich weit resoluter, als ich es eigentlich war. »Wenn es hier schon keine Therapie gibt und niemand Zeit hat, mit mir zu sprechen, brauche ich diese Form der Unterstützung. Den ganzen Tag kämpfe ich schon dagegen an, meine Suizidgedanken nicht in die Tat umzusetzen.«

Und plötzlich war alles ganz leicht. Wir einigten uns darauf, dass ich noch bis zu 300 Milligramm Seroquel als Bedarf bekomme und jeden Tag eine Schwester oder ein Pfleger eine halbe Stunde mit mir sprechen würde. Als ich wieder allein war, war ich erleichtert, aber auch nachdenklich. Was passierte eigentlich mit all den Patienten, die ihre Not nicht so unmissverständlich zum Ausdruck bringen konnten wie ich?

Eine Woche blieb ich auf der Geschlossenen. Ich hangelte mich von Mahlzeit zu Mahlzeit, schlief auch tagsüber oft und schickte viele SMS an meine Freunde. Meine Fixpunkte waren die täglichen Gespräche. Nicht jeder verstand mein persönliches Grauen: dass der Therapeut mich vom Hals haben wollte, weil ich so schrecklich war. Doch zumindest nahmen sie meine Gefühle ernst.

An meinem letzten Abend lag ich mal wieder auf dem Bett und schrieb Birgit eine SMS, nun mit der frohen Kunde, dass ich am nächsten Morgen entlassen werden würde. Ein Satz in ihrer Antwort machte mich nachdenklich. Sie hatte gesimst: »Was hat dir denn geholfen?« Eigentlich sprach aus meiner Sicht immer noch alles gegen die Geschlossene: Es gab keine Psychotherapie, nur wenig Zerstreuung, die Zeit allein totzuschlagen, war furchtbar schwer, das Essen variierte zwischen schlecht und ekelhaft, und die Mitpatienten waren meist beängstigend. Und doch wollte ich mich jetzt, eine Woche später, nicht mehr töten. Woran lag das?

»Liebe Birgit, hier kann ich einen Teil der Verantwortung für mein Leben abgeben«, schrieb ich zurück. »Wenn man auf der Kippe steht, ist das sehr entlastend. Ja, ich werde hier hauptsächlich verwahrt. Aber wenn man unmittelbar vor dem Selbstmord steht, direkt vor der Handlung, sind Ärzte, Psychologen, Schwestern und Pfleger viel schneller erreichbar. Auch bilden sie ein Hindernis, das man zu Hause nicht überwinden muss. In der Klinik können außerdem die Medikamente intravenös verabreicht werden. Im absoluten Notfall, wenn ich komplett ausraste, könnte ich also eine Spritze bekommen, die ich daheim natürlich nicht parat hätte. Und die Chance, rechtzeitig gerettet zu werden, ist im Krankenhaus viel größer.«

17 Verrückt nach mir – psychiatrische Stationen

Außer den geschlossenen Stationen und solchen, die sich an bestimmte Patientengruppen wie zum Beispiel Süchtige richten, bestehen Psychiatrien oft aus sogenannten Akutstationen. Wenn es in dem Krankenhaus keine spezialisierten Stationen gibt (das ist meist abhängig von der Größe der Klinik), landen hier alle, die in einer akuten seelischen Krise sind. Also schwer Depressive genauso wie Demente und Psychotiker. Es gibt Pillen, ein bisschen Beschäftigung (zum Beispiel in einer Bastelgruppe), aber nur sehr selten Psychotherapie. An den Wochenenden passiert oft gar nichts. Ich kenne Patienten, die fürs Erste vor allem in einem geschützten Rahmen Ruhe brauchen und für die das daher ein paar Wochen lang in Ordnung ist. Ich selbst hatte immer das Gefühl, nur verwahrt zu werden. Deshalb nehme ich lieber wochenlange Wartezeiten für eine Depressionsstation in Kauf, als mich jemals wieder auf einer Akutstation aufnehmen zu lassen.

Psychosomatische Stationen

Alternativ zu einer Station in der Psychiatrie kann man sich auf eine psychosomatische Station aufnehmen lassen. *Psyche* bedeutet im Griechischen »Seele«, *soma* »Körper« – die Psychosomatik befasst sich also mit Krankheiten, die seelische *und* körperliche Ursachen haben. Bei Depressiven bedeutet das zum Beispiel, dass die Niedergeschlagenheit (seelisch) nicht unabhängig von Schlafstörungen (körperlich) zu sehen ist. Doch eine gute Psychiatrie geht heute ebenfalls davon aus, dass sich Körper und Seele beeinflussen. Warum gibt es dann aber zwei Fachdisziplinen, also Psychosomatik und Psychiatrie? Hier findet eine Spaltung statt, die keine sein müsste. Sie ist entstanden, weil sich beide Fächer nebeneinander entwickelt haben. Diese Trennung ist ein deutsches Phänomen und weltweit einzigartig. Inzwischen sind beide Spezialgebiete so groß, dass 1992 der »Facharzt für Psychotherapeutische Medizin« eingeführt wurde, der seit 2003 »Facharzt für Psychosomatik und Psychotherapie« heißt. Außer den niedergelassenen Ärzten gibt es psychosomatische Akutstationen und Reha-Kliniken, spezielle Ambulanzen sind bisher noch selten. In Kliniken wird die Psychosomatik meistens der Inneren Medizin (aus der sie sich entwickelt hat) und nicht der Psychiatrie zugeordnet. Nur in Einzelfällen haben Krankenhäuser eine psychosomatische Abteilung unter dem Dach der Psychiatrie.

Früher wurden die Unterschiede sehr betont, es gab bestimmte Krankheiten, die eindeutig der Psychosomatik zugeordnet wurden, die »*holy seven*«. Eine dieser »heiligen Sieben« war das Magengeschwür, es galt früher als psychosomatische Kernerkrankung. Nach der Lehre des ungarisch-amerikanischen Arztes Franz Alexander (1891-1964) glaubte man, ein bestimmter Persönlichkeitstyp sei der Auslöser. 1982 wurde bewiesen, dass das nicht stimmt: Das Bakterium *Helicobacter pylori* verursacht in den meisten Fällen das Magengeschwür. Zwar werden auch heute einige psychische Krankheiten klar der Psychiatrie, andere ebenso eindeutig der Psychosomatik zugeordnet. Doch sowohl in der Ausbildung, in den grundlegenden wissenschaftlichen Positionen als auch in der Praxis überschneiden sich die Fachgebiete in vielem. Beide fühlen sich einer biopsychosozialen Sichtweise von Kranksein verpflichtet. Die größten Unterschiede bestehen darin, dass in der Psychosomatik die psychotherapeutische Behandlung im Mittelpunkt steht, während die Psychiatrie oft eher die biologischen Aspekte in der Therapie betont, die Behandlung mit Medikamenten hat hier den größeren Stellenwert. Außerdem ist die Psychosomatik per se ein interdisziplinäres Fachgebiet, die Psychiatrie aber nicht.

Zur psychosomatischen Medizin gehört ein breites Spektrum von Erkrankungen. Ein Schwerpunkt sind Essstörungen wie Magersucht, Bulimie und die Binge-Eating-Störung (Fressanfälle ohne Erbrechen). Bei ihnen ist die enge Verbindung zur Inneren Medizin ein klarer Vorteil. Annegret Eckhardt-Henn, Chefärztin an der Klinik für Psychosomatische Medizin und Psychotherapie am Klinikum Stuttgart, gibt ein Beispiel:»Wir haben bei den Magersüchtigen zum Teil schwer kranke Patienten, die nur noch um die dreißig Kilo wiegen. Die haben dann auch internistische Komplikationen. Wir haben bei uns eine Intensivstation in der Inneren Medizin, auf die wir manchmal diese Patienten eine Zeit lang legen und dann wieder zu uns zurücknehmen.«

Ein weiterer Schwerpunkt sind die somatoformen Störungen, hier drückt die Psyche ihr Leid mithilfe des Körpers aus.»Seelische Symptome können manchmal zu stärkeren subjektiven Beeinträchtigungen führen als organische«, sagt Annegret Eckhardt-Henn. »Diese psychosomatischen Symptome bilden sich die Patienten nicht ein, sie sind real vorhanden. So kann beispielsweise psychosomatisch bedingter Schwindel sehr viel ausgeprägter sein als organische Schwindelerkrankungen. Es hängt vom Schweregrad der Erkrankung, das heißt von der Beeinträchtigung des Patienten, ab. Ebenfalls gibt es dissoziative Anfälle, die durch seelische Ursachen bedingt sind und die manchmal von der Symptomatik her sehr ähnlich wie epileptische Anfälle aussehen.«

Komplexe chronische Schmerzerkrankungen sind ein weiteres großes Gebiet. Wie zum Beispiel isolierte Spannungskopfschmerzen, aber auch Schmerzen in wechselnden Körperregionen. Reizmagen- oder Reizdarm-Syndrome sind ebenfalls sehr häufig, die Ursachen liegen hier oft in einer genetisch bedingten erhöhten Magensäureausschüttung, dazu kommen seelische Faktoren wie Stress und Überlastung.

Die sogenannten somatopsychischen Störungen umfassen Patienten, die körperlich krank sind und als Folge davon eben auch seelisch erkranken. So ist die Psychoonkologie, die sich mit den psychischen und sozialen Auswirkungen von Krebserkrankungen befasst, heute weitverbreitet. Denn viele Krebspatienten entwickeln während der Verarbeitung ihrer körperlichen Erkrankung, als Reaktion darauf, seelische Störungen wie Depressionen oder Ängste. Es gibt außerdem die Psychokardiologie (Herz und Seele), die Psychogynäkologie (Frauenheilkunde und Seele), die Psychodiabetologie (Diabetes und Seele) und die Psychodermatologie (Haut und Seele). Weitere Indikationsgebiete der Psychosomatik sind die Palliativmedizin (die Betreuung von sterbenden Patienten), die Transplantationsmedizin sowie die neurologische Psychosomatik (vor allem somatoforme Schwindelerkrankungen).

Wer an einer Depression leidet, ohne suizidgefährdet zu sein, oder an einer Angststörung, kann sich aussuchen, ob er in der Psychosomatik oder in der Psychiatrie behandelt werden möchte. Wenn eine sogenannte somatisierte Depression diagnostiziert wird, man also auch von körperlichen Beeinträchtigungen wie Schwindel, Rückenschmerzen oder Bauchweh geplagt wird, gehört man eher in die Psychosomatik. Hat ein Patient körperliche Beschwerden, wird zwar auch in der Psychiatrie bei Bedarf ein Konsildienst veranlasst, also ein Arzt aus einer anderen Fachrichtung hinzugezogen. Doch wie einfach und schnell das geht, ist immer davon abhängig, welche Stationen es überhaupt in dem entsprechenden Krankenhaus gibt. Eindeutig in die Psychiatrie gehören Patienten mit sehr schweren Depressionen sowie Suizidgefährdete, Demente und Schizophrene, außerdem Menschen, die an einer Psychose leiden oder an Suchterkrankungen wie Alkohol- oder Drogensucht.

Da in den meisten deutschen Psychiatrien die Depression nur als Veränderung im Gehirn gesehen wird, die man vor allem mit

Medikamenten behandelt, würde ich mich im Zweifel immer für die Psychosomatik entscheiden. Denn dort wird grundsätzlich auch psychotherapeutisch behandelt, und, wie bereits erwähnt: Eine Psychotherapie ist in der Regel das erste Mittel der Wahl bei einer Depression! Die wissenschaftlichen Erkenntnisse, dass man bei seelischen Krankheiten grundsätzlich von biopsychosozialen Wechselwirkungen ausgehen sollte, sind für den Heilungsprozess unbedingt zu berücksichtigen. Einen weiteren Vorteil der Psychosomatik sehe ich darin, dass ein Aufenthalt dort meistens als weniger stigmatisierend wahrgenommen wird, auf der Psychiatrie lasten immer noch viele Vorurteile. Es fällt vielen leichter, davon zu sprechen, dass sie in der Psychosomatik sind und nicht in der Psychiatrie.

Tageskliniken

Wie der Name schon andeutet, besucht man eine Tagesklinik nur am Tag, meist im Zeitraum zwischen 8.00 Uhr und 16.30 Uhr (manche beginnen später oder enden früher). Die Abende und das Wochenende verbringt man zu Hause. Dieser teilstationäre Aufenthalt ist eine gute Alternative zu einem vollstationären Aufenthalt, bei dem man Tag und Nacht und auch am Wochenende in der Klinik aufgenommen wird. Die Voraussetzungen für eine Tagesklinik: Man muss wenigstens so stabil sein, dass man den Hin- und Rückweg allein schafft, und einen festen Wohnsitz haben. Sie bietet sich für alleinerziehende Mütter und Frauen mit anderen familiären Verpflichtungen an. Der Vorteil ist, dass man in seinem sozialen Umfeld bleibt und das Erlernte gleich zu Hause anwenden und üben kann. Ein weiterer Vorzug ist, dass jede Tagesklinik mehr oder weniger psychotherapeutisch arbeitet. Der Nachteil: Man hat hier nicht so einen umfangreich gesicherten Rahmen wie bei einem vollstationären Aufenthalt. Manche Tageskliniken behandeln auch keine Patienten, die in einer akuten Psychose stecken, akut süchtig oder selbstmordgefährdet sind.

Das Angebot in Tageskliniken ist ähnlich wie in den anderen Kliniken, wobei aber ein stärkerer Fokus auf Arbeitstherapien oder Übungsgruppen liegt, in denen berufliche und praktische Fertigkeiten trainiert werden. Der Aufenthalt dauert meist zwischen vier und zwölf Wochen, besteht aus Einzel- und Gruppentherapie sowie verschiedenen Möglichkeiten wie Holz- oder Gartenarbeit, Kochen, Backen oder Buchbinderei. Außerdem gibt es soziale Hilfen, oft Entspannungsgruppen oder Gruppen, in denen es um Strategien der Angstbewältigung geht. Das Therapieangebot in einer Tagesklinik ist sehr unterschiedlich, es kann zum Beispiel verhaltenstherapeutisch, psychoanalytisch oder sozialpsychiatrisch sein. Genauso wie auf psychiatrischen und psychosomatischen Stationen ist es hier üblich, bei Bedarf ein oder mehrere Gespräche mit Familienmitgliedern oder wichtigen Bezugspersonen und einem Therapeuten zu führen.

Psychiatrische Ambulanzen

Sehr viele Krankenhäuser mit einer psychiatrischen Abteilung haben auch eine PIA, das ist die Abkürzung für »Psychiatrische Institutsambulanz«. Diese Ambulanzen bieten verschiedene Versorgungen an. Sie richten sich an zwei Gruppen von Menschen mit psychischen Erkrankungen. Zum einen an die, die eine Weichenstellung benötigen. Eine PIA ist immer eine gute Adresse für alle, die merken, dass sie Hilfe brauchen, aber noch keine Vorstellung davon haben, welche Behandlung die richtige für sie ist. Hier kann man erste Gespräche führen und sich beraten lassen, was für einen infrage kommt. Wer nicht weiß, ob er Medikamente braucht und damit einen Psychiater, eine ambulante Therapie bei einem niedergelassenen Psychotherapeuten, eine Tagesklinik, ein Krankenhaus, eine Selbsthilfegruppe oder ein sozialpsychiatrisches Zentrum, kann sich hier informieren. Zum zweiten richten sich die Ambulanzen an Patienten, deren Schwere der Erkrankung eine multiprofessionelle Behandlung braucht und damit das Angebot von einzelnen niedergelassenen Ärzten oder Therapeuten übersteigt.

Die Möglichkeiten der PIAs sind meist sehr umfangreich: Es gibt Einzelgespräche, verschiedene Gruppen (Gruppentherapien sind ambulant sonst relativ selten), spezielle Sprechstunden für bestimmte Erkrankungen, soziale Hilfen und vieles mehr. In der PIA werden zum Beispiel auch Menschen behandelt, die (noch) keinen ambulanten Psychotherapeuten haben, die stationär behandelt wurden und eine nachsorgende Versorgung brauchen oder deren Therapie bereits beendet ist und die dann hier weitere Gespräche bekommen. Diese können zwischen zwanzig und fünfzig Minuten lang sein. Bei manchen Patienten finden die Sitzungen einmal die Woche statt, bei anderen alle vier oder sogar sechs Wochen. Es ist immer die Frage, wie schwer derjenige erkrankt ist und wie viele Kapazitäten die Ambulanz frei hat. Ebenfalls werden hier Menschen behandelt, die keinen niedergelassenen Psychiater haben, sondern mit einem Facharzt aus der Ambulanz ihre Medikamente besprechen, meist einmal alle vier Wochen für zwanzig Minuten.

Die Ambulanzen sind allerdings leider oft ziemlich überlaufen. Meistens sind die PIAs für Patienten aus dem Stadtteil, in dem sie liegt, oder für einen bestimmten Landkreis zuständig. Die Chance, in einer Ambulanz behandelt zu werden, hat man am ehesten in der PIA, zu deren Region man gehört; andere Ambulanzen können einen als Patienten ablehnen. Wer also in Hamburg-Eppendorf wohnt, wird nicht unbedingt von einer Ambulanz in Hamburg-Harburg behandelt. Man kann zwar immer versuchen, in der PIA seiner Wahl einen Termin zu bekommen, es kann aber sein, dass man die nehmen muss, die für einen zuständig ist.

Wenn ich das Gefühl habe, ich brauche Hilfe, ich weiß aber nicht, welche es in meiner Umgebung überhaupt gibt und welche für mich die passende ist, würde ich um ein paar Gespräche in der PIA bitten und die zur Orientierung nutzen.

> **»Sie brauchen jemanden, der die Depression aushält«**

Dr. Michael Dümpelmann lernte ich 2008 in Hamburg kennen, damals hielt er einen Vortrag mit dem Titel: »Zur praktischen Anwendung psychodynamischer Konzepte in der Psychosenbehandlung.« Das jetzige Treffen findet in seinem Arztzimmer im Asklepios Fachklinikum für Psychiatrie, Psychotherapie und Psychosomatik in Tiefenbrunn bei Göttingen statt, wo er Leiter einer Abteilung ist, die für die Behandlung psychotischer und depressiver Störungen spezialisiert ist. Dieses Hospital ist mir von mehreren Therapeuten und Patienten empfohlen worden, hier werden Menschen aus ganz Deutschland aufgenommen. Dr. Dümpelmann sieht nicht so aus, wie man sich einen Psychiater vorstellt, eher wie ein Professor für Geschichte: in Erdfarben gekleidet, braune Augen, mit Schnurrbart und Geheimratsecken. Er spricht ruhig, mit fränkischem Akzent und im typischen Fachjargon der Therapeuten.

Dr. Dümpelmann, warum gibt es auf allgemeinpsychiatrischen Stationen so wenig Psychotherapie?
Es fehlt meist die Zeit, die Besetzung und oft auch die entsprechende Ausbildung bei den Mitarbeitern. Dazu kommt ein eklatanter Nachwuchsmangel. Es gibt aber auch berufspolitische Gründe, die mit der Entwicklung des Fachs Psychiatrie zu tun haben. Ich glaube aber, dass die Psychiatrie öfter besser ist als ihr Ruf. Ich kenne viele

Kliniken, in denen es stützende Gespräche gibt, auch Psychiatrien, die Wert darauf legen, dass ihre Mitarbeiter konsequent psychotherapeutisch ausgebildet werden. Aber Psychotherapie als feste Größe ist derzeit oft nur marginal vorhanden. In vielen Psychiatrien finde ich sie jedenfalls nicht.

Psychotherapie wirkt nachweislich bei mindestens 75 Prozent der Patienten, dennoch kommt sie selten zum Einsatz. Ist das nicht schockierend?

Ja. Wobei ich glaube, dass derzeit ein Umdenkprozess stattfindet. Der Chef der Deutschen Gesellschaft für Psychiatrie, Psychotherapie und Nervenheilkunde (DGPPN), Professor Peter Falkai, sprach kürzlich selbst Schwierigkeiten mit der Pharmakotherapie an, insbesondere, dass die Hoffnungen, die man in neue Medikamente setzte, sich nicht erfüllt hätten. Und das ist auch nachvollziehbar, denn die Erfahrungen, die Patienten in Psychotherapien machen, bewirken seelische Veränderungen und wirken dadurch nachhaltiger als Tabletten. Was nicht heißt, dass Medikamente nicht ihre Funktion haben. Aber wir arbeiten hier vor allem mit hoch spezialisierter und individuell abgestimmter Psychotherapie nach sehr ausgiebiger Diagnostik und kommen deshalb in der Regel mit weniger Medikamenten aus. Wir sind diesbezüglich kritisch und beziehen die Patienten bei der Auswahl unserer Behandlungsmethoden intensiv mit ein.

Also sollte in den Psychiatrien mehr Psychotherapie angeboten werden.

Müsste! Eindeutig müsste! Allerdings sitzen die Krankenkassen den Psychiatrien im Nacken – die hätten es am liebsten, dass Klinikaufenthalte wegen psychischer Störungen grundsätzlich gekürzt und reduziert würden. Der Kostendruck ist enorm. Patientinnen werden deshalb oft nach kürzerer Zeit wieder entlassen. Der Transfer in eine ausreichende ambulante Therapie verläuft dann nicht immer gut und ist auch nicht in jedem Fall leicht vorzubereiten. Man spricht in der

Organmedizin manchmal krass von der »blutigen Entlassung« – Ähnliches gibt es manchmal auch in der Psychiatrie. Dadurch schafft man aber Drehtüreffekte, weil in der kurzen Zeit der stationären Arbeit der »Gebrauch« von Therapie nicht gut erarbeitet und vermittelt werden kann. Ein wesentliches Problem ist dabei in der Regel die Zugänglichkeit für Psychotherapie. Was ich meine: Jemand, der eine existenzielle Selbstwertkrise hat, ist auf einmal mit einem mächtig und – im Vergleich – gesund wirkenden Therapeuten konfrontiert. Wie ergeht es den Patienten dabei? Mit Idealisierung und Unterwerfung ist noch keine Therapie richtig gut geworden. Therapie gehört auf Augenhöhe gemacht.

Würden Sie einer depressiven Frau, wenn sie denn ins Krankenhaus muss, zu einer Depressionsstation raten?

In Tiefenbrunn haben wir keine Depressionsstation, weil unsere Erfahrung die ist, dass depressive Symptome, auch schwere, immer im Rahmen komplexer Störungen auftreten. Zusammen mit Zwängen, Ängsten, psychosenahen Zuständen, mit Persönlichkeits-, Ess- oder posttraumatischen Belastungsstörungen. Wir müssen aber das gesamte Störungsbild behandeln und konzentrieren uns deshalb darauf, die individuelle Entwicklung zu erfassen, die die Menschen gemacht haben, und wie die sich auf die Bewältigung von Konflikten auswirkt. Eine therapeutische Monokultur finde ich schwierig, auch für die Patienten. Stellen Sie sich vor, Sie sind auf einer Station, auf der alle schwer depressiv sind, keinen Antrieb haben und so in der Ecke hängen. Wir haben hier deshalb Abteilungsschwerpunkte, die sich an Entwicklungsprofilen orientieren. Aber sonst sind Depressionsstationen zu empfehlen, weil dieser Begriff meistens beinhaltet, dass überhaupt Psychotherapie angeboten wird.

Was würden Sie depressiven Frauen raten, die eine Klinik beziehungsweise eine Station für sich suchen?

Ein Hauptkriterium sollte sein, dass dort substanziell Psychotherapie gemacht wird. Eigentlich kann jede Klinik Vorgespräche anbieten. Das ist für die Patientinnen hilfreich, sie können sich so informieren, was sie dort erwartet. Hier bekommen sie Fragen beantwortet, und es wird geprüft, ob eine Zusammenarbeit Erfolg versprechend sein könnte. Empfehlenswert ist auch, darauf zu achten, wie der Ansprechpartner in der Klinik das Gespräch führt, ob man sich ernst genommen fühlt, ohne dass ein zu großer Veränderungsdruck entsteht. Dass Patientinnen den Eindruck haben: ich kann erst mal so depressiv sein, wie ich es bin. Die Depressiven sind ja oft Meister im kurzfristigen Sichzusammenreißen und Dagegenpowern, und sie merken sehr rasch, wenn da jemand ist, der will, dass sie schnell wieder – zumindest äußerlich – funktionieren, dass sie sich zügig ändern und eigentlich nicht depressiv sein dürfen. Genau andersherum ist es aber richtig. Es muss die Sicherheit gegeben sein, gemeinsam einen Blick auf die Depressivität wagen zu dürfen. Erst wenn Patientinnen sich angenommen fühlen, können sie darüber nachdenken, was für sie jetzt wichtig ist. Welche Zeit habe ich? Wie muss ich mir die Therapie arrangieren?

Es ist also wichtig, dass mir jemand gegenübersitzt, der akzeptiert, dass es mir gerade sehr schlecht geht?
Ja. Sie brauchen jemanden, der die Depression aushält. Genauso wie die Suizidalität. Es gibt da einen Satz, der als Leitlinie dienen kann: »Sie können vierundzwanzig Stunden am Tag suizidal sein, aber Sie müssen sich melden, wenn Sie es tun wollen.« Mit anderen Worten: Bitte über Suizidalität reden, offen, klar und wenn nötig ausgiebig. Hier in Tiefenbrunn machen wir das so – und erleben äußerst wenige Suizide und Suizidversuche. Warum ist das wichtig? In den Gedanken zur Suizidalität stecken oft wichtige Botschaften, und folglich ist sehr wichtig, dass die Patientinnen merken, dass sie auch darüber wirklich offen reden können. Dass sie spüren, der Therapeut hält das aus und hört mir zu. Ich kann aufrichtig sagen, wie ich drauf bin, ohne dass der zu schnell sagt: »Sie gehen jetzt in die

Geschlossene!« Wobei es sinnvoll und notwendig sein kann, Medikamente zu geben und auch zeitweilig geschlossen zu behandeln. Ich würde grundsätzlich alles für richtig heißen, was es in solchen Krisen ermöglicht, mit den Patientinnen in intensivem Kontakt zu bleiben.

Woher weiß ich, was ich brauche?
Depressive Menschen sollten die Behandlung mitgestalten: Sie haben in fast allen Fällen Erfahrungen damit, was oder wer ihnen hilft, jemand, der »Beine macht« oder Mut und tröstet, was dazu beiträgt, dass die Depression sich bessert. Depressive Menschen sind häufig verschämt, halten sich für wenig zumutbar und sprechen dann oft nicht von ihrem Wissen. Frauen reden darüber allerdings eher als Männer.

Wie können sich Frauen vor einem Gespräch informieren?
Mit der Kurzversion der Nationalen VersorgungsLeitlinien im Internet. Das sind achtzig Seiten, bestens gegliedert. Darin können Frauen gut nachsehen und ihr Wissen dann mit ins Gespräch mit den Ärzten bringen. Es gibt auch Tests zur Selbsteinschätzung (auch im Netz zu finden), die bei der Orientierung helfen.

Ist eine Klinik immer das letzte Mittel der Wahl?
Eine Behandlung im Krankenhaus ist häufig der sinnvolle erste Schritt bei einer schwereren oder wiederkehrenden Depression. Kein Mensch wird bei einer leichten oder mittelschweren Depression, die einige Wochen dauert, gleich ein Krankenhaus empfehlen. Aber wenn es immer wieder zu Depressionen kommt, wenn eine gravierendere Begleiterkrankung dabei ist, wenn die Stärke der Depression zunimmt oder wenn ambulante medikamentöse und psychotherapeutische Versuche nicht fruchten, dann wird es Zeit für eine Klinik. Ein Aufenthalt in einem entsprechenden Krankenhaus hilft auch deshalb, weil man da eher die Zeit hat, in einem geschützten Rahmen erst einmal

kennenzulernen, was denn eine Psychotherapie ist. Wie ist es, wenn ich anfange, mich mit mir selbst zu beschäftigen? Und er hat außerdem praktische Gründe: Man muss nicht einkaufen gehen, nicht den Haushalt erledigen. Man kann zu sich kommen und einen Grundstein dafür legen, zu erkennen, wie es weitergehen kann. Deshalb würde ich eine Klinik nie als letztes Mittel der Wahl ansehen, sondern bei entsprechender Ausprägung der Depression mit an vorderste Stelle setzen.

Viele Menschen sind skeptisch, was Psychotherapie angeht, sie können sich darunter nichts vorstellen. Wie gelingt es, dass Depressive diese Behandlungsform annehmen?

Indem man vermittelt, dass eine Psychotherapie nicht den ganzen Menschen umkrempelt, sondern dass es um einen sicher erlebten Zugang zu sich selbst und zu Beziehungen geht. Nichts hilft gegen Suizidalität so effektiv wie eine sicher erlebte Beziehung. Psychotherapie ist etwas, wodurch zunächst die eigene Beziehungsfähigkeit gestärkt und die Angst vor Verlusten beziehungsweise Zurückweisungen gedämpft wird. Wieder Kontakt erleben zu können, ist erst einmal das Wichtigste. Weiterhin muss erfahrbar werden, dass Patientinnen Steuerungsmöglichkeiten haben, das Ruder wieder selber in die Hand nehmen können, wenn auch anfangs nur in kleinen Schritten. Depressionen entstehen häufig nach gravierenden Belastungen in der Kindheit. Das macht verständlich, warum viele Menschen eine Psychotherapie auch als Bedrohung empfinden: Sie fürchten sich davor, wieder an solche Erfahrungen heranzukommen. Es ist wichtig, dass man diese Ängste ernst nimmt. Doch passives Abwarten, Schweigen und Ausblenden ist meist viel schlimmer.

Viele Frauen argumentieren, dass ein Klinikaufenthalt wegen der Kinder nicht denkbar ist.

In einigen Kliniken, so auch bei uns, besteht die Möglichkeit, kleine Kinder mit aufzunehmen, die während der täglichen Therapiezeiten von einer Tagesmutter versorgt werden. Man kann sich auch mit dem Jugendamt oder sozialen Trägern beraten oder sich alternativ erst einmal eine Tagesklinik suchen, was es oft erleichtert, Kinder und Therapie zu kombinieren. Es gibt viele Möglichkeiten, weshalb man sich informieren und einen Krankenhausaufenthalt nicht vorab pauschal ausschließen sollte.

18 Es ist so komplex –
Depressionen und verwandte Krankheiten

Wer eine Depression hat, leidet häufiger unter einer oder mehreren damit einhergehenden Krankheiten, das Risiko liegt zwischen zwanzig und sechzig Prozent. Besonders häufig sind dabei psychische Erkrankungen wie Ess- oder Persönlichkeitsstörungen, Zwänge, Ängste, Süchte oder Schizophrenie. Auch die posttraumatische Belastungsstörung (PTBS) gehört dazu.[42] Nicht nur die Ursachen sind bei einer Depression komplex, sondern auch ihr Erscheinungsbild. So werden hier einige der verwandten Krankheiten vorgestellt.

Essstörungen

»Guten Tag«, sagte ich zu der jungen Frau in dem schwarz-braunen Polohemd, Mitarbeiterin einer Fast-Food-Kette. »Ich hätte gern das Menü mit den neun Chicken Nuggets, dazu süß-saure Soße, die Pommes mit Ketchup und einen großen Vanilleshake.«

Während ich sprach, tippte die Frau die Bestellung in ihre Kasse. »Sehr gern«, sagte sie. »Darf es noch etwas sein?«

Ich versuchte, nicht so auszusehen, als ob ich das alles selbst essen würde, denn ich schämte mich schon beim Ordern. Dabei konnte ich es kaum erwarten, mir die panierten Hähnchenstücke in den Mund zu stopfen. Eigentlich hielt ich ja Diät. Aber es war, als hätte sich in meinem Kopf ein Schalter umgelegt. Also erweiterte ich meine Bestellung. »Bitte noch zweimal die Emmen-

taler-Sticks mit dem Cranberry-Dip. Und einen Cheeseburger.«
Am liebsten hätte ich hinzugefügt: »Beeilen Sie sich! Das ist ein
Notfall!« Die Zeit, die ich warten musste, kam mir ewig vor, dabei dauerte es höchstens zwei, vielleicht drei Minuten, bis ich die
braune Papiertüte voller Junkfood in den Händen hielt. Mein Puls
raste, und ich fühlte mich wie kurz vor einer Panikattacke. Hastig
drängelte ich mich durch die Leute, die sich in langen Schlangen
eingereiht hatten, und ging vor die Tür. Dort riss ich die Packung
mit den Nuggets auf, tauchte ein Hähnchenteil tief in die oran-
gefarbene Sauce und verschlang es mit zwei Bissen. Vermutlich
sah ich aus wie das Krümelmonster, doch das war mir gleichgültig. Weil ich so schnell kaute und schluckte, wie ich nur konnte,
bekam ich Atemnot. In kürzester Zeit hatte ich alles aufgegessen,
am Schluss leckte ich mir noch gierig die Finger ab. Parallel dazu
beruhigte sich mein Herzschlag. Aufmerksam horchte ich in mich
hinein. Noch ein Eis? Nein, die Dosis reichte. Die nächste halbe
Stunde, als ich mit dem Bus heimfuhr, empfand ich eine angenehme innere Leere. Ich dachte nicht mehr an den Termin mit meiner
Ressortleiterin, von dem ich gerade kam, nicht daran, wie hübsch
und schlank sie war, nicht daran, dass sie gesagt hatte, ich müsste
meinen Text umschreiben. In mir war Ruhe.

Sechs Jahre insgesamt litt ich an der am wenigsten wissenschaftlich untersuchten Essstörung: der Binge-Eating-Disorder. Bei ihr
kann man auch von Esssucht sprechen. Die Betroffenen haben
immer wieder heftige Fressattacken, in denen sie auf einmal Hun-
derte bis Tausende von Kalorien zu sich nehmen und die Kontrolle
über das, was sie in sich hineinstopfen, völlig verlieren. Anders als
bei der Bulimie erbrechen sie das Gegessene aber hinterher nicht.
Die Folge dieser Sucht ist daher meist, dass man viel an Gewicht
zunimmt und dick wird – bei mir waren es fünfundvierzig Kilo.
Die Binge-Eating-Störung tritt vorwiegend bei Frauen zwischen
dreißig und fünfzig auf – ich war zweiunddreißig, als es losging.
Insgesamt leiden an einer Binge-Eating-Disorder aber mehr Män-

ner als an anderen Essstörungen, ihr Anteil liegt bis zu 30 Prozent höher als bei Magersucht und Bulimie. Bei der Binge-Eating-Störung überwiegen die Frauen mit einem Verhältnis von drei zu eins.[43] Bei Magersüchtigen sind es zwölf zu eins,[44] bei der Bulimie zehn zu eins.[45]

Zwischen den einzelnen Essstörungen sind Übergänge häufig. Denn ob man nun sehr wenig isst oder sehr viel, die Nahrung wieder ausspuckt oder nicht, gemeinsam ist den Erkrankten, dass ihr Seelenfrieden mit dem Essen zusammenhängt, sich alle Gedanken immer ums Gewicht und ums Essen drehen. Das gestörte Essverhalten dient dazu, die eigenen Gefühle und den eigenen Selbstwert zu regulieren. Je stärker die Essstörung, desto stärker sind auch die damit einhergehenden beziehungsweise darunterliegenden Ängste, Zwänge und Depressionen. Während einer Depression kommt es also häufig zu einem gestörten Essverhalten, beide Krankheiten bedingen einander. Bei Essgestörten finden sich aus diesem Grund auch häufiger affektive Erkrankungen in der Familie.[46]

Die Magersucht ist das Gegenteil einer Binge-Eating-Störung. Wer daran leidet, verfügt über eine enorme Selbstdisziplin, ist sehr leistungsbereit und reduziert die Nahrungsaufnahme immer weiter. Genau das treibt Magersüchtige an: Sie sind in der Lage, etwas Lebenswichtiges zu kontrollieren. Meist trifft diese Krankheit Frauen, die sehr perfektionistisch sind und ein extrem geringes Selbstwertgefühl haben. Oft ist es eine unbewusste Verweigerung, sich vom Mädchen zur Frau zu entwickeln. Hinzu kommt, dass die Wahrnehmung bei Magersüchtigen vollkommen gestört ist: Auch wenn sie nur noch dreißig Kilo wiegen, fühlen sie sich fett.

Ich selbst habe nie die Diagnosekriterien einer *Anorexia nervosa*, einer Magersucht, erfüllt – auch nicht, als ich 2003 nur noch Gemüsesuppe, Obst, Quark und Fisch aß –, denn mein Gewicht lag immer noch im Normbereich. Mich brachte dies schier zur Verzweiflung. Obwohl ich dreimal die Woche zum Sport ging, Halbmarathon lief und kaum noch etwas aß, schaffte ich es nicht, weniger als vierundsechzig Kilo zu wiegen. Ich erinnere mich gut an die Abende, wenn ich vom Training kam. Schon auf dem Weg nach Hause dachte ich nur an eins: Durfte ich noch einen Apfel essen? In der Küche setzte ich mich hungrig an den Tisch und betrachtete prüfend die Obstschale, drei Braeburn-Äpfel lagen darin. Ein Apfel hat, so überlegte ich, rund hundert Kalorien und weniger als ein Gramm Fett. Das ist doch wenig. Gleichzeitig wollte ich am kommenden Morgen ein niedriges Ergebnis auf der Waage sehen. Wenn es nicht so gering war, wie ich es mir wünschte, würde ich mir Vorwürfe über genau diesen Apfel machen. Also verzichtete ich und ging ins Bett. Das Gefühl, so viel Disziplin und Kontrolle zu haben, den knurrenden Magen und den Appetit auszuhalten, war großartig.

In dieser Zeit war mir zwar klar, dass ich einigermaßen schlank war, aber dennoch trieb mich etwas zu hungern. Heute bin ich zu dick, und ich nehme mich wie ein Monster wahr. Das führte dann dazu, dass ich mich 2012 ein paar Monate lang nach dem Essen übergab. Es war zwar eklig, mir mit der Zahnbürste im Hals herumzustochern, um den Würgereiz auszulösen – aber wenn es half, abzunehmen, hielt ich das für okay. Ich brach das Experiment Bulimie nur wieder ab, weil es auf mein Gewicht keinen Einfluss hatte. Meine Essstörung bekomme ich nur langsam in den Griff, immer noch sind für mich zwei der wichtigsten Themen im Leben, wie ich aussehe und was ich wiege.

Magersucht und Bulimie sind nicht nur typisch weibliche, sondern auch typisch jugendliche Phänomene, das Geschlechterverhältnis liegt insgesamt bei zehn zu eins.[47] Sie gehören zu den häufigsten psychosomatischen Erkrankungen bei Mädchen und jungen Frauen im Alter zwischen fünfzehn und vierundzwanzig (ich hatte mit neunundzwanzig ein relativ spätes Eintrittsalter): Etwa ein Prozent von ihnen leidet an Magersucht, bis zu drei Prozent sind es bei einer Bulimie, an allen weiteren Essstörungen erkranken bis zu 13 Prozent.[48] Die genauen Ursachen sind bis heute nicht erforscht, man nimmt aber an, dass sie sehr komplex sind, individuelle, soziale, kulturelle, genetische und familiäre Einflüsse eine Rolle spielen. Diagnostiziert werden sie nach einer körperlichen sowie psychischen Untersuchung. Auch die Behandlung greift von mehreren Seiten: durch ein kontrolliertes Essverhalten, eventuell durch Medikamente und Psychotherapie, oft in einer spezialisierten Klinik, denn es ist schwer, diesen Störungen ambulant beizukommen. Essstörungen sind sehr ernst zu nehmende Krankheiten, gerade die Magersucht. Innerhalb von zwanzig Jahren sterben 20 Prozent der Betroffenen, entweder an der Krankheit und ihren Folgen oder durch Suizid. 20 Prozent bleiben chronisch krank.[49]

Persönlichkeitsstörungen

Wie so oft saßen Dr. Weston, mein ambulanter Therapeut, und ich uns auf bequemen Sesseln gegenüber. Die Krise vom März 2011 hatten wir inzwischen ausführlich besprochen. Er war an dem Tag sehr angespannt gewesen – das hatte sich für mich wie Ablehnung angefühlt. Er hatte *gern* gesagt, um zu vermitteln, dass ich die Wahl hatte. Er wollte mich von sich aus nicht loswerden, und er würde auch noch länger, als er geplant hatte, seine Praxis behalten. Heute trug er Jeans und ein schwarzes Cordsakko. Seine blauen Augen hinter der eckigen Brille blickten sowohl freundlich als auch ernst. Er fuhr sich mit dem Zeigefinger über seinen grauen Schnurrbart. Dann ließ er die Katze aus dem Sack.

»Die Stunden reichen nur noch für eine Sitzung pro Woche?«, fragte ich ihn entsetzt, wiederholend, was er mir gerade erzählt hatte. »Wie soll ich denn zurechtkommen mit weniger Psychotherapie?«

»Leben ist immer Veränderung«, erwiderte Dr. Weston. »Niemand hat das trefflicher zu Papier gebracht als Hermann Hesse in seinem ›Stufen-Gedicht‹. Das sollten Sie mal lesen. Lebensweisheit pur.«

Wieder zu Hause, machte ich sofort den Computer an, ging ins Internet, auf der Suche nach den berühmten Zeilen. Als ich sie fand, traf mich fast der Schlag. Das Gedicht begann mit den folgenden Sätzen:

Wie jede Blüte welkt und jede Jugend
Dem Alter weicht, blüht jede Lebensstufe,
Blüht jede Weisheit auch und jede Tugend
Zu ihrer Zeit und darf nicht ewig dauern.
Es muss das Herz bei jedem Lebensrufe
Bereit zum Abschied sein und Neubeginne …

Als ich die letzte Zeile – »Wohlan denn, Herz, nimm Abschied und gesunde« – gelesen hatte, saß ich wie paralysiert vor dem PC. Panik flutete durch meinen Körper wie eine Welle. »Bereit zum Abschied sein.« Nein! Nicht schon wieder eine Trennung. Allein den Gedanken daran hielt ich schon nicht aus. Am liebsten wäre ich auf der Stelle zu meinem Therapeuten zurückgefahren, hätte mich wie ein Kleinkind an sein Hosenbein gekrallt und heulend gefleht: »Bitte gehen Sie nicht weg. Bitte verlassen Sie mich nicht.« In meinem Magen bildete sich ein schmerzhafter Knoten. Das war der Anfang vom Ende. Er hatte von weniger Stunden gesprochen, irgendwann würde es gar keine mehr geben. Dr. Weston, der mich verstand wie kein anderer, würde mich doch eines Tages verlassen. O Gott. Wie sollte ich das nur überleben?

Neben meinen Depressionen und meinen Essstörungen leide ich auch an einer emotional instabilen Persönlichkeitsstörung, unter Medizinern als Borderline-Störung bekannt. Menschen, die daran erkrankt sind, haben eine Vielzahl von Symptomen und Defiziten, besonders extrem ist ihre Angst, verlassen zu werden. Nicht

anders ist es bei mir, überhaupt bin ich gefühlsmäßig äußerst empfindlich. Ein einziges Wort – oder ein Gedicht – kann mich für den
ganzen Tag aus dem Gleichgewicht bringen, in Schockstarre verset-
zen, einen Wutanfall auslösen oder einen Weinkrampf. Ich höre das
Gras wachsen und lege jedes Wort auf die Goldwaage. Es ist sehr
anstrengend, unangemessen sensibel zu sein, oft werfen mich schon
die Nachrichten – wieder ein Krieg im Nahen Osten – so aus der
Bahn, dass ich, in einer Panikattacke gefangen, nachts nicht schlafen kann und mich am liebsten unter dem Bett verstecken würde.

Abgesehen von diesen beiden Markern, der Verlustangst und
den uferlosen Stimmungsschwankungen, sind Borderline-Patien-
ten sehr unterschiedlich. Manche trinken, nehmen Drogen, verletzen sich, geraten in Ausnahmezustände (dissoziative Zustände),
andere gehen intensive, aber zerstörerische Beziehungen ein, essen
viel oder wenig, geben zu viel Geld aus oder haben häufig wech-
selnde Affären. Oft haben die Patienten eine Mischung von verschiedenen Symptomen. An der Borderline-Störung leiden erheb-
lich mehr Frauen (drei- bis viermal mehr als Männer), was unter
anderem daran liegt, dass sie häufiger einen sexuellen Missbrauch
erlebt haben, was als eine Ursache dieser Erkrankung gilt. Die Suizidrate ist mit vier bis zehn Prozent sehr hoch. Borderliner gelten
aufgrund ihres hochgradig ausgeprägten wechselhaften Verhaltens
als anstrengend, die Therapie ist lang andauernd und intensiv.[50]

Eine deutsche Studie[51] weist darauf hin, dass 9,4 Prozent der
Deutschen an einer Persönlichkeitsstörung leiden. Bei 40 bis
50 Prozent der Patienten in den Psychiatrien wird eine solche diagnostiziert. Untersuchungen haben belegt, dass sich viele Persönlichkeitsstörungen erst bei depressiven oder ängstlichen Zuständen
zeigen. Andersherum können aber auch bestimmte Persönlichkeits-
züge wie ein niedriges Selbstwertgefühl Auslöser einer Depression
sein. Wer an einer Persönlichkeitsstörung und einer Depression
leidet, hat eine schlechtere Prognose zu gesunden als jemand, der
nur depressiv ist.

Persönlichkeitsstörungen sind Extremvarianten von ganz normalen Charakteren. Als normal gilt, was weder der Person noch der Gesellschaft schadet. Wenn jemand also geizig, leicht zwanghaft oder unsicher ist, im Fernsehen seine intimsten Geheimnisse erzählt, sich die Schamlippen operieren lässt oder seine Entscheidungen nach den Mondphasen richtet, so wird das nicht als Störung bezeichnet. Erst wenn gravierende negative Auswirkungen auf die eigene Person oder die Umwelt festgestellt werden, kann von einer solchen ausgegangen werden. Letztlich ist es eine Frage des Leidensdrucks.

Was genau die Ursachen für Persönlichkeitsstörungen sind, ist strittig und bislang nicht ausreichend erforscht. Einige Erklärungsansätze legen den Schwerpunkt auf biologische, andere auf soziale oder psychodynamische Aspekte. Sicher ist, dass ein Zusammenhang zwischen traumatischen Erfahrungen und der Entwicklung einer Persönlichkeitsstörung besteht. Je schwerer das Trauma, desto ausgeprägter ist die Erkrankung. Außer Borderline gibt es nach dem Klassifikationssystem der Krankheiten, ICD-10, noch neun weitere Persönlichkeitsstörungen:

- **Paranoide Persönlichkeitsstörungen**: Wer unter ihnen leidet, ist übertrieben misstrauisch und verschlossen, empfindet seine Umgebung als feindselig, ist streitsüchtig und beharrlich, fühlt sich schnell ungerecht behandelt, reagiert häufig sehr empfindlich auf Rückschläge, geht selten enge Beziehungen ein, grollt oft auch dauerhaft und vermutet schnell Verschwörungen.
- **Schizoide Persönlichkeitsstörungen**: Menschen mit dieser Störung sind Sonderlinge und Einzelgänger, Kopfmenschen, die meist keine engen Beziehungen eingehen. Sie sind im zwischenmenschlichen Bereich kühl und distanziert, leben isoliert und haben ein nur unzureichendes Gespür für soziale Normen und Konventionen.

- **Dissoziale Persönlichkeitsstörungen**: Sie treten häufig bei Männern auf (drei bis sieben Prozent der Bevölkerung). Betroffene verletzen und missachten die Rechte anderer, sie sind aggressiv, dominant, schnell reizbar und impulsiv, haben eine geringe Frustrationstoleranz und geraten deshalb oft mit dem Gesetz in Konflikt. Ihnen fehlt die Fähigkeit, sich in die Gefühle anderer hineinzuversetzen, Reue zu empfinden und Fehler einzugestehen.

- **Histrionische Persönlichkeitsstörungen**: Menschen mit derartigen Störungen gelten als affektiert, theatralisch und exzentrisch, sie wollen meist im Mittelpunkt stehen. Sie sind sehr extrovertiert, emotional und spontan, und sie neigen dazu, sich in positive oder negative Gefühle oberflächlich, aber scheinbar dramatisch hineinzusteigern. Dabei fühlen sie sich im Innern oft einsam, wollen aber bewundert werden. Äußerliche Attraktivität ist ihnen wichtig. Sie können gut die Aufmerksamkeit von anderen auf sich ziehen, zum Beispiel durch Anpassung oder Manipulation. Es sind die geborenen Verführer.

- **Anankastische Persönlichkeitsstörungen**: Es sind die Perfektionisten, die davon betroffen sein können. Sie sind zwanghaft korrekt, wollen keine Fehler machen, verhalten sich pedantisch, zuverlässig und genau. Regeln und Normen sind für sie sehr wichtig, ihnen fehlt es an Spontaneität und Flexibilität. Listen, Details, die Organisation – all das ist entscheidend. Sie haben einen hohen Anspruch an sich selbst und arbeiten am liebsten allein.

- **Ängstlich-vermeidende Persönlichkeitsstörungen**: An ihnen leiden bis zu drei Prozent der Deutschen, neben der Borderline-Störung zählen sie damit zu den häufigsten Persönlichkeitsstörungen. Die Erkrankten sind die typischen Vermeider, sie sind schüchtern, zurückgezogen, unsicher und gehemmt. Kritik und Zurückweisung versuchen sie aus dem

Weg zu gehen. Sie fühlen sich minderwertig, haben Angst, öffentlich ihre Meinung zu sagen, und isolieren sich oft von der Gesellschaft.

- **Dependente Persönlichkeitsstörungen:** Darunter leiden die Abhängigen. Sie übernehmen wenig Verantwortung für ihr eigenes Leben, sondern brauchen die Ermunterung oder Erlaubnis von anderen, um wichtige Dinge zu entscheiden. Sie ordnen eigene Bedürfnisse unter, stellen sich empathisch auf andere ein und geben leicht nach – opfern sich für andere auf. Konflikten versuchen sie auszuweichen. Sie fühlen sich grundsätzlich schwach und hilflos, sind devot und bescheiden.

- **Narzisstische Persönlichkeitsstörungen:** Eigentlich haben die Betroffenen Minderwertigkeitsgefühle, sind empfindsam und leicht zu kränken. Nach außen hin aber vermitteln sie ihre Großartigkeit. Sie sind überzeugt davon, einzigartig und besonders und selbst ohne die entsprechenden Leistungen besser zu sein als andere. Sie erwarten, auch besonders behandelt zu werden, sind deshalb leicht arrogant und können sich nicht gut in die Bedürfnisse anderer einfühlen. Narzissten sind meist ehrgeizig, suchen unaufhaltsam Erfolg und Bewunderung.

- **Schizotypische Persönlichkeitsstörungen:** Menschen mit einer solchen Störung haben es vor allem im sozialen Miteinander schwer. Sie wirken schnell merkwürdig, insbesondere weil sie seltsame Fantasien und Überzeugungen haben, welche ungewöhnlicher sind als ein gängiger Glaube an Magie oder Esoterik. Sie denken und sprechen oft umständlich, zum Beispiel übergenau, stereotyp oder besonders vage. Ihr Verhalten ist schrullig, sie haben meist wenig Freunde und Schwierigkeiten mit anderen.

Persönlichkeitsstörungen werden meistens therapeutisch behandelt, für einige Erkrankungen gibt es spezifische eigene Psychotherapien, für die Borderline-Störung zum Beispiel die Dialektisch-Behaviorale Therapie (DBT) oder die mentalisierungsgestützte Psychotherapie (MBT). Ziel dabei ist es, mit der Krankheit und ihren Folgen besser zurechtzukommen. Dabei ist entscheidend, die Fähigkeiten des Einzelnen anzuerkennen und zu stärken. Sich besonders zu fühlen, Angst zu haben oder pingelig zu sein, ist per se erst einmal nichts Schlechtes. Und die meisten Menschen mit Persönlichkeitsstörungen profitieren auch von ihren Charakterzügen. Es ist immer eine Frage des Maßes.

Zwänge

2001 arbeitete ich bei einem großen Industrieunternehmen als Werkstudentin in der Öffentlichkeitsarbeit. In meine Verantwortung fielen die Reisekostenabrechnungen und die Verwaltung des Abteilungsbudgets, beides gespeichert im Computerprogramm SAP. Stundenlang überprüfte ich die Zahlen. Hatte ich auch alles richtig eingegeben? Ich starrte mit zusammengekniffenen Augen auf den Bildschirm, bis die Ziffern verschwammen. Was, wenn mir ein Zahlendreher passiert war? Die Rechnungen sah ich mir wieder und wieder an. Die Tabellen druckte ich mehrfach aus und kalkulierte mit dem Taschenrechner nach. Dann rechnete ich noch mal alles im Kopf durch. Weil ich so viel Zeit brauchte, beeilte ich mich bei allen anderen Arbeiten, die ich zu tun hatte. Doch auch da durfte ich natürlich keine Fehler machen. Im Büro war ich deshalb immer unheimlich gehetzt, stand unter enormem inneren Druck, doch ich konnte das zwanghafte Kontrollieren einfach nicht abstellen.

Wenn ein Mensch eine zwanghafte (anankastische) Persönlichkeitsstörung hat, ist das nicht das Gleiche, wie unter Zwängen zu leiden. Gemeinsam mit einer zwanghaften Persönlichkeitsstörung haben Zwangspatienten den Wunsch nach absoluter Perfektion. Was sie unterscheidet, ist, dass Menschen mit Zwängen nicht grundsätzlich übermäßig penibel sind, vielmehr sind sie davon getrieben, die gleiche Handlung wieder und wieder zu absolvieren. Manche legen die Handtücher zentimetergenau aufeinander, andere ordnen ihre Stifte exakt nach Größe; es gibt Betroffene, die zwanghaft alle Zettel aufbewahren oder sich immer wieder waschen müssen. Sie werden verfolgt von Dämonen und Ängsten, dass etwas Schlimmes passiert, wenn sie es nicht tun. So wie ich riesengroße Furcht davor hatte, im Job einen Fehler zu machen. Mir war klar, dass mein Verhalten an Besessenheit grenzte. Aber ich konnte es nicht lassen. Es ist typisch für Zwangspatienten, dass sie rational wissen, dass ihre Handlungen übertrieben sind, trotzdem fühlen sie sich gezwungen, sie weiterhin auszuüben. Ich hatte das Glück, dass meine Zwänge den Alltag zwar kompliziert, aber nicht unmöglich gemacht haben. Manche sind so in ihnen gefangen, dass sie ihren Job verlieren oder ihr normales Lebenspensum nicht mehr schaffen.

Die Ursachen von Zwängen sind nicht genau bekannt, auch hier gehen die Experten von verschiedenen Erklärungsansätzen aus, biopsychosoziale Gründe spielen wohl eine Rolle. Die Zwänge dienen dazu, bestimmte Ängste oder Ekelgefühle oder unberechtigte Sorgen – auf mystische Weise könnte jemand zu Schaden kommen, wenn diese oder jene Handlung nicht ständig ausgeführt wird – nicht aushalten zu müssen. Genau das lernt man dann in der Psychotherapie. Besonders die Verhaltenstherapie ist dabei sehr wirksam. Auch Antidepressiva werden häufig unterstützend gegeben. Zwangsstörungen gehen sehr oft – zwischen 25 und 75 Prozent – mit Depressionen, Persönlichkeitsstörungen und Ängsten einher.[52] Was wieder zeigt, wie komplex Depressionen sind.

Ängste

»Sind Sie okay mit mir?«, fragte ich Dr. Weston. Sorgenvoll suchte ich in seinem Gesicht nach einem Zeichen von Zuwendung. Er antwortete:»Ja, es ist alles in Ordnung. Zweifeln Sie daran?«

Ob ich zweifelte? Ich erstickte an meiner Panik, mein Herz raste, meine Hände waren nass, das Atmen fiel mir schwer. Am liebsten hätte ich geschrien:»Hilfe! Hilfe!« In dieser Situation war ich schon hundertmal gewesen, und trotzdem packte mich die Angst jedes Mal wieder und schnürte mir die Luft ab. Würde ich ihm offen sagen, wie ich mich fühlte, hätte ich erwidert:»Bitte, seien Sie wieder gut mit mir.« Stattdessen sagte ich:»Ja, ich könnte mir vorstellen, dass Sie enttäuscht von mir sind, wenn ich zu Ihnen sage, dass ich das Gefühl habe, Sie verstehen mich nicht. Und ich habe Angst, dass Sie sich deswegen von mir abwenden könnten.«

»Mich würde interessieren, was an mir bei Ihnen die Sorge auslöst, ich könnte enttäuscht sein.«

Mein Leben lang habe ich schon Angst – und zwar vor allem Möglichen. Früher fürchtete ich mich hauptsächlich vor meinem Vater. Aber auch davor, allein im Dunkeln zu sein. Heute reicht schon der Verkehr auf der Straße: Was, wenn ich mit einem Fahrrad zusammenstoße, weil ich als Fußgängerin nicht gut genug aufgepasst habe? Mein Kontoauszug treibt regelmäßig meinen Puls in die Höhe: O Gott, schon wieder im Dispo, bald werde ich Privatinsolvenz anmelden müssen. Wenn ich meine Tabletten absetzen soll, befürchte ich, dass ich in eine Psychose rutsche. In Beziehungen graut es mir ständig davor, dass jemand sauer auf mich ist oder mich nicht mehr mag. Jahrelang war das Verhältnis zu meinem Therapeuten von dieser Panik bestimmt.

Neben all den erwähnten Erkrankungen leide ich auch an einer sogenannten generalisierten Angststörung. Sie gehört wie die Panikstörung oder Phobien zur Gruppe der Angsterkrankungen.

Diese sind die häufigsten psychischen Krankheiten, 15 bis 20 Prozent der Deutschen leiden im Lauf ihres Lebens mindestens einmal daran. Frauen erkranken zwei- bis dreimal häufiger daran als Männer.[53] Das beginnt schon im Jugendalter: Auch Mädchen müssen zwei- bis viermal häufiger eine Angststörung durchstehen als Jungen. Hausfrauen haben, das haben Studien gezeigt, ein zweieinhalbmal so großes Risiko, an einer generalisierten Angststörung zu erkranken, wie berufstätige Frauen. Bei der generalisierten Angststörung machen sich die Betroffenen andauernd Sorgen, zum Beispiel um ihre Ehe, den Job, die Eltern oder das Einkommen. Sie grübeln ohne Unterlass. 85 Prozent der Patienten leiden außerdem an einer Depression. Und wer unter Ängsten leidet, ist zudem anfälliger für Suchterkrankungen.[54]

Mit Ängsten ist es wie mit den Persönlichkeitsstörungen: Kritisch wird es erst, wenn man selbst deutlich darunter leidet oder andere darunter leiden müssen. Sich Sorgen zu machen, vorsichtig zu sein, vor etwas Angst zu haben, gehört zum Leben dazu und ist keine Krankheit. Wir gehen nur bei Rot über die Ampel, wenn wir vorher nach rechts und links geschaut haben, lassen uns impfen, meiden Gruppen von betrunkenen Randalierern. Menschen mit Angsterkrankungen fürchten dagegen meistens Dinge und Situationen, vor denen man keine übertriebene Angst haben muss: Fahrstühle, Spinnen, Flugzeugabstürze oder Menschenmassen.

Bei der Panikstörung wiederum treten Panikattacken auf. Die kommen meist aus heiterem Himmel und sind nicht an bestimmte Zustände oder Ereignisse gebunden. Körperlich zeigen sie sich durch Symptome wie Herzrasen, Atemnot, Zittern, Schwindel, Schwitzen, Magen-Darm-Beschwerden, Übelkeit oder Beklemmungen in der Brust. Seelisch fühlt man sich, als ob man stirbt. Es ist der totale Ausnahmezustand. Wer zum ersten Mal eine solche Attacke hat, geht deshalb oft zum Arzt, weil er einen Herzinfarkt, einen Gehirntumor oder eine andere schlimme Krankheit vermutet. Es ist nicht sehr hilfreich, wenn Neurologen (Kopfschmerz,

Schwindel), Kardiologen (Brustschmerz, Atemnot) oder Gastro-enterologen (Magen-Darm, Übelkeit) dann etwas sagen wie:»Sie sind völlig gesund.« Nur weil dem Patienten oder der Patientin körperlich nichts fehlt, heißt das nicht, dass die Ursache ihres Problems nicht eine seelische Erkrankung sein kann – und die ist genauso ernst zu nehmen wie eine körperliche.

Bei den Phobien ist die soziale Phobie am meisten verbreitet. Dabei fürchten sich Menschen vor Begegnungen: Bei einer Präsentation tritt die Angst auf, sich zu verhaspeln, auf einer Party, sich durch das, was man sagt, lächerlich zu machen, in einer beginnenden Romanze, durch ungeschicktes Verhalten aufzufallen. Das kann so weit gehen, dass jemand sich ganz und gar von anderen isoliert. Nur ein kleiner Prozentsatz der Betroffenen nimmt überhaupt psychiatrische oder psychotherapeutische Hilfe in Anspruch. Bei 90 Prozent der Frauen, die an einer sozialen Phobie leiden, liegt außerdem eine Depression vor.[55]

Alle Angsterkrankungen haben gemeinsam, dass die Befürchtungen, die sich die Betreffenden machen, in keinem Verhältnis zu der drohenden Gefahr stehen. Die Ängste sind in der Regel überzogen und unrealistisch. Die Ursachen sind, wie bei den meisten psychischen Erkrankungen, multifaktoriell. Da die persönliche Belastung bei allen Angsterkrankungen aber sehr groß ist, versuchen Betroffene, Situationen zu vermeiden, in denen die Angst auftreten könnte. An diesem Punkt setzt die kognitiv-verhaltenstherapeutische Psychotherapie an, mit der Ängste normalerweise behandelt werden. Sie ist gut untersucht und hilft in den meisten Fällen, bei über 70 Prozent.[56] Die Patienten werden unter anderem immer stärker mit der Angst auslösenden Situation konfrontiert. Sie lernen, ihre belastenden Gefühle auszuhalten, und machen die Erfahrung, dass nichts Schlimmes passiert. Aber auch andere Behandlungsformen wie die psychodynamische Therapie helfen. Ergänzend können auch bestimmte Antidepressiva, die angstlösend wirken, gegeben werden. Hilfreich sind auch Entspannungstechniken wie Autogenes Training, Biofeedback oder die Progressive Muskelentspannung (siehe Serviceteil, Seite 293).

Süchte

Alkohol, Drogen, Tabletten – mehr noch als um die Menge geht es bei all diesen Substanzen darum, ob man sie braucht, um sich entspannt, locker, selbstbewusst, ruhig, ausgeglichen oder glücklich zu fühlen. Denn nahezu alle Suchtstoffe haben gemeinsam, dass sie gute bis sensationelle Gefühle erzeugen und damit den Wunsch, diese wieder und wieder zu genießen. Denn sie wirken auf das komplexe Neurotransmittersystem im Gehirn, vor allem auf das körpereigene Belohnungssystem. Alle Drogen und Opiate beeinflussen dieses von Medizinern mesolimbisch genannte System. Dort wird die Ausschüttung des Dopamins, ein Botenstoff, der umgangssprachlich als »Glückshormon« betitelt wird, direkt oder indirekt erhöht. Das Dopamin spielt grundsätzlich bei jedem Gefühl der Freude – wie beim Essen, beim Sex und bei der Liebe – eine große Rolle. Weil positive Emotionen so angenehm sind, entwickelt sich schnell ein Verlangen nach mehr (Craving).

Die häufigste Sucht ist die nach Zigaretten, sie wird jedoch in der Regel nicht psychiatrisch behandelt, anders als die nach Alkohol, Drogen und Medikamenten. Dabei ist nicht jeder, der Suchtstoffe nimmt, krank. Viele Menschen konsumieren Haschisch oder Marihuana oder trinken Alkohol in einer gesundheitlich bedenklichen Menge, bekommen aber ihr Leben noch auf die Reihe. Statt für einen »Missbrauch«, wie es die Fachliteratur nennt, ist die Medizin mehr für die »Abhängigkeit« zuständig. Neben Depressionen, den bipolaren Störungen und Ängsten gehören Süchte zu den häufigsten und zu den gravierendsten psychischen Erkrankungen. Und wer süchtig ist, leidet sehr häufig auch an Depressionen,

Ängsten, Schizophrenie, Essstörungen oder einer Borderline-Persönlichkeitsstörung.

Eine schwere Abhängigkeit führt in der Regel zum sozialen Abstieg, zu Geldsorgen und zum Bruch mit Familie und Freunden, außerdem oft zur Arbeitslosigkeit, verschiedensten Krankheiten, zu Unfällen oder Verbrechen, fast immer zu einem massiven Verlust an gesunden Lebensjahren. Alle Gedanken drehen sich nur noch um die Droge und ihre Beschaffung, alles Handeln ist darauf ausgerichtet. Eine schwere Sucht ist ein Tod auf Raten.

Geschlechterunterschiede werden erst seit einigen Jahren untersucht, denn lange galten Süchte als typisch männliches Problem. Neuere Studien zeigen aber, dass Abhängigkeitserkrankungen in den westlichen Gesellschaften bei Frauen zunehmen. Schätzungen gehen davon aus, dass zwischen fünf und zehn Prozent von ihnen Alkoholikerinnen sind, zwei Prozent sind abhängig von Medikamenten.[57] Ein Grund dafür ist, dass Frauen doppelt so häufig an Ängsten und Depressionen leiden wie Männer und dass sie, wie schon erwähnt, oft mit den süchtig machenden Benzodiazepinen behandelt werden (siehe Seite 127 ff.). Weil sie insgesamt angepasster leben, werden Süchte bei Frauen in der Regel später bemerkt.

Die Risikofaktoren sind vielfältig. Wenn der Mann in der Familie süchtig ist, erhöht das bei Frauen das Risiko, selbst abhängig zu werden, deutlich. Ein erhöhtes Risiko besteht auch für alleinerziehende Mütter (besonders wenn sie arm sind und kaum Unterstützung durch Familie und Freunde haben); für Frauen, die zu Beginn der Wechseljahre von ihrem Mann wegen einer jüngeren Konkurrentin verlassen werden, sowie für allein lebende, vereinsamte ältere Frauen. Ebenfalls gefährdet sind Frauen, die in klassischen Männerdomänen arbeiten.

Die Ursachen einer Sucht setzen sich aus genetischen, sozialen, lernpsychologischen, familiären und persönlichen Faktoren zusammen. Es gilt als sicher, dass sich während einer Sucht Teile des Gehirns verändern.

Behandelt werden Süchtige mit einem breit gefächerten Angebot. Neben den typischen psychotherapeutischen und psychiatrischen Maßnahmen (Psychotherapie, spezielle Medikamente wie Distraneurin, Naltrexon oder Methadon) fällt den Selbsthilfegruppen, Streetworkern und Paar- beziehungsweise Familientherapien eine besondere Bedeutung zu. Um von der Sucht loszukommen, steht an erster Stelle ein Entzug, den nur sehr selten jemand schafft, ohne sich stationär in eine Klinik zu begeben. Rückfälle sind kaum zu vermeiden und sollten in die Therapie mit einbezogen werden. Insgesamt ist die Behandlung von Abhängigen langwierig und schwierig. Das liegt zum einen an dem kaum auszuhaltenden Suchtdruck und zum anderen an den schweren psychischen Erkrankungen, die den meisten Abhängigkeiten zugrunde liegen. Beides auszuhalten und zu bearbeiten, erfordert fast übermenschliche Kräfte. Experten sehen es daher schon als Erfolg an, wenn die Betroffenen teilweise abstinent leben und sich ihre Lebenssituation insgesamt verbessert.

Posttraumatische Belastungsstörung (PTBS)

Diese Erkrankung assoziiert man häufig mit Soldaten, die aus dem Krieg, aus Vietnam oder Afghanistan, nach Hause kamen oder kommen und sehr unter ihren Erlebnissen litten. Tatsächlich wurde die PTBS früher auch »Kriegsneurose« genannt. Das Zugunglück von Eschede 1998 oder das Reaktorunglück im japanischen Fukushima 2011 sind ebenfalls typische Ereignisse, die bei betroffenen Personen ein Trauma auslösen können. Eine PTBS können auch Menschen bekommen, die einen schweren Unfall erlebt haben (auch als Zeuge), eine Naturkatastrophe oder eine Gewalttat wie Folter oder sexuellen Missbrauch. Liegt das Trauma bis zu einem Monat zurück, spricht man von einer akuten

Belastungsstörung. Bei beiden sind die häufigsten Symptome die sogenannten Flashbacks: Ausgelöst zum Beispiel durch einen Geruch oder ein Geräusch kommen schlagartig die Erinnerungen an das erlebte Grauen zurück und fühlen sich so an, als würde man es noch einmal durchmachen. Außerdem leiden viele Betroffene wiederholt an Albträumen, einer niedergedrückten Stimmung und einem andauernden Gefühl des Betäubtseins. Andere sind dagegen sehr schreckhaft; viele meiden Situationen, die sie an das Trauma erinnern könnten, und ziehen sich zurück. Es gibt keine speziell zugelassenen Medikamente gegen die PTBS, manchmal helfen Antidepressiva, Beruhigungsmittel oder Neuroleptika. Psychotherapeutisch können die Patienten mit jeder zu ihnen passenden Methode behandelt werden, oft werden kognitiv-behaviorale Verfahren gewählt. Die Behandlung dauert allerdings vielfach mehrere Jahre. Es gibt einige spezifische Therapien wie die Psychodynamisch Imaginative Traumatherapie (PITT), die von der Analytikerin Luise Reddemann entwickelt wurde. Dazu gehören Stabilisierungsübungen: Belastende Gefühle soll der Patient bewusst abspalten. Außerdem sollen die Patienten mithilfe von imaginierten Bildern (wie der innere sichere Ort) lernen, sich in einer Krise selbst zu beruhigen. Wie häufig PTBS in Deutschland vorkommen, ist nicht bekannt, wohl aber weiß man, dass sehr viele Menschen schon einmal ein Trauma erlebt haben. Es gibt aber erstaunlicherweise Betroffene, die Traumata relativ unbeschadet überstehen oder deren PTBS von selbst wieder vergeht.

Von schwertraurig zu federleicht – ein Blick in die weitere Zukunft

Neulich habe ich nach langer Zeit mal wieder gelacht. Beim Sport. Die Hände schlug ich abwechselnd gegen den schwarzen Sandsack und trippelte gleichzeitig mit den Füßen. Neben mir ein erfolgreicher Wettkämpfer, sein Körper schnurrte wie eine Maschine. »Noch zehn Sekunden!«, schrie Rolf, der Trainer. »Neun!« Der Schweiß lief mir die Schläfen runter. Uff, wie anstrengend. Bewusst atmete ich aus, ein Trick, um durchzuhalten. »Zwei!«, übertönte die Stimme des Trainers die Musik aus den Lautsprecherboxen, »Feuer Frei« von Rammstein. »Eins!«

Erleichtert blieb ich stehen. Da brüllte Rolf auch schon: »Liegestütze!« O nein! Musste das sein? Der David-Beckham-Typ neben mir verdrehte ebenfalls die Augen. Die perfekte Vorlage. Ich, dick und schnaufend, rief laut: »Na los, du Lusche. Oder kannst du nicht mehr?« Alle lachten. Als ich später unter der Dusche stand, lächelte ich noch immer. Wie herrlich, endlich einmal wieder fröhlich, frech, ausgelassen und albern zu sein. Diese Eigenschaften gehören ja auch zu mir – ich hatte sie fast vergessen.

In den vergangenen sechs Jahren war die Depression mal schwerer, mal leichter. Weg war sie nie. Zwar stieg meine Fähigkeit, den Alltag zu bewältigen, aber ich war grundsätzlich traurig, fand alles anstrengend und fühlte mich maximal für einige Stunden unbeschwert. Heute ist das anders – doch ich habe mich noch nicht daran gewöhnt. Wenn ich aufwache, habe ich nach wie vor wenig Lust aufzustehen, aber es liegt kein Felsen mehr auf meiner Brust. Duschen finde ich weiterhin nervig, aber es kommt mir nicht mehr so vor, als sollte ich zehn Stockwerke zu Fuß hochgehen. Putze ich das Bad, stelle ich hinterher verblüfft fest: Das war ja ganz einfach. Manchmal lackiere ich mir sogar die Nägel.

Dass ich nicht mehr depressiv bin, verdanke ich meinen Freunden, der Therapie und den Medikamenten. Und einem Grund, der fürchterlich esoterisch klingt: Ich habe gelernt, mich so anzunehmen, wie ich bin.

An einem Sonntagabend Ende August 2012 lief ich um die Hamburger Außenalster. Bei 28 Grad. Hitze vertrage ich schlecht, aber ich musste etwas für die Gesundheit tun, und abnehmen wollte ich auch. Schon nach den ersten Metern stieg in mir das Gefühl hoch: Ich kann nicht mehr. Also versuchte ich, mich per Kopfhörer zu motivieren: Erst durch Linkin Parks »Faint«, dann mit »All I Want For Christmas Is You« von Mariah Carey. Beides half nicht. Mein Herz klopfte heftig, jeder Schritt schmerzte, mir war schwindelig. Schließlich musste ich anhalten. Seit über zehn Jahren laufe ich, bei Regen, Schnee und Sturm, abgebrochen hatte ich noch nie. Nun saß ich auf einer Parkbank im Dunkeln und heulte. Hätte ich ein Handy dabeigehabt, hätte ich einen Krankenwagen gerufen. Wieder einmal war ich außer mir. Ich will das nicht mehr, dachte ich verzweifelt. Und hörte den Satz in mir dröhnen: »Dann musst du dein Seelenheil an erste Stelle setzen.«

Krank zu sein bedeutete für mich bislang Verzicht. Und da ich immer das Gefühl hatte, zu verhungern, konnte ich keinerlei Verzicht akzeptieren, nicht einmal, wenn es darum ging, in der Hitze zu joggen. Während ich auf der Bank saß, strömten die Läufer an mir vorbei. So viel, wie sie leisteten, das wollte ich auch können! Erst als mein Körper vor der Überlastung kapitulierte, schaffte ich es, langsam meine Grenzen anzuerkennen. Hätte ich nicht von meinen hohen Christiaan-Barnard-Anforderungen Abschied genommen, wäre ich die Depression nie losgeworden. Doch krank zu sein ist so grauenhaft, dass ich heute lieber unterdurchschnittlich bin und mich wohlfühle, als vollkommen überfordert einem unerreichbaren Ideal nachzueifern. Ich hätte nie gedacht, dass ich ein Leben, in dem ich mich nicht mehr so diszipliniere, so schön finden würde.

Die Säulen meiner Woche: Vor zehn Uhr stehe ich nie auf, nur montags, wenn ich zur Therapie gehe. Ich arbeite meist fünf, sechs Stunden am Stück. Einen Nachmittag in der Woche verbringe ich mit Maren und ihren beiden Söhnen. Mit ihnen kann ich gleichzeitig erwachsen und kindlich sein. Ich lese Romane von der irischen Autorin Marian Keyes, ihre Tragikkomödien sind genau richtig. Diese Mischung finde ich auch in den Fernsehserien *Scrubs* oder *Glee*. Das Leid der Figuren rührt mich, aber es gibt auch viel zu lachen, sodass ich es aushalten kann. Alte *Loriot*-Sketche muntern mich ebenfalls auf. Freitags gehe ich zum Sport. Am Wochenende kaufe ich ein, putze und treffe Freunde. Jeden Tag telefoniere ich weiterhin mit Birgit. Alles ist ziemlich »normal« – herrlich! Für die Zukunft wünsche ich mir das, was ich mir schon immer gewünscht habe: seelische Stabilität, schlank sein, einen Partner, einen kleinen Garten und einen Hund; Segelurlaube und Sommerferien in Schweden.

Meldet sich die Depression doch einmal, dann weiß ich mir zu helfen. Ich streiche alles, was nicht unbedingt sein muss, gönne mir Ruhe, stehe zu meinen Gefühlen und versuche, mir meine Bedürfnisse zu erfüllen. Die Frage ist nicht mehr: Was muss ich?, sondern: Was brauche ich! Ich verzichte dann darauf, E-Mails zu schreiben oder Staub zu saugen. Ich weiß: Das kann ich immer noch tun, wenn es mir wieder besser geht. Nur kein Druck.

Wie sehr sich mein Lebensgefühl verändert hat, merke ich an der CD, die ich zum Einschlafen einlege. Statt Mozarts *Requiem* höre ich die Comedian Harmonists: »Irgendwo auf der Welt gibt's ein kleines bisschen Glück. Und ich träum' davon in jedem Augenblick.«

Serviceteil

Checkliste: Gut vorbereitet für das erste Gespräch

Damit Sie Ihr Problem verständlich und effizient (gerade Hausärzte haben oft nur wenig Zeit) beschreiben können, notieren Sie sich am besten die Antworten zu den folgenden Fragen auf einen Zettel, den Sie mit zu Ihrem Termin nehmen sollten:

- Welche körperlichen Symptome haben Sie (Schlafmangel, Schwindel, Hautausschlag etc.)?
- Unter welchen seelischen Krankheitsanzeichen leiden Sie (zum Beispiel Antriebslosigkeit, innere Leere oder das Gefühl, sich nicht mehr freuen zu können)?
- Wie lange geht das schon so?
- Ist in Ihrem Leben in den letzten zwölf Monaten etwas Einschneidendes passiert (Scheidung, Jobwechsel oder Auszug der Kinder aus der elterlichen Wohnung)?
- Wie stark beeinträchtigen Sie Ihre Symptome? In welchem Maß ist es Ihnen noch möglich, den Alltag zu bewältigen? Leiden die Arbeit oder die Kinder?
- Denken Sie darüber nach, sich das Leben zu nehmen?
- Gab es in Ihrer Familie schon seelische Erkrankungen?
- Wofür brauchen Sie Ihrer Meinung nach Hilfe? Um nicht mehr so viel Geld auszugeben? Um morgens besser aufstehen zu können? Um sich nicht immer traurig zu fühlen? Die Steuererklärung rechtzeitig zu erledigen?
- Was sind Ihre Sorgen in Bezug auf psychologische Unterstützung?

Hilfe zur Selbsthilfe

Depressive haben oft zu nichts mehr Lust, finden alles anstrengend und können kaum Freude empfinden. Und dann sollen sie auch noch Biofeedback, Zumba (ein Tanz-Fitness-Workout) oder nur ein »einfaches Zehn-Punkte-Programm« welcher Art auch immer absolvieren. Die Medien sind so voll von Tipps gegen Stress, dass man allein schon von den Überschriften (So besiegen Sie die Angst! Neue Kraft tanken!) erschöpft ist. Die wichtigste Regel der Selbsthilfe lautet daher, die eigenen Bedürfnisse ernst zu nehmen. Aktiv für das persönliche Wohlbefinden zu sorgen, ist wichtig, es soll aber nicht in Freizeitstress ausarten. Mag Inline-Skating noch so im Trend sein, wenn Sie nach der Arbeit am liebsten zu Hause vor dem Fernseher sitzen und stricken, ist das genauso in Ordnung. Vielleicht singen Sie auch lieber in einem Chor oder kochen. Ganz gleich: Nahezu jedes Hobby hat erwiesenermaßen eine positive Wirkung auf Körper und Seele. Auch Haustiere fördern die Gesundheit, ebenso wie ein Ehrenamt, Erlebnisse in der Natur oder der Glaube. Das Ziel ist in jedem Fall eine ausgewogene Work-Life-Balance ohne Zwangscharakter – und es minimiert sich das Risiko für Rückfälle.

Entspannungstechniken

Methoden wie Progressive Muskelentspannung (PMR) oder Autogenes Training (AT) verbessern nachweislich depressive Symptome. PMR ist ein Verfahren zur bewussten An- und Entspannung bestimmter Muskelgruppen. Relaxt nämlich der Körper, kommt meist auch der Geist zur Ruhe. Beim Autogenen Training gelangt man über die Vorstellung zur Entspannung. Das funktioniert durch Autosuggestion (»Mein rechter Arm ist ganz schwer«)

beziehungsweise innere Bilder (»Ich werfe meine Gedanken über die Klippen«) und unter Verwendung einfacher Formeln (»Ich bin ganz ruhig«). Beide Techniken lassen sich leicht erlernen, werden in Kliniken, Fitnessstudios, Volkshochschulen sowie von Psychologen und Heilpraktikern angeboten. Zur Einführung sollte man an einem Kurs teilnehmen; manche Krankenkassen zahlen einen Zuschuss. Außerdem gibt es Bücher und CDs, die die Techniken verständlich erklären. Ich selbst habe mit der Muskelrelaxation sehr gute Erfahrungen gemacht, beim Autogenen Training ist es mir dagegen nie gelungen, aus meinem Gedankenkarussell auszusteigen.

Sport

Wissenschaftlich ist belegt, dass Sport depressive Symptome verbessern kann. Als begeisterte Sportlerin ein paar Tipps, damit Sie nicht gleich wieder aufgeben:
1. Mit jemandem zusammen trainieren.
2. Wer neu anfängt oder wieder einsteigt, sollte die Latte niedrig anlegen. (Als ich mit Jogging startete, war ich nach einer Viertelstunde platt; das ist ganz normal.)
3. Spaß haben!
4. Sich einen Trainer suchen, der gleichzeitig Vorbild und Animateur ist.
5. Auf gute Musik achten.
Bewegung erzeugt durch die Ausschüttung von körpereigenen Endorphinen ein Wohlgefühl. Ob Sport sogar Antidepressiva oder eine Psychotherapie ersetzen kann, wird von der Wissenschaft aber skeptisch betrachtet und ist noch nicht abschließend geklärt.

Yoga, Meditation, Tai Chi, Qigong, Achtsamkeitstraining

Fernöstliche Praktiken boomen. Von allen Techniken werden unzählige Varianten angeboten. Je nach Weltanschauung handelt es sich um Gymnastik, spirituelle und philosophische Übungen, Atemtechniken, Entspannungsmethoden, Kampfkunst, Konzentrationsübungen – oder alles in einem. Gemeinsam haben diese Methoden, dass sie sowohl körperliches wie auch seelisches Wohlgefühl anstreben. Grundsätzlich wird ihnen eine positive Wirkung auf die Gesundheit attestiert, eine Depression können sie allein aber nicht heilen. Ich habe Power-Yoga, Kundalini-Yoga und Meditation ausprobiert. Für mich war das nichts. Nie konnte ich mich längere Zeit auf meinen Atem konzentrieren. An Energiezentren (Chakren, Qi) glaube ich nicht. Meine Gefühle nicht zu bewerten, gelang mir auch nicht. Und die Vorstellung, mit Buddha zu verschmelzen, finde ich immer noch befremdlich.

Alternative Heilmethoden

Homöopathie, Bachblüten, Shiatsu, Osteopathie, Feldenkrais, Akupunktur, Schüßler Salze, Traditionelle Chinesische Medizin (TCM), Reiki, Cranio-Sacral-Therapie (Schädel-Kreuzbein-Therapie), Ohrkerzen – gerade Frauen schwören darauf. Wissenschaftlich belegt ist allenfalls ein Placebo-Effekt. Kein Wunder: Bachblüten bestehen aus Wasser und Alkohol, Globuli vornehmlich aus Zucker und Schüßler Salze aus Mineralsalzen in homöopathischer Dosierung. Sonst nichts. Immerhin gibt es keine Nebenwirkungen. Bei den Körpertherapien wirkt nachweislich die Berührung, ähnlich wie auch bei Massagen.

Meiner Meinung nach sind alternative Heilmethoden so beliebt, weil sie etwas geben, was in der Schulmedizin oft fehlt. Heilpraktiker umsorgen einen freundlich – dass man sich dadurch besser fühlen kann, ist unbestritten. Die Behandler erfüllen das Bedürfnis, nicht in fünf Minuten abgefertigt zu werden; allein die Anamnese dauert meist eine Stunde (was aber auch kostet). Sie sehen den Menschen ganzheitlich, und das wünschen sich die Patienten zu Recht. Doch eine Depression ist dadurch allein nicht heilbar. Ich habe etliches ausprobiert, für mich schwanken die Angebote zwischen Wellness und Scharlatanerie. Doch ich glaube: Solange die Psychosomatik ein einzelnes Fach und nicht das Konzept der gesamten Schulmedizin ist, werden leidende Menschen immer zu alternativen Methoden greifen.

Johanniskraut

Johanniskraut wird oftmals als pflanzliches Mittel bei Depressionen empfohlen. Untersucht ist: Bei schweren Depressionen zeigen Extrakte dieser Pflanze keinen Effekt. Ob es die Symptome bei leichten und mittelschweren depressiven Episoden lindert, ist umstritten. Einige Studien weisen eine Wirksamkeit nach, andere nicht. Das liegt auch daran, dass die Dosierung des Hypericins, das diese Pflanzen enthalten, in den angebotenen Produkten (Tees, Tinkturen, Tabletten) unterschiedlich ist. Nicht zu vergessen: Auch sogenannte pflanzliche Heilmittel können Nebenwirkungen haben. Beim Johanniskraut ist es vor allem eine höhere Lichtempfindlichkeit. Außerdem kann es zu einschneidenden Wechselwirkungen kommen: Vorsicht geboten ist zum Beispiel bei der gleichzeitigen Gabe von Antidepressiva. Außerdem kann Johanniskraut die Sicherheit der Pille herabsetzen. Wer Johanniskraut nehmen möchte, sollte daher vorher mit seinem Arzt sprechen. Ich habe es noch nie ausprobiert.

Selbsthilfegruppen

Selbsthilfegruppen zeichnen sich dadurch aus, dass die Teilnehmer meist gut verstehen, was jemand fühlt, weil sie selbst betroffen waren oder sind. Man teilt Erfahrungen und erfährt Anteilnahme. Teilweise werden diese Gruppen staatlich oder von Krankenkassen finanziell unterstützt, manche auch von der Pharmaindustrie. Bei Letzterem kann Vorsicht angesagt sein. Ich habe noch nie eine Selbsthilfegruppe besucht, aber ich kenne Patientinnen, die sie hilfreich finden. Da sie meist nichts kosten und grundsätzlich im Hilfesystem anerkannt sind, lohnt es sich, ein Treffen auszuprobieren.

Nationale Kontakt- und Informationsstelle zur Anregung und Unterstützung von Selbsthilfegruppen: **www.nakos.de**; Deutsche Arbeitsgemeinschaft Selbsthilfegruppen: **www.dag-shg.de**

Unterstützung vom Staat

Menschen, die psychisch erkranken, sollen möglichst ihr normales soziales Leben weiterführen können. Für sehr schwer oder chronisch Depressive gibt es daher verschiedene Unterstützungen entweder von den Krankenkassen oder vom Staat, zum Beispiel die »ambulante psychiatrische Pflege« (auch: »häusliche psychiatrische Krankenpflege«) oder die »Eingliederungshilfe für behinderte Menschen«. Konkret bedeutet das, dass geschulte Pflegekräfte nach Hause kommen und beim Haushalt, in Krisen oder bei Behördengängen helfen. Wer dauerhaft sehr schwer krank ist, kann unter bestimmten Umständen betreut wohnen. Die Leistungen sind im Sozialgesetzbuch (SGB) geregelt, hängen aber auch von der unterschiedlichen Gesetzgebung in den Bundesländern ab. Je nach Einkommen muss man sich an den Kosten beteiligen oder nicht.

Vor einem Jahr beantragte ich schweren Herzens »Personenbezogene Hilfen für psychisch kranke/seelisch behinderte Menschen«. Jetzt kommt zweimal in der Woche eine Psychologin zu mir nach Hause, was mich äußerst entlastet. Diese Unterstützung zu beantragen und bewilligt zu bekommen, dauerte vier Monate und war sehr aufwendig. Allein hätte ich das wohl nicht gepackt – gut, dass man von den Mitarbeitern der sozialen Träger von Anfang an beraten wird. Es gibt auch berufliche Eingliederungshilfen, etliche weitere soziale Leistungen (wie eine Haushaltshilfe) und spezielle Angebote für Schwangere und Jugendliche.

Entsprechende Hilfsstellen: Deutsches Rotes Kreuz: **www.drk.de**; Deutscher Caritasverband (katholisch): **www.caritas.de**; Diakonisches Werk (evangelisch): **www.diakonie.de**; Deutscher Paritätischer Wohlfahrtsverband: **www.der-paritaetische.de**; Johanniter-Unfall-Hilfe: **www.johanniter.de**; Malteser in Deutschland: **www.malteser.de**; Arbeiter-Samariter-Bund Deutschland: **www.asb.de**; Arbeiterwohlfahrt: **www.awo.org**

Online-Beratung

Ärzten ist eine Online-Psychotherapie auf Krankenkassenkosten gesetzlich verboten, die Bundespsychotherapeutenkammer (BPTK) erlaubt sie nur in absoluten Ausnahmen. Im universitären Bereich gibt es Modellprojekte. Viele Anbieter dürfen also nur beraten – und das ist für den Klienten deutlich teurer, als wenn die Kasse zahlt. Dafür geht es meist schneller. Ich habe 2009 **www.mein-psychiater.de** ausprobiert. Für erste Fragen war das okay; sobald es tiefer ging, wurde ich an niedergelassene Therapeuten verwiesen. Siehe auch: Eheberatung, Paartherapie und Partnerschaftstests online: **www.theratalk.de**; Sexualberatung von Pro Familia: **www.sextra.de**. Außerdem gibt es zu Depressionen unzählige Chats und Foren.

Weiterführende Links

Albertinen-Krankenhaus Hamburg: **www.albertinen.de**

Arbeitsgemeinschaft für integrative Psychoanalyse, Psychotherapie und Psychosomatik Hamburg: **www.aph-online.de** (mit einer Ambulanz für Patienten, die einen Therapeuten suchen)

Asklepios Fachklinikum Tiefenbrunn: **www.asklepios.com/tiefenbrunn**

Auszeithaus Oberschwaben: **www.auszeithaus.eu**

Bundespsychotherapeutenkammer: **www.bptk.de** (mit dem Ratgeber »Kostenerstattung«, um schneller einen Therapieplatz zu bekommen)

Bundesverband der Angehörigen psychisch Kranker (BApK): **www.psychiatrie.de**

Bundesverband Psychiatrie-Erfahrener (BPE): **www.bpe-online.de**

Bundeszentrale für gesundheitliche Aufklärung: **www.bzga.de**

Deutsche Gesellschaft für Psychiatrie, Psychotherapie und Nervenheilkunde: **www.dgppn.de**

Deutsche Gesellschaft für Psychosomatische Medizin und Ärztliche Psychotherapie (DGPM): **www.dgpm.de**

Giftnotzentrale Berlin: **www.giftnotruf.de**

Evangelisches Krankenhaus Ginsterhof. Psychosomatische Klinik: **www.ginsterhof.info**

Institut für Qualität und Wirtschaftlichkeit im Gesundheitswesen (IQWiG): **www.iqwig.de**

Klinikum Stuttgart. Klinik für Psychosomatische Medizin und Psychotherapie: **www.klinikum-stuttgart.de**

Lou Andreas-Salomé Institut für Psychoanalyse und Psychotherapie in Göttingen: **www.las-institut.de** (hilft bei der Therapeutensuche)

Michael-Balint-Institut in Hamburg: **www.mbi-hh.de** (mit einer Ambulanz für Patienten, die einen Therapeuten suchen)

Neurologen und Psychiater im Netz: **www.neurologen-und-psychiater-im-netz.de**

Psychiatrische Universitätsklinik Zürich (Burghölzli): **www.pukzh.ch**

Robert Koch-Institut: **www.rki.de**

Sigmund-Freud-Institut, Forschungsinstitut für Psychoanalyse und ihre Anwendungen in Frankfurt am Main: **www.sfi-frankfurt.de** (mit einer Ambulanz für Patienten, die einen Therapeuten suchen)

Stiftung Deutsche Depressionshilfe: **www.deutsche-depressionshilfe.de**

Telefonseelsorge: **www.telefonseelsorge.de**, Telefon: **08 00/111 01 11** oder **08 00/111 02 22**

Unabhängige Patientenberatung: **www.unabhaengige-patientenberatung.de**

Universität Leipzig, Klinik und Poliklinik für Psychosomatische Medizin und Psychotherapie: **www.uniklinikum-leipzig.de**

Verbraucherzentrale Bundesverband: **www.vzbv.de**

World Health Organization (Weltgesundheitsorganisation): **www.who.int**

Zentralinstitut für seelische Gesundheit: **www.zi-mannheim.de**

Zentrum für Integrative Psychiatrie, Campus Kiel: **www.zip-kiel.de**

Anmerkungen

1 Deutsche Gesellschaft für Psychiatrie, Psychotherapie und Nerven-heilkunde (DGPPN) u. a.: S3-Leitlinie/Nationale VersorgungsLeit-linie Unipolare Depression. Langfassung. Dezember 2009, S. 50 f.

2 Heinz Schott und Rainer Tölle: Geschichte der Psychiatrie. Krank-heitslehren – Irrwege – Behandlungsformen. München 2006, S. 166 f.

3 Ebenda, S. 54

4 Vgl. Hans-Peter Kapfhammer, Hans-Jürgen Möller und Gerd Laux (Hg.): Psychiatrie, Psychosomatik, Psychotherapie. Berlin 2011, Bd. 1, S. 145

5 Ebenda, Bd. 2, S. 374–400 und S. 1328

6 Quelle: Robert Koch-Institut (Hg.): Gesundheitsberichterstattung des Bundes (Heft 51). Berlin 2010, S. 12

7 Vgl. Hans-Peter Kapfhammer, Hans-Jürgen Möller und Gerd Laux (Hg.): Psychiatrie, Psychosomatik, Psychotherapie. Berlin 2011, Bd. 2, S. 373–380

8 Ebenda, S. 380

9 Vgl. Thomas Bronisch: Der Suizid. Ursachen – Warnsignale – Prä-vention. München 2007, S. 29

10 Siehe DGPPN u. a.: S3-Leitlinie/Nationale VersorgungsLeitlinie Unipolare Depression, a. a. O., S. 54

11 Vgl. Hans-Peter Kapfhammer, Hans-Jürgen Möller und Gerd Laux (Hg.): Psychiatrie, Psychosomatik, Psychotherapie, Bd. 2, a. a. O., S. 380

12 Ebenda

13 Siehe DGPPN u. a.: S3-Leitlinie/Nationale VersorgungsLeitlinie Unipolare Depression, a. a. O., S. 54

14 Götz Mundle: Was ist der Unterschied zwischen Burn-out und Depression? In: Andrea M. Hesse. Depressionen. Was Sie wissen sollten. Antworten auf die häufigsten Fragen. Freiburg im Breisgau 2006, S. 28

15 Siehe zum Beispiel: Michael P. Leiter und Christina Maslach: Burn-out erfolgreich vermeiden. Sechs Strategien, wie Sie Ihr Verhältnis zur Arbeit verbessern. Heidelberg 2007

16 Siehe DGPPN u. a.: S3-Leitlinie/Nationale VersorgungsLeitlinie Unipolare Depression, a. a. O., S. 50

17 Siehe Martin Dornes: Die Seele des Kindes. Frankfurt am Main 2006, S. 226 f.
18 Vgl. Peter Fonagy: Bindungstheorie und Psychoanalyse. Stuttgart 2006, S. 17 f.
19 Vgl. Anita Riecher-Rössler und Johannes Bitzer: Frauengesundheit. Ein Leitfaden für die ärztliche und psychotherapeutische Praxis. München 2005, S. 26 f.
20 Vgl. Hans-Peter Kapfhammer, Hans-Jürgen Möller und Gerd Laux (Hg.): Psychiatrie, Psychosomatik, Psychotherapie, a. a. O., Bd. 2, S. 374
21 Ebenda, Bd. 1, S. 145
22 Ebenda, Bd. 2, S. 1411
23 Ebenda
24 Ebenda, S. 1412
25 Ebenda, S. 1414
26 Ebenda, S. 1414 f.
27 Vgl. Anita Riecher-Rössler und Johannes Bitzer (Hg.): Frauengesundheit, a. a. O., S. 377 f.
28 Ebenda, S. 379 f.
29 Siehe DGPPN u. a.: S3-Leitlinie/Nationale VersorgungsLeitlinie Unipolare Depression, a. a. O., S. 95
30 Vgl. Bruce E. Wampold: The Great Psychotherapy Debate. Models, Methods and Findings. New Jersey 2001, S. 70 f.
31 Ebenda, S. 149 f.
32 Ebenda, S. 47
33 Quelle: Bundesministerium für Gesundheit, 2012
34 Quelle: Kassenärztliche Bundesvereinigung, 2013
35 Quelle: GKV-Spitzenverband, 2013
36 Quelle: Polizeiliche Kriminalstatistik, 2010
37 Vgl. Hans-Peter Kapfhammer, Hans-Jürgen Möller und Gerd Laux (Hg.): Psychiatrie, Psychosomatik, Psychotherapie, a. a. O., Bd. 2, S. 1486
38 Quelle: Statistisches Bundesamt 2010, online unter: www.destatis.de
39 Vgl. Thomas Bronisch: Der Suizid, a. a. O., S. 24–29
40 Vgl. Hans-Peter Kapfhammer, Hans-Jürgen Möller und Gerd Laux (Hg.): Psychiatrie, Psychosomatik, Psychotherapie, a. a. O., Bd. 2, S. 1472
41 Siehe DGPPN u. a.: S3-Leitlinie/Nationale VersorgungsLeitlinie Unipolare Depression, a. a. O., S. 70
42 Ebenda, S. 50, auch Hans-Peter Kapfhammer, Hans-Jürgen Möller und Gerd Laux (Hg.): Psychiatrie, Psychosomatik, Psychotherapie, a. a. O., Bd. 2, S. 616
43 Hans-Peter Kapfhammer, Hans-Jürgen Möller und Gerd Laux

(Hg.): Psychiatrie, Psychosomatik, Psychotherapie, a. a. O., Bd. 2, S. 891

44 Ebenda, S. 890

45 Vgl. Anita Riecher-Rössler und Johannes Bitzer: Frauengesundheit, a. a. O., S. 260

46 Vgl. Hans-Peter Kapfhammer, Hans-Jürgen Möller und Gerd Laux (Hg.): Psychiatrie, Psychosomatik, Psychotherapie, a. a. O., Bd. 2, S. 897

47 Anita Riecher-Rössler und Johannes Bitzer: Frauengesundheit, a. a. O., S. 260

48 Ebenda

49 Ebenda, S. 262

50 Vgl. Birger Dulz und Angela Schneider: Borderline-Störungen. Theorie und Therapie. Stuttgart 2004, S. 1–57

51 Vgl. Hans-Peter Kapfhammer, Hans-Jürgen Möller und Gerd Laux (Hg.): Psychiatrie, Psychosomatik, Psychotherapie, a. a. O., Bd. 2, S. 996

52 Ebenda, S. 574

53 Ebenda, S. 500–504

54 Vgl. Hans-Peter Kapfhammer, Hans-Jürgen Möller und Gerd Laux (Hg.): Psychiatrie, Psychosomatik, Psychotherapie, a. a. O., Bd. 2, S. 533

55 Vgl. Anita Riecher-Rössler und Johannes Bitzer: Frauengesundheit, a. a. O., S. 204

56 Ebenda, S. 546

57 Ebenda, S. 287–289

Literatur, Filme und TV-Serien

Literatur

Dieses Buch ist kein wissenschaftliches Werk, deshalb sind meine Quellen sehr unterschiedlich: Selbsterfahrungsberichte, Romane, Sach- und Fachbücher. Etliche Werke stellen meiner Meinung nach Depressionen und ihre Behandlung falsch dar. Ich nenne daher hier nur Bücher, deren Wissen ich vertreten kann, weil ich mich in ihnen als Patientin wiedergefunden habe. Die mit einem Sternchen gekennzeichneten Literaturangaben haben mich besonders berührt.

Bandelow, Borwin: Wenn die Seele leidet. Psychische Erkrankungen: Ursachen & Therapien. Reinbek 2010*

Bartens, Werner: Glücksmedizin. Was wirklich wirkt. München 2011

–: Heillose Zustände. München 2012

Bauer, Joachim: Warum ich fühle, was du fühlst. Intuitive Kommunikation und das Geheimnis der Spiegelneurone. München 2008

Bettelheim, Bruno: Liebe allein genügt nicht. Die Erziehung emotional gestörter Kinder. Stuttgart 1991 *

Böckem, Jörg: Lass mich die Nacht überleben. Mein Leben als Journalist und Junkie. München 2005*

–: Danach war alles anders. Suchtgeschichten. München 2007*

Brampton, Sally: Das Monster, die Hoffnung und ich. Wie ich meine Depression besiegte. Köln 2011*

Bronisch, Thomas: Der Suizid. Ursachen – Warnsignale – Prävention. München 2007, 5. überarb. Aufl.

Buck-Zerchin, Dorothea Sophie: Auf der Spur des Morgensterns. Psychose als Selbstfindung. Bergisch Gladbach 1993*

Decker-Voigt, Hans-Helmut: Aus der Seele gespielt. Eine Einführung in die Musiktherapie. München 2000

Der Spiegel Wissen: Das überforderte Ich. Stress – Burnout – Depression. Hamburg 2011 (1/2011)*

Dornes, Martin: Die Seele des Kindes. Entstehung und Entwicklung. Frankfurt am Main 2006 *

Dulz, Birger, und Angela Schneider: Borderline-Störungen. Theorie und Therapie. Stuttgart 2004

Deutsche Gesellschaft für Psychiatrie, Psychotherapie und Nervenheilkunde (DGPPN) u. a.: S3-Leitlinie/Nationale VersorgungsLeitlinie Unipolare Depression: Langfassung. Dezember 2009

Engelmann, Ingo: Manchmal ein bestimmter Klang. Analytische Musiktherapie in der Gemeindepsychiatrie. Göttingen 2000

Fielding, Joy: Lauf, Jane, lauf! München 1992*

Fonagy, Peter: Bindungstheorie und Psychoanalyse. Stuttgart 2006

Frankl, Viktor E.: … trotzdem Ja zum Leben sagen. Ein Psychologe erlebt das Konzentrationslager. München 2008, 29. Aufl.

Furxer, Ingrid: Depressionen bei Frauen. Leben ohne zu Leben. Gelnhausen 2005

Gordon, Barbara: Ich tanze so schnell ich kann. Reinbek 1989

Grashoff, Udo (Hg.): »Ich möchte jetzt schließen.« Briefe vor dem Freitod. Leipzig 2006

Green, Hannah: Ich hab dir nie einen Rosengarten versprochen. Bericht einer Heilung. Reinbek 1978*

Henning, Marlene und Tina Bremer-Olszewski: Make Love. Ein Aufklärungsbuch. Berlin 2012

Hesse, Andrea M.: Depressionen. Was Sie wissen sollten. Antworten auf die häufigsten Fragen. Freiburg im Breisgau 2006

Huber, Johannes: Liebe lässt sich vererben. Wie wir durch unseren Lebenswandel die Gene beeinflussen können. München 2010

Kernberg, Otto F., Dulz, Birger, und Jochen Eckert: Wir: Psychotherapeuten über sich und ihren »unmöglichen« Beruf. Stuttgart 2006*

Keyes, Marian: Märchenprinz. München 2008*

Kind, Jürgen: Suizidal. Die Psychoökonomie einer Suche. Göttingen 2005

Klöpper, Michael: Reifung und Konflikt. Säuglingsforschung, Bindungstheorie und Mentalisierungskonzept in der tiefenpsychologischen Psychotherapie. Stuttgart 2006

Kuiper, Piet C.: Seelenfinsternis. Die Depression eines Psychiaters. Frankfurt am Main 2003, 8. Aufl.

Kurbjuweit, Dirk: Locker, Bahne, locker. In Der Spiegel: 45/2001, online unter: www.spiegel.de/spiegel/print/d-20 521 514.html

Kutter, Peter: Liebe, Haß, Neid, Eifersucht. Eine Psychoanalyse der Leidenschaften. Göttingen 1998*

Kuttner, Sarah: Mängelexemplar. Frankfurt am Main 2009

Lambrou, Ursula: Familienkrankheit Alkoholismus. Im Sog der Abhängigkeit. Reinbek 2010

Leonhardt, Merle: Als meine Seele dunkel wurde. Geschichte einer Depression. München 2011

Lindner, Lilly: Splitterfasernackt. München 2011

Lütz, Manfred: Irre! Wir behandeln die Falschen. Unser Problem sind die Normalen. Eine heitere Seelenkunde. Gütersloh 2010, 17. Aufl.

Möller Hans-Jürgen, Laux, Gerd, und Hans-Peter Kapfhammer (Hg.): Psychiatrie, Psychosomatik, Psychotherapie. 2 Bde. Berlin 2011, 4. erw. und vollständig neu bearb. Aufl.

Nuber, Ursula: Wer bin ich ohne dich? Warum Frauen depressiv werden – und wie sie zu sich selbst finden. Frankfurt am Main 2012

Piegler, Theo: Psychodynamische Psychiatrie in der Klinik. In: Wolf, Michael (Hg.): Selbst, Objekt und der Grundkonflikt. S. 41–54. Frankfurt am Main 2001*

–: Mit Freud im Kino. Psychoanalytische Filminterpretationen.
Gießen 2008*

–: Ohne Intersubjektivität geht es nicht. Die psychodynamische
Psychotherapie der Schizophrenie. Frankfurt am Main 2010 (2-3
2010)*

Radebold, Hartmut: Die dunklen Schatten unserer Vergangenheit.
Hilfen für Kriegskinder im Alter. Stuttgart 2009, 3. aktualisierte
und erw. Aufl.

Riecher-Rössler, Anita, und Johannes Bitzer (Hg.): Frauengesundheit. Ein Leitfaden für die ärztliche und psychotherapeutische
Praxis. München 2005*

Robert Koch-Institut (Hg.): Gesundheitsberichterstattung des
Bundes. Depressive Erkrankungen (Heft 51). Berlin 2010

Ruff, Matt: Ich und die anderen. München 2008

Schott, Heinz, und Rainer Tölle: Geschichte der Psychiatrie. Krank-
heitslehren – Irrwege – Behandlungsformen. München 2006

Schulz von Thun, Friedemann: Miteinander reden 1: Störungen
und Klärungen. Allgemeine Psychologie der Kommunikation.
Reinbek 2010, 48. Aufl.

Shem, Samuel: House of God. München 1998

Stolorow, Robert D., Brandchaft, Bernard, und George E. Atwood:
Psychoanalytische Behandlung. Ein intersubjektiver Ansatz.
Frankfurt am Main 1996*

Walls, Jeanette: Schloss aus Glas. München 2006, 13. Aufl.*

Wampold, Bruce E.: The Great Psychotherapy Debate. Models,
Methods and Findings. New Jersey 2001

Watzlawick, Paul: Anleitung zum Unglücklichsein. München
1994, 39. Aufl.*

Wirsching, Michael: Psychotherapie. Grundlagen und Methoden.
München 2008

Wolfersdorf, Manfred (1995): Depressive Störungen. Phänomeno-
logie, Aspekte der Psychodynamik und -therapie. Psychotherapeut 40: 330–347

Yalom, Irvin D.: Die Liebe und ihr Henker. Und andere Geschichten aus der Psychotherapie. München 1990, 11. Aufl.*
–: Die rote Coach. München 1998, 24. Aufl.*
–: Der Panama-Hut oder Was einen guten Therapeuten ausmacht. München 2002*

Filme und TV-Serien über psychische Erkrankungen

Einer flog über das Kuckucksnest (Regie: Miloš Forman, USA 1975)
Die Farbe Lila (Regie: Steven Spielberg, USA 1985)
Angeklagt (Regie: Jonathan Kaplan, USA/Kanada 1988)
Geboren am 4. Juli (Regie: Oliver Stone, USA 1989)
Zeit des Erwachens (Regie: Penny Marshall, USA 1990)
Was ist mit Bob? (Regie: Frank Oz, USA 1991)
Don Juan de Marco (Regie: Jeremy Leven, USA 1995)
Besser geht's nicht (Regie: James L. Brooks, USA 1997)
American Beauty (Regie: Sam Mendes, USA 1999)
Reine Nervensache (Regie: Harold Ramis, USA 1999)
Fight Club (Regie: David Fincher, USA/Deutschland 1999)
About a Boy – Der Tag der toten Ente (Regie: Chris und Paul Weitz, Großbritannien/Frankreich/USA 2002)
Lilja 4-ever (Regie: Lukas Moodysson, Schweden/Estland 2002)
Ray (Regie: Taylor Hackford, USA 2004)
Match Point (Regie: Woody Allen, Großbritannien 2005)
Walk the Line (Regie: James Mangold, USA/Deutschland 2005)
Vier Minuten (Regie: Chris Kraus, Deutschland 2006)
In Treatment – Der Therapeut (USA 2007–2010)
Das weiße Band – Eine deutsche Kindergeschichte (Regie: Michael Haneke, Deutschland/Österreich/Frankreich/Italien 2009)
Taras Welten (USA 2009–2011)
Vincent will Meer (Regie: Ralf Huettner, Deutschland 2010)

Register

Abendrunde 39, 43 f., 198
Abhängigkeit 131, 214, 285 f.
Achtsamkeitstraining 295
affektive Erkrankung 272
affektive Störung 34, 100
Akutstation 256 f.
Albtraum 155, 288
Alkohol 95, 117, 129 ff.,
    259, 285
alternative Heilmethode 295 f.
Ambulanz 138, 257, 261 f.
analytische Psychotherapie 145,
    175 ff.
anankastische Persönlichkeits-
    störung 278, 280
Angsterkrankung 95, 282 ff.
ängstlich-vermeidende Persön-
    lichkeitsstörung 278
Angststörung 259, 282 f.
Anorexia nervosa 272
Anteilnahme 192, 228 f., 238,
    297
Antidepressiva 14, 102 ff., 113 f.,
    116 ff., 210, 281, 284, 288,
    294, 296
Antriebslosigkeit 44, 184, 292
Aufnahmegespräch 248 f.

Ausnahmezustand 22,
    190, 216, 242, 276, 283
Autogenes Training 285, 293
Autonomie 151, 174

Baby 63, 77, 103 f., 151, 174,
    176, 181, 236
Babyblues 103
Bachblüten 295
Bauchweh 259
Bedarf 248 ff., 254
Belohnungssystem 118, 285
Benzodiazepine 127 ff., 134,
    136, 286
Beruhigungsmittel 19, 127 ff.,
    136, 235, 240, 249, 288
Bezugskrankenpfleger 205
Bindung 63 f., 153
Binge-Eating 258, 271 f.
Biofeedback 285, 293
biopsychosozial 257, 260,
    281
bipolar 34, 285
Borderline 95, 275 ff., 278,
    280, 286
Botenstoff 53 f., 100, 117 ff.,
    124, 128, 285

309

Bulimie 258, 271 ff.
Burnout 61 f., 198

chronische Depression 11, 30,
    56, 94 f., 123, 189, 297
Couch 161, 178
Craving 285

DBT 280
Demenz 31, 56, 256, 259
dependente Persönlichkeits-
    störung 279
Depressionsstation 256, 265
Diagnosekriterien 33, 272
Dialektisch-Behaviorale
    Therapie 280
Diät 70, 87, 121
Diazepam 19, 128
dissoziale Persönlichkeits-
    störung 95, 277
dissoziativ 48, 258, 276
Dopamin 99, 118, 120, 285
Drehtürpatientin 236
Drogen 95, 213, 259, 276, 285

Eifersucht 50, 154, 192
Ekel 168, 178, 281
EKT 123
emotional instabile Persönlich-
    keitsstörung 275
Entspannungstechnik 293
Enttäuschung 95, 150, 173, 216
Ergotherapie 179, 186, 199 f.

erlernte Hilflosigkeit 58, 170
Essstörung 95, 141, 258, 270 ff.,
    286

fixieren 252 f.
Fluctin 116, 120, 246
Freitod 215
Freud 163, 165, 177

GABA 100, 118
Gefühl der Gefühllosigkeit 32
Gegenübertragung 75, 155,
    177 f.
Gehirn 53 f., 99 f., 117 ff., 134 f.,
    180, 259, 285
gemeinnütziger Träger 221
Gene 53, 123
generalisierte Angst-
    störung 282 f.
genetisch 53, 78 f.
geschlossene Station 240 ff.,
    250 ff.,
geschützter Bereich 243
Gesprächsgruppen-
    therapie 187 ff., 201, 206
Gesprächstherapie 149, 202
Glückshormon 118, 285
Gruppentherapie 192, 261 f.
Gummizelle 243

Haschisch 285
Hass 178, 218, 232
Hausarzt 126, 128, 136, 292

Haut 33, 259
Heultage 103
histrionische Persönlichkeits-
    störung 278
Hoffnung 151, 185, 217
hoffnungslos 30 ff., 58, 101,
    215, 218, 227
hoher Anspruch 173, 207, 278
Homöopathie 295
Hormone 9, 54, 89, 99 ff.,
    106 f.
Hunger 141
hungern 217, 273

ICD-10 34, 277
Ich, das 154
inneres Kind 135, 143 ff.,
    152, 155

Johanniskraut 296
Jugendliche 68, 75 ff., 273, 298

kognitive Verhaltens-
    therapie 165, 170 ff.
Konsildienst 259
Konzentrationsmangel 27 f.,
    106, 218
Konzentrationsübung 295
konzentrative Bewegungs-
    therapie 179
Kopfschmerz 99, 258, 106
Kortisol 58
Krankheitsbild 33

Krebs 54, 259
Kriegsneurose 287
Kunsttherapie 199
KVT 170 ff., 176

Lebensgefahr 138, 241
Liebe 64, 73, 145, 150 ff.,
    177, 236
limbisches System 180
Lithium 135 f.

Mädchen 74 ff., 89, 272 f., 283
Magen auspumpen 240
Magenbeschwerden 98, 258,
    283 f.,
Magengeschwür 257
Magersucht 258, 272 ff.
manisch-depressiv 34, 135
MAO-Hemmer 121
Marihuana 285
MBT 280
Medikamente 44, 87, 95, 105,
    116 ff., 136, 213, 246 ff., 257,
    285 ff.
Medikamentenabhängigkeit
    131
Meditation 295
mentalisierungsgestützte
    Psychotherapie 280
mesolimbisches System 118,
    285
Mitpatienten 42 f., 200 f., 207,
    253

Morgenrunde 193, 204 f.
Musiktherapie 41 ff., 179 ff.,
  203

Nachreifung 152, 178
narzisstische Krise 214
narzisstische Persönlichkeitsstörung 95, 279
narzisstischer Missbrauch
  149
Nationalsozialismus 36
Nervenzellen 53 f., 117 ff., 121
Neuroleptika 131 ff., 288
Neurologie 161
Neurotransmitter 54, 99 f.,
  117 ff., 128, 135, 220, 285
Niedergeschlagenheit 88, 97,
  161
nonverbal 63, 226
Noradrenalin 54, 99, 118,
  120 f., 135
Notaufnahme 21, 235, 240

offene Station 249
Online-Beratung 298
Östrogen 99
Oxazepam 19, 246, 249 f.

Panikattacke 19, 128, 160, 239,
  276, 283
Panikstörung 282 f.
paranoide Persönlichkeitsstörung 277

perfektionistisch 45, 93, 173 f.,
  272, 278
Persönlichkeitsstörung 95,
  274 ff., 280, 283
Phobie 284
PIA 261 ff.
PITT 238
Placebo 122, 295
postnatale Depression 103 ff.
posttraumatische Belastungs-
  störung 270, 287 f.
Privatsphäre 37, 244
Progesteron 99
Progressive Muskelent-
  spannung 285, 293
Psychiatrie 35, 161, 232, 242 ff.,
  256 ff., 263 ff.
psychiatrische Ambu-
  lanzen 261 ff.
Psychoanalyse 161 ff., 177 ff.
Psychodermatologie 259
Psychodiabetologie 259
Psychodynamik 53, 60, 63,
  173, 188, 208
Psychodynamisch Imaginative
  Traumatherapie 288
Psychogynäkologie 259
Psychokardiologie 259
Psychoonkologie 259
Psychopharmaka 116, 136, 249
Psychose 34, 134, 166, 259, 282
Psychosomatik 161, 256 ff.,
  273

psychosomatische
  Station 256 ff., 261
psychotherapeutische
  Medizin 161, 257
PTBS 270, 287 f.

Qigong 295

Regression 152, 177
Reizdarm 258
Reizmagen 258
Resonanz 151, 183
Richter 222, 252 f.
Risikofaktor 78, 106, 286
Ritzen 63, 218
Rückenschmerzen 9, 32 f.,
  96, 98, 259

Säugling 63, 77, 104, 141,
  144, 176 ff.
Scham 178, 214, 218
schizoide Persönlichkeits-
  störung 277
Schizophrenie 54, 270, 286
schizotypische Persönlichkeits-
  störung 279
Schlafmangel 292
Schlafstörung 29, 32, 101,
  105, 120, 131
Schlaftabletten 131, 134
Schlupfloch 186
Schmerzerkrankung 258
Schuld 79, 88, 133, 155, 209

Schuldgefühle 33, 63, 98, 104,
  178, 214, 217 f.
Schwangerschaft 103, 126
Schwindel 106, 258 f., 283 f.,
  292
Selbst, das 32, 54, 163 ff., 176,
  216
Selbsthilfe 293
Selbsthilfegruppe 262, 287,
  297
Selbstmord 218
Selbstpsychologie 163 f., 167,
  175
Selbstverletzung 63, 218
Selbstwertgefühl 59 f., 272, 276
Seroquel 246, 254
Serotonin 54, 99 ff., 118 ff., 135
sexueller Missbrauch 95, 97,
  276, 287
Sich-helfen-Lassen 45
SNRI 120
somatisierte Depression 259
somatoforme Störungen 258 f.
somatopsychische
  Störungen 259
soziale Phobie 284
sozialer Träger 186
Sport 88, 289, 294
SSRI 102, 120, 126
Stillen 104 f., 126, 144
Stimmungsstabilisierer 135
Stress 52 f., 57 ff., 258
Sucht 215, 259, 270 f., 285 ff.

Suizid 76 f., 158, 214 f., 221,
  230
suizidal 76, 114, 128, 216,
  218 ff., 266 ff.
Suizidgedanken 135, 156, 230,
  240 f., 247, 254
suizidgefährdet 114, 221 f., 259
Symptome 33 f., 98, 100 ff.,
  275 f., 283
Synapsen 54, 119 f.
systemische Therapie 137

Tablettensucht 285
Tagesklinik 260 ff., 269
Tai Chi 295
Tanztherapie 179
Tavor 128
teilstationär 260
Thalamus 180
therapeutische Beziehung 168,
  176 ff., 184, 188
Therapieplatz 11, 186
tiefenpsychologisch fundierte
  Psychotherapie 161, 172
Todesangst 13, 160, 165, 250
Tranquilizer 127 f.
Trauer 26, 32, 50, 113, 143, 177,
  217
Trauma 51, 56, 64, 109, 277,
  287 f.

Trennung 55, 59, 63 f., 90 f.,
  113, 143, 158, 275
Trost 144, 212, 217, 227

Überdosis 124, 154, 211, 237
Übertragung 145, 177 f.
Unbewusste, das 157, 176 f.

Valium 19, 128
Verhaltenstherapie 103, 137,
  161, 170, 281
Verlustangst 153, 157, 216, 276
verwahrt 255 f.
verwandte Krankheiten 270
Verzweiflung 23, 31, 50, 114,
  132, 127 f., 211, 218 f.
vollstationär 260 f.

Wechseljahre 54, 94 f., 102,
  105 ff., 286
Witz 161 f.
Wut 64, 101, 103, 157 f., 177,
  214, 218 f.

Yoga 295

Zolpidem 29, 131, 246
Zwänge 270, 272, 280 f.
Zwangseinweisung 222
Zwangsjacke 243

Dank

Beim Team der BRIGITTE danke ich als Erstes der stellvertretenden Chefredakteurin Claudia Münster – mit ihrer positiven Antwort-E-Mail fing alles an. Dann meiner damaligen Ressortleiterin Nikola Haaks, die nicht nur meine Schwächen, sondern auch meine Kompetenzen gesehen hat. Ihr ist es zu verdanken, dass das Buch auch einen persönlichen Teil hat. Brigitte Huber, Sinja Schütte und Andreas Lebert, die das Projekt ebenfalls unterstützt haben. Beim Diana Verlag danke ich Britta Hansen, die die Idee gut fand und mich weiter kompetent begleitete. Mit Regina Carstensen hatte ich eine äußerst fachkundige und genaue Lektorin. In ihr habe ich meinen Meister gefunden!

Mein besonderer Dank gilt den vielen renommierten Experten, die an diesem Buch mitgewirkt haben: Prof. Borwin Bandelow, Dr. Carola Bindt, Prof. Heinz Böker, Prof. Thomas Bronisch, Dr. Michael Dümpelmann, Prof. Annegret Eckhardt-Henn, Prof. Gerd Glaeske, Prof. Ulrich Hegerl, Prof. Annette Kersting, Dipl. Psych. Jan Limmer, Dr. Reinhard Lindner, Prof. Susanne Metzner, Prof. Anita Riecher-Rössler, Prof. Marcella Rietschel, Prof. Peter Sefrin, Dr. Robert Stracke und Prof. Manfred Wolfersdorf.

In »meinem« Krankenhaus möchte ich dem gesamten Team von Herzen danken. Ich wurde nie wie eine Nummer behandelt. Das gleichzeitig professionelle wie auch persönliche Engagement, die Empathie sowie die Fachkenntnis der Mitarbeiter haben mich gerettet. Diese Beziehungen tragen mich noch heute – besonders die zu dem Krankenpfleger der ersten Stunde.

Ich bin froh über die Begleitung durch Anne Wenske de Gordon und Angela Schwinger.

Für ihre langjährige Freundschaft, überaus großzügige Unterstützung und wertvollen Ratschläge danke ich: Esther Bobek – ich träume immer noch von unseren sonnigen Strandtagen in Cornwall. Meinem Mentor Thomas Borchert, durch ihn habe ich einen mir völlig neuen Typ Mann kennengelernt. Cosima Born für das unvergessliche Erlebnis ihrer Geburt! Dr. Christian Born danke ich dafür, dass er mich nach dem Jamie-Cullum-Konzert eine Inspiration nannte. Und für sein spürbares Mitgefühl. Katrin Born für die Berghaus-Jacke und dass sie zu mir zurückgekehrt ist. Meinem Lieblingstrainer Rolf Brauße für die babyrosafarbenen Boxhandschuhe. Dem feinfühligen Janning Cunis für seinen Trost. Martina Cunis-Lentsch, weil sie mir anstrengende Arbeit abnimmt. Dominik Demisch, wir teilen nicht nur die Begeisterung fürs Segeln. Maria Duschek für ihren Rückhalt gegen meinen Vater. Sie und ihre Familie gaben mir den Impuls, Skandinavistik zu studieren. Claudio Erichsen, mit dem mich weit mehr als nur *Léon – Der Profi* verbindet. Dagmar Groothuis für das innige Gefühl von Verwandtschaft. Dem fröhlichen Hans Haderer für unvergessliche WG-Abende mit zehn Sorten Käse. Karin Janus, deren Interesse an mir mich sehr bewegt. Matthias Hein, der mir immer sensibel begegnet. Wibke Hein für ihre ungewöhnliche Mischung aus analytischem Sachverstand und emotionalem Verständnis. Dass Lova Hein mich im Krankenhaus besuchen wollte, hat mich sehr gerührt. Zu Nina Heine spüre ich eine tiefe Verbundenheit. Laurent Kratzenberg für seine Silvestereinladung 2010/2011. Kathrin Lahme, deren Gastfreundschaft mich rührt. Dr. Tilmann Lahme dafür, dass er nicht gelacht hat, als ich ihm erzählte, dass ich ein Buch schreibe. Birgit Meyer verdanke ich mein Leben. Sie war bereit, sich in eine ihr völlig fremde, nämlich meine Welt hineinzudenken. Meine Fortschritte sind unsere. Tessa Randau dafür, dass sie so aufmerksam zuhört, so detailliert Anteil nimmt. Durch ihre charmante Art bekomme ich immer bessere Laune. Mit Katrin Rave-Demisch habe ich viele unbeschwerte Momente erlebt. Auch

Julia Reiss verdanke ich mein Leben. Um mich zu retten ist sie weit über ihre eigenen Belastungsgrenzen gegangen. Von ihr habe ich so viel Wertvolles bekommen: die Gemüsekiste, Muscheln, Reiseandenken. Christine Ritzenhoff danke ich für ihre spontane Umarmung, ganz am Anfang. Und für jede selbst gemachte Weihnachts- und Oster-CD. Jakob »Lille« Sperschneider, dessen Wutanfall nach der Kirmes meine Seele ebenso erreicht wie jedes Strahlen, mit dem er mich begrüßt. Johann Sperschneider, durch ihn weiß ich heute viel mehr über Fußball, *Star Wars* und Angeln. Dr. Miriam Sperschneider für das ebenso differenzierte wie liebevolle »Aufgepasst«-Gespräch im Café Leonar. Für ihr Vertrauen in mich, wenn ich auf die Kinder aufpasse. Und dafür, dass sie meinen Alltag so viel lebenswerter macht. Tom Sperschneider für seine Ehrlichkeit in Bezug auf seine Arbeitsbelastung. Björn Svensson für seine Ehre und seine jahrelange, unvergleichliche Loyalität. Und für die Spaziergänge mit Moritz. Linnea Voerste, mit der als Erste ein so hinreißendes Mädchen in mein Leben getreten ist. Ich bin dein größter Fan! Lovisa Voerste, für ihr Temperament und ihren Eigensinn. Tabea Voerste für jedes Weihnachten und dafür, dass sie mir mit ihrem Verständnis immer Hoffnung gemacht hat. Und weil sie mich als Einzige »Heidchen« nennt. Tom Voerste hat mich in seinen familiären Kreis aufgenommen. Meike Werkmeister für ihre enorme, einzigartige Empathie. Bei ihr fühle ich mich »ganz«. Dafür, dass sie sich die Geschichten über meinen Teddy angehört hat. Für *Glee*, die Zeit beim Chor und beim Budo-Power. Ich hoffe, wir werden weiterhin zusammen für *Karate Kid III* trainieren! Meinem Bruder Axel Fuhljahn danke ich dafür, dass er immer nach mir gesucht hat. Meiner Schwägerin Christiane Fuhljahn, weil sie mich freundlich in ihre Familie integriert hat. Und Thies und Haipa gehören natürlich auch dazu.

Kranksein ist nichts für Feiglinge

Als Bettina Unger mit 23 Jahren erfährt, dass sie Multiple Sklerose hat, taumelt sie zwischen Verzweiflung und Schockstarre. Doch irgendwann stellt sie sich der unheilbaren Krankheit, beendet ihr Studium, promoviert, lernt, mit dem Rollstuhl zu fahren und verliebt sich. In ihrem Buch schreibt Bettina Unger voller Humor und messerscharf beobachtend über Höhen und Tiefen eines Lebens, dessen Herausforderung sie jeden Tag neu meistert.

Ein außergewöhnliches Buch über eine Frau, die sich von ihrer Krankheit nicht unterkriegen lässt.

ISBN 978-3-453-28534-7   Leseprobe unter www.diana-verlag.de   Diana Verlag

Balance-Yoga für mehr Energie und eine gute Figur

Den Alltag hinter sich lassen, die Energiezentren des Körpers aktivieren – BRIGITTE Balance-Yoga hält fit, formt die Figur, wirkt entgiftend und entspannt ganzheitlich. Von den Basics bis zum Intensivtraining – für Einsteigerinnen und Fortgeschrittene.

Effektive und ganzheitliche Trainingsprogramme für Körper und Seele.

ISBN 978-3-453-28537-8 Leseprobe unter www.diana-verlag.de **Diana** Verlag